国際私法・国籍法・家族法 資料集

外国の立法と条約

奥田安弘 編訳

日本比較法研究所
資料叢書
8

中央大学出版部

装幀　道吉　剛

編訳者はしがき

　本書は、国際私法・国籍法・家族法の分野における外国の立法および国際条約を翻訳したものである。初出一覧から分かるように、ほとんどは、編者がこの15年の間に、あるいは単独で、あるいは他の研究者と一緒に翻訳してきたものであるが、本書への収録にあたり、全面的に訳語の見直しなどを行った。その特徴としては、英米独仏を中心とするわが国の法律学研究からみて、スイス・イタリア・ロシア・韓国・フィリピンというあまりなじみのない国を対象としている点、およびヨーロッパ国籍条約や扶養料取立条約など、これもあまりポピュラーとはいえない国際条約を取り上げている点を挙げることができる。

　これらの立法や条約を翻訳したのは、次のような理由からである。第1に、編者は、原則として外国の研究者の論文などは翻訳しないが、立法や条約は一次資料であるから、細かな条文のニュアンスを理解するためには、翻訳が必要であると考えている。最近は、国際私法の分野でさえも、外国法研究が質量ともに減少してきたという印象を受けているが、わが国の解釈論および立法論を考える際に、十分な外国法研究なくしては、説得力のある議論を展開することはできないであろう。

　第2に、本書の共訳者である様々な研究者との出会いがある。これらの研究者は、奥付の共訳者紹介から分かるように、専門が極めて多様であり、訳文の作成において、その専門知識および語学力をいかんなく発揮して下さった。もちろん、私も、英独仏伊など自分が読解できる言語については、すべての資料に目を通し、またロシア語やハングルのように読めない言語の場合も、共訳者に原文の確認を求め、一緒に辞書を眺めて訳文を検討した。そして、最終的な訳文の作成は、すべて編者が行った。しかし、これらの共訳者の皆さんがいなければ、もちろん本書は出版されなかったのであり、その意味で、これらの仲

間を得たことは、編者にとって何物にも代えがたい幸運であった。

　第3に、これらの立法および条約は、すべてわが国の立法にとって重要な参考資料となりうるものである。スイスおよびイタリアの国際私法ならびにヨーロッパ国籍条約については、その重要性は容易に理解されるところであろう。またロシアの二国間条約および国籍法は、ロシア以外の共和国に取り残された残留ロシア人の問題に対応している点で、わが国の在日朝鮮人・台湾人（いわゆるオールド・カマー）の問題解決への示唆を与えてくれる。これに対して、韓国の国籍法は、国籍選択制度など、わが国から影響を受けた面があり、ヨーロッパ国籍条約における重国籍容認の姿勢とは対照的であるが、施行令および施行規則における詳細な帰化手続の規定など、日本の国籍法よりも透明性が高い面も見せている。ドイツの外国扶養請求権法ならびにフィリピンおよび韓国の養子法は、扶養料の取立てが困難であり、かつ国際養子の規制を全く実施していないわが国の現状に対し、警鐘を鳴らすものと言える。フィリピンの家族法は、わが国におけるフィリピン人との婚姻や養子縁組の増加などから、実務上重要な資料であることは明らかである。

　以上のように、本書は、わが国の学界および実務界に十分寄与しうるものと考える。ただし、周知のように、かような翻訳作業に完璧はあり得ない。原文に忠実すぎれば、日本語として読みづらくなり、あまりに意訳をすれば、原文の意味を損なうおそれがある。本書は、かような二律背反の要請のバランスをとったつもりではあるが、翻訳の限界については、読者の皆さんにご理解をお願いしたい。

　最後になったが、本書の出版を引き受けて下さった日本比較法研究所、および編集作業を担当して下さった中央大学出版部の小川砂織さんに対し、厚く御礼申し上げる。

　　　2006年1月

　　　　　　　　　　　　　　　　　　　　　　　　奥　田　安　弘

凡　　例

1．訳文の体裁は、必ずしも原文どおりではない。日本の法令や市販の六法を参考にするとともに、原文の体裁も部分的に取り入れている。

2．条文の見出しは、条文番号の横に（　）を用いて表示した。ただし、フィリピン家族法のように、原文に見出しがなく、訳者が独自に見出しを付けた場合は、〔　〕を用いて表示した。

3．項番号は、原文の表記にかかわらず、すべて①②などのようにマル付きの数字に統一した。号以下については、原文の表記に従った。

4．条文番号および項番号などは、条文の翻訳においては、第1条第1項のように「第」の字を入れたが、各法令の解説および脚注においては、最近の著書論文の例にならい、原則として「第」の字を入れなかった。

5．用語についても、日本の法令や市販の六法を参考にしたが、「および」「または」などのように、意図的に平仮名を用いたものもある。

6．改正については、原則として各条の末尾に〔　〕を用いて表示した。ただし、表示の内容は、それぞれの出典に応じて若干の不統一がある。また韓国法については、法令の題名の下に制定年月日および法令番号ならびに全文改正および最終改正を表示したが、条文ごとの表示は、国籍法については、全文改正以降のものに限定し、養子縁組特例法については、すべて割愛した。

7．翻訳の方針に関するその他の詳細は、各法令の解説および脚注を参照し

て頂きたい。また原文についても、引用された紙媒体の資料ないしウェブサイトを参照して頂きたい。

初 出 一 覧

第Ⅰ章　国 際 私 法
　1　奥田安弘「1987 年のスイス連邦国際私法」戸籍時報 374 号～ 379 号（1989 年）
　2　奥田安弘 = 桑原康行「イタリア国際私法の改正」戸籍時報 460 号（1996 年）

第Ⅱ章　国　籍　法
　1　奥田安弘 = 館田晶子「1997 年のヨーロッパ国籍条約」北大法学論集 50 巻 5 号（2000 年）
　2　奥田安弘 = 伊藤知義 = 佐藤守男「ソ連邦崩壊後の国籍および外人法に関する二国間条約」北大法学論集 51 巻 1 号（2000 年）
　3　奥田安弘 = 佐藤守男「2002 年のロシア連邦国籍法」北大法学論集 55 巻 1 号（2004 年）
　4　奥田安弘 = 岡克彦『在日のための韓国国籍法入門』（1999 年・明石書店）

第Ⅲ章　家　族　法
　1　奥田安弘「外国における扶養料取立システムの構築」北大法学論集 53 巻 5 号（2003 年）
　2　J・N・ノリエド（奥田安弘 = 高畑幸訳）『フィリピン家族法』（2002 年・明石書店）
　3　奥田安弘および崔光日による書き下ろし

国際私法・国籍法・家族法資料集

目　　次

編訳者はしがき
凡　　　例
初出一覧

第Ⅰ章　国 際 私 法

1　スイス連邦国際私法（1987年） ……………奥田安弘… *2*
2　イタリア国際私法（1995年） ……………奥田安弘
　　　　　　　　　　　　　　　　　　　　　　桑原康行 … *70*

第Ⅱ章　国 籍 法

1　ヨーロッパ国籍条約（1997年） ……………奥田安弘
　　　　　　　　　　　　　　　　　　　　　　館田晶子 … *92*
2　ソ連邦崩壊後の国籍および外人法に関する
　　二国間条約
　　　　　　　　　　　　　　　　　　　　　　奥田安弘
　　……………………………………………………伊藤知義 … *125*
　　　　　　　　　　　　　　　　　　　　　　佐藤守男
3　ロシア連邦国籍法（2002年） ………………奥田安弘
　　　　　　　　　　　　　　　　　　　　　　伊藤知義 … *156*
　　　　　　　　　　　　　　　　　　　　　　佐藤守男
4　韓国の国籍法 …………………………………奥田安弘
　　　　　　　　　　　　　　　　　　　　　　岡　克彦 … *178*
　(1)　国籍法　*180*
　(2)　施行令　*191*
　(3)　施行規則　*202*

第Ⅲ章　家 族 法

1　扶養料の取立て ………………………………奥田安弘 … *212*
　(1)　1956年の外国における扶養料の取立てに関する国連条約　*212*

(2)　国連条約に関するドイツの承認法および通達　*221*

　　(3)　1986年のドイツ外国扶養請求権法　*229*

2　フィリピンの家族法……………………………奥田安弘…*237*
　　　　　　　　　　　　　　　　　　　　　　　　高畑　幸

　　(1)　1987年のフィリピン家族法　*237*

　　(2)　1998年のフィリピン国内養子縁組法　*278*

　　(3)　1995年のフィリピン渉外養子縁組法　*292*

3　韓国の養子縁組特例法…………………………奥田安弘…*305*
　　　　　　　　　　　　　　　　　　　　　　　　崔　光日

　　(1)　養子縁組特例法　*306*

　　(2)　施行令　*316*

　　(3)　施行規則　*320*

第 I 章
国際私法

1 スイス連邦国際私法（1987年）

奥田安弘

　以下に訳出するのは、1987年12月18日に公布され、1989年1月1日から施行されたスイスの連邦国際私法である[1]。周知のように、スイスの連邦法は、ドイツ語・フランス語・イタリア語の3つの言語によって起草されている。したがって、ここでも、3つの言語の条文を比較参照したことは言うまでもない。ただし、細かなニュアンスの相違を逐一訳文に表すことは、読者にとってわずらわしいと思われるので、次のような方針を立てた[2]。

　第1に、訳文においては、最も重要な相違点のみを表記した。たとえば、「外国における手続が不可能または（合理的に）〔仏〕〔伊〕期待できないときは」と書かれていれば、それは、フランス語およびイタリア語の条文には「合理的に」という文言が入っているが、ドイツ語の条文には欠けていることを示す。また「当事者〔独〕〔伊〕＝夫婦〔仏〕」と書かれていれば、それは、同じ文言について、ドイツ語およびイタリア語とフランス語との間で異なった訳が必要で

---

1) Bundesgesetz vom 18. Dezember 1987 über das Internationale Privatrecht (IPRG); Loi fédérale du 18 décembre 1987 sur le droit international privé (LDIP); Legge federale del 18 dicembre 1987 sul diritto internazionale privato (LDIP). 以下においても、とくに断らない限り、ドイツ語・フランス語・イタリア語の順に表記する。

2) 1978年の試案はドイツ語およびフランス語により、また1982年の草案はドイツ語・フランス語・イタリア語により公表されている。連邦議会の実質的審議は、ドイツ語およびフランス語の条文のみを対象としているが、当然のことながら、連邦法の解釈は、3つの条文をすべて参照しなければならない。

あることを示す。したがって、上記の2つの例が重なって、「当該規定の目的および（そこから生じる）〔独〕＝（その適用の）〔仏〕結果に鑑みて」と書くことがあるが、これは、ドイツ語の条文には「そこから生じる」という文言が入り、フランス語の条文には「その適用の」という文言が入っているのに対して、イタリア語の条文には、かような文言が全く欠けていることを示す。

第2に、その他の重要な相違点は、訳注に記した。さらに、訳注においては、草案からの修正点のうち重要と思われるもの、スイスの国内実質法を背景としているために分かり難い点なども、補うように努めた。ただし、1978年の試案からの変更点については割愛し、ここでは、1982年の草案との比較のみに留めた[3]。

第3に、規定の体裁は、必ずしも原文どおりでないことをお断りしておく。たとえば、個々の規定の見出しは、原文では欄外に記されているが、本稿では、条文番号の横に記載することにした。すなわち、「第2条（原則）」のごとくである。また項番号を表す①・②などは、原文にはマルが付いていない。

なお、原文は、本稿の初出時には、スイスの官報を参照したが[4]、その後の改正については、ウェブサイトによった[5]。とくに重要なものとしては、45条2項・162条3項・163条・164条・172条1項b号・174条1項の改正、ならびに45a条・98a条・115条3項・130条3項・139条3項・163a条ないし163d条・164a条・164b条の追加がある。

---

[3] 本法の制定経緯の詳細については、奥田安弘「スイス国際私法典における若干の基本的諸問題(1)」北大法学論集40巻2号12頁以下参照。

[4] *BBl* (1988-I) 5-60; *FF* (1988-I) 5-56; *FFi* (1988-I) 5-56. さらにドイツ語ないしフランス語の条文については、*IPRax,* 1988, 376 ff.; *Rev. crt.,* 1988, 409 ss.

[5] <http://www.admin.ch/ch/d/sr/c291.html>; <http://www.admin.ch/ch/f/rs/c291.html>; <http://www.admin.ch/ch/i/rs/c291.html>.

国際私法に関する 1987 年 12 月 18 日の連邦法

スイス連邦議会は、外務に関する連邦の管轄および連邦憲法第 64 条にもとづき[6]、かつ 1982 年 11 月 10 日の連邦政府告示を考慮して[7]、これを決議する。

第 1 章　共通規定
第 1 節　適用範囲
第 1 条
① この法律は、渉外関係について、次の事項を規律する。
　a　スイスの裁判所または官庁の管轄[8]
　b　準拠法

---

[6] 当時の連邦憲法 64 条によれば、連邦は、自然人の行為能力、商法・手形法を含めた債務法、無体財産権法、倒産法、その他の民事法に関する立法権限を有した。ただし、裁判手続法は、カントンの管轄とされていた。そこで、裁判管轄、外国判決の承認執行および仲裁に関する連邦の立法権限が問題となったが、これらは、抵触法と密接に関連するため、この法律の規律事項に含まれることになった。連邦法務省の 1980 年 2 月 15 日付け鑑定書 (*VPB* 45 (1981) Nr. 49, S. 279 ff.) 参照。

[7] *BBl* (1983-I) 263; *FF* (1983-I) 255; *FFi* (1983-I) 239. この告示には、草案および理由書が含まれている。詳細については、奥田・前掲注 3) 14 頁および 16 頁以下の注 35 参照。

[8] 「裁判所または官庁」は、原文では次のとおりである。Gerichte oder Behöden; des autorités judiciaires ou administratives; dei tribunale e delle autorità. 本法においては、しばしば裁判所および行政官庁の両方、または場合により、立法機関も含む表現として、次の用語が使われている。Behöden; des autorités; delle autorità. かような場合、本稿では、「機関」と訳すことにした。なお、直接管轄については、国内の土地管轄に関する統一的な連邦法が存在しないことから、本法は、渉外事件に関する限り、国際的管轄および国内的管轄の両方を規律する。

  c 外国判決・決定の承認執行の要件[9]
  d 破産および和議
  e 仲裁
② 国際条約の適用は妨げない。

第2節 管轄

第2条（原則）
 この法律が別段の管轄を規定しない限り、被告の住所地のスイス裁判所または官庁が管轄を有する。

第3条（緊急管轄）
 この法律がスイスの管轄を規定しない場合といえども、外国における手続が不可能または（合理的に）〔仏〕〔伊〕期待できないときは[10]、事案と十分な関連を有する地のスイス裁判所または官庁が管轄を有する。

第4条（仮差押の本案）
 この法律がスイスの他の裁判所の管轄を規定しない限り、仮差押の本案に関する訴えは、スイスの仮差押地の裁判所において提起することができる。

第5条（裁判管轄の合意）
① 財産法上の請求に関しては、当事者は、特定の法律関係から生じる現在または将来の紛争について、裁判管轄を合意することができる。合意は、書面、電報、テレックス、ファックス、その他文面から合意の存在を証明しうるいかなる伝達手段によっても、行うことができる[11]。合意に別段の定めがない限り、合意された管轄は専属とする。

---

 9) 「判決・決定」は、原文では次のとおりである。Entscheidungen; des décisions; di decisioni. これらは、裁判所の判決・決定および行政官庁の決定などを広く含むものと解される。以下でも、前後関係からかような広い意味に解される場合は、「判決・決定」と訳すことにする。
 10) 「（合理的に）期待できないとき」という文言は、草案には存在しなかった。
 11) 草案では、書面、電報およびテレックスが限定的に列挙されていた。

② 裁判管轄の合意は、スイス法が規定した管轄（が与える保護）〔仏〕を一方当事者から不当に剥奪する（に至る）〔仏〕ときは、無効とする。
③ 合意された裁判所は、次のいずれかの場合は、管轄を拒否してはならない[12]。
　a　合意された裁判所が所在するカントンに、一方当事者が住所、常居所または営業所を有するとき。
　b　この法律により、スイス法が当該訴訟（の目的物）〔独〕〔伊〕に適用されるべきとき。

第6条（応訴）

財産法上の紛争における無条件の応訴は、訴えの提起されたスイス裁判所が前条第3項により管轄を拒否できないときは、当該裁判所の管轄を発生させる。

第7条（仲裁合意）

仲裁に付すことのできる紛争について、当事者が仲裁合意を行ったときは、次のいずれかの場合を除き、訴えの提起されたスイス裁判所は、管轄を拒否する。
　a　被告が無条件に応訴したとき。
　b　裁判所が仲裁合意の失効、無効または履行不能を認定したとき。
　c　明らかに仲裁の被申立人の責めに帰すべき事由により、仲裁廷が成立しないとき。

第8条（反訴）

本訴が係属する裁判所は、本訴と反訴の間に（実質的な）〔独〕〔伊〕関連が存在するときは、反訴についても判断する。

第9条（訴訟係属）

① 同一の当事者間における同一の目的物に関する訴訟がすでに外国において

---

12) 裁判管轄の合意は、原則として連邦裁判所を拘束しない。本法の附則Ⅱの3によって改正された連邦民事訴訟に関する連邦法2条2項参照。

係属している場合において、当該外国裁判所がスイスにおいて承認しうる判決を合理的な期間内に下すと予測できるときは、スイスの裁判所は、訴訟を中止する。

② いつスイスにおいて訴訟が係属したかを認定する際には、訴えの提起に必要な最初の手続行為の時点を基準とする。かかる行為は、和解手続の開始をもって足りる。

③ スイスの裁判所は、スイスにおいて承認しうる外国判決が提出されたときは、直ちに訴えを却下する。

第10条（保全処分）[13]

スイスの裁判所または官庁は、たとえ本案について管轄を有しない場合といえども、保全処分を命じることができる。

第11条（司法共助行為）

① スイスにおける司法共助行為は、実施地のカントンの法にしたがって行われる。

② 共助を求める機関の要請があったときは、外国の手続方式といえども、それが外国における権利の実行に必要であり、かつそれを妨げる重大な事由が利害関係人の側に存在しない限り、適用または考慮することができる。

③ スイス法の方式が外国において承認されず、かつ保護に値する権利がそのために実行できないときは、スイスの裁判所または官庁は、外国法の方式により文書を交付し、または申請者から宣誓供述を取ることができる。

---

[13] 「保全処分」は、原文では次のとおりである。vorsorgliche Massnahmen; mesures provisoires; provvedimenti cautelari. 62条も同様である。これに対して、89条および168条では、sicherndeMassnahmen; mesures conservatoires; provvedimenti conservativi であり、153条では、Schutzmassnahmen; mesures de protection; misure protettive であり、163条3項では、vorsorgliche Schutzmassnahmen; mesures conservatoires; misure preventive di protezione であり、183条では、vorsorgliche und sichernde Massnahmen; mesures provisionelles et mesures conservatoires; provvedimenti cautelari e conservativi である。これらは、すべて「保全処分」と訳した。

第12条（期間）

外国にいる者がスイスの裁判所または官庁において期間を遵守しなければならないときは、スイスの在外大使館または領事館において期間の最終日までに書類が到着すれば足りる。

第3節　準拠法

第13条（指定の範囲）

この法律による外国法の指定は、当該外国法により事案に適用されるべきすべての規定を含む。外国法の規定の適用は、当該規定が公法的性質を有することのみを理由としては排除されない[14]。

第14条（反致および転致）

① 準拠法がスイス法への反致または他の外国法への転致を規定するときは、この法律がそれを規定する場合に（のみ）〔仏〕考慮される[15]。

② （人事または家族の）〔独〕〔伊〕身分に関する事項については、（外国法から）〔仏〕スイス法への反致が考慮される[16]。

第15条（例外条項）[17]

① この法律により指定された法は、事案がこの法と（極めて）〔仏〕わずかな関連のみを有し、他の法とはるかに密接な関連を有することが、事情全体から明らかであるときは、例外的に適用されない。

② 本条は、（当事者による）〔伊〕法選択があるときは適用されない。

---

14) 草案では、現在の14条にある反致および転致に関する規定も含まれていた。

15) 一般には、37条1項および91条1項を指すと解されているが、草案の理由書には、かような説明は存在しない。奥田安弘「スイス国際私法典における若干の基本的諸問題（2・完）」北大法学論集40巻3号140頁以下参照。

16) 「（人事または家族の）身分」は、原文では次のとおりである。der Personen- oder Familienstand; l'état civil; il statuto personale o familiare. それがカバーする範囲は、必ずしも明らかではない。詳細については、奥田・前掲注15) 142頁以下参照。

17) 本条の詳細については、奥田・前掲注15) 145頁以下参照。

第 16 条（外国法の認定）
① （準拠）〔独〕〔伊〕外国法の内容は、職権により認定される。この目的のためには、当事者の協力を求めることができる。財産法上の請求に関しては、当事者に証明を委ねることができる[18]。
② （準拠）〔独〕〔伊〕外国法の内容が認定できないときは、スイス法が適用される。

第 17 条（留保条項）
外国法の規定の適用は、それがスイスの公序に反する結果に至るときは、排除される[19]。

第 18 条（スイス法の強行適用規定）[20]
スイス法の規定は、その特別の目的のために、この法律により指定された法のいかんにかかわらず、強行的に適用されるべきときは、その適用を妨げられない[21]。

第 19 条（外国法の強行適用規定の考慮）[22]
① この法律により指定された法以外の法の規定は、それが強行的に適用され

---

18) 後段の規定は、草案には存在しなかった。なお、本法の附則 II の 1 によって改正された連邦裁判所の組織に関する連邦法 43 a 条 2 項も参照。

19) 草案では、「明らかにスイスの公序に反する結果に至るとき」というように、「明らかに」という文言が入っていた。

20) 本条の見出しは、原文では次のとおりである。Zwingende Anwendung des schweizerischen Rechts; Application de dispositions impératives du droit suisse; nome svizzere d'applicazione necessaria.

21) ドイツ語およびイタリア語の条文によった。フランス語の条文では、「スイス法の強行規定は、その特別の目的のために、この法律により指定された法のいかんにかかわらず適用されるべきときは、その適用を妨げられない」となっている。

22) 本条の見出しは、原文では次のとおりである。Berücksichtigung zwingender Bestimmungen eines ausländischen Rechts; Prise en considération de dispositions impératives du droit étranger; Considerazione di norme straniere d'applicazione necessaria.

ることを欲する場合において、スイスの法観念により保護されるべき明らかに優越的な（当事者の）〔独〕〔伊〕利益がそれを必要とし、かつ事案が当該法と密接な関連を有するときは、考慮することができる[23]。

② かかる規定が考慮されるべきか否かの判断は、当該規定の目的および（そこから生じる）〔独〕＝（その適用の）〔仏〕結果に鑑みて、スイスの法観念にとって妥当な判決・決定を得るために行われる[24]。

第4節　住所、本拠および国籍

第20条（自然人の住所、常居所および営業所）

① この法律において、自然人は、住所、常居所および営業所を次の国に有する。

　a　住所は、（継続して）〔独〕〔伊〕留まる意思をもって滞在する国に有する[25]。

　b　常居所は、たとえ期間があらかじめ限定されていたとしても、相当の期間居住する国に有する[26]。

　c　営業所は、（職業または）〔仏〕営業活動の中心が存する国に有する。

② 何人も複数の地に同時に住所を有することはできない。人がどこにも住所を有しないときは、常居所をもって住所とする[27]。住所および居所に関す

---

[23]　ドイツ語の条文によった。フランス語およびイタリア語の条文では、「この法律により指定された法以外の法の強行（適用）〔伊〕規定は、スイスの法観念により…」となっている。なお、草案では、「スイスの法観念により」という文言はなく、また外国法の強行適用規定は、「効力が与えられうる」とされていた。

[24]　草案では、「スイスの法観念にとって妥当な判決・決定を得るために」という文言は存在しなかった。

[25]　規定の文言は、民法典23条1項に対応しているが、本条2項後段からも分かるように、スイスの国内実質法上の住所とは完全に区別されている。詳細については、奥田・前掲注3）28頁以下参照。

[26]　本法の常居所概念は、ハーグ国際私法条約のそれとは区別すべきである。詳細については、奥田・前掲注3）32頁以下参照。

[27]　草案では、行為無能力者についてのみ、常居所をもって住所としていた。

る（スイス）〔仏〕〔伊〕民法典の規定は適用しない。

第 21 条（団体の本拠および営業所）[28]
① 団体に関しては、本拠をもって住所とする[29]。
② 団体の本拠は、定款または設立契約において定められた地に存するものとみなす。かかる定めがないときは、団体が事実上管理されている地をもって、本拠とする[30]。
③ 団体の営業所は、本拠または支部を有する国に存する[31]。

第 22 条（国籍）
自然人の国籍は、当該国籍が問題となっている国の法により決定する。

第 23 条（重国籍）
① 本籍地の裁判管轄の発生に関しては、人がスイス国籍以外に外国国籍を有する場合といえども、スイス国籍のみを基準とする。
② 準拠法の決定に関しては、人が重国籍を有するときは、この法律に別段の定めがない限り[32]、その者が最も密接な関連を有する国の国籍を基準とする。
③ 人の国籍がスイスにおける外国判決・決定の承認の要件となっているときは、（重国籍者に関しては）〔伊〕、その者の国籍のうちのひとつを考慮すれば足りる。

第 24 条（無国籍者および難民）
① 人が無国籍者の法的地位に関する 1954 年 9 月 28 日のニューヨーク条約により無国籍者とされるか、または無国籍者と同一視しうる程度に本国との関連が疎遠となっているときは、その者を無国籍者とする。
② 人が 1979 年 10 月 5 日の（連邦）〔伊〕庇護法により難民とされるときは、

---

28) 団体の定義については、本法 150 条参照。
29) 本項は、草案では、管轄の一般原則に関する 2 条 2 項に置かれていた。
30) 本項は、草案では、団体の定義に関する 146 条に置かれていた。
31) 本項は、草案では、自然人の住所などとともに 19 条に置かれていた。
32) 本法 52 条 2 項、90 条 2 項、94 条参照。

その者を難民とする。
③　この法律が無国籍者または難民に適用されるべきときは、住所をもって国籍とする。

第5節　外国判決・決定の承認執行

第25条（承認—原則）

　外国の判決・決定は、次のすべての要件を満たしたときは、スイスにおいて承認される。

　　a　判決・決定が下された国の裁判所または官庁が管轄を有していたこと。
　　b　判決・決定に対し通常の異議申立てを行うことができないか、または判決・決定が終局的であること。
　　c　第27条の拒絶事由が存在しないこと。

第26条（外国機関の管轄）

　外国の機関は、次のいずれかの場合に管轄を有する。

　　a　この法律の規定が定めるとき、またはかかる規定がない場合は、被告が判決・決定地国に住所を有していたとき。
　　b　財産法上の紛争においては、この法律により有効な合意によって、当事者が判決・決定を下した機関の管轄に服していたとき。
　　c　財産法上の紛争において、被告が無条件に応訴したとき。
　　d　反訴については、判決・決定を下した機関が本訴について管轄を有し、かつ本訴と反訴の間に（実質的な）〔独〕〔伊〕関連が存在するとき。

第27条（拒絶事由）

①　外国において下された判決・決定は、その承認がスイスの公序に明らかに反するときは、スイスにおいて承認されない。

②　一方当事者が次のいずれかの事由を証明したときも、（外国において下された）〔独〕〔伊〕判決・決定は承認されない。

　　a　その者が無条件に応訴した場合を除き、その者の住所地法および常居所地法のいずれによっても、適法な呼出しを受けなかったこと。

b　判決・決定がスイスの手続法の基本原則に反して下されたこと、とりわけ（その者が）〔独〕〔仏〕防御の機会を与えられなかったこと。
　c　同一当事者間における同一の目的物に関する争訟がすでにスイスにおいて提起されているか、もしくはスイスにおいて判決・決定が下されていること、または第三国においてすでに判決・決定が下されていて、それが承認の要件を満たしていること。
③　前二項に規定された事由以外には、（外国の）〔仏〕〔伊〕判決・決定の実質的内容を審査してはならない。

第28条（執行）

　前三条により承認された判決・決定については、利害関係を有する当事者の申立てにより、執行宣告が下される。

第29条（手続）

①　承認または執行の申立ては、外国判決・決定が実行されるところのカントンの所轄機関に対し行われる。この申立てには、次の書類を添付しなければならない。
　a　判決・決定の全文の認証謄本
　b　もはや判決・決定に対して通常の異議申立てを行うことができないか、または判決・決定が終局的であることの証明書
　c　欠席判決の場合は、敗訴の当事者が適法（かつ適時）〔独〕〔伊〕に呼出しを受け、防御の機会を与えられたことを示す公的文書
②　承認および執行の手続においては、申立てに異議を唱える当事者を審尋しなければならない。その者は、証拠を提出することができる。
③　（外国の）〔仏〕判決・決定が先決問題として主張されたときは、当該機関は、自ら承認について判断することができる。

第30条（裁判上の和解）

　裁判上の和解がその成立国において判決と同一の効力を有するときは、前五条の規定は、かかる裁判上の和解にも適用する。

第31条（非訟事件）

第25条ないし第29条の規定は、非訟事件の判決・決定または文書の承認および執行にも準用する。

第32条（身分登録簿への記載）

① 身分に関する外国の判決・決定または文書は、カントンの所轄監督機関の命令にもとづき、身分登録簿に記載される。

② 身分登録簿への記載は、第25条ないし第27条の要件が満たされたときは許可される。

③ 外国の判決・決定地国において、当事者の手続法上の権利が十分に保護されたことを確認できないときは、身分登録簿への記載に先立ち、関係者を審尋しなければならない。

第2章　自然人

第33条（原則）

① この法律に別段の定めがない限り、人事法関係については、住所地のスイス裁判所または官庁が管轄を有し、住所地法を適用する。

② 前項の規定にかかわらず、人格権侵害（による請求）〔独〕〔伊〕については、不法行為に関するこの法律の規定（第129条以下）が適用される。

第34条（権利能力）

① 権利能力はスイス法による[33]。

② 権利能力の始期および終期は、権利能力を要件とする法律関係の準拠法による。

第35条（行為能力—原則）

行為能力は住所地法による。住所の変更は、一旦取得した行為能力に影響しない。

第36条（取引保護）

① 法律行為をした者が、その住所地法によれば無能力者であった場合といえ

---

[33] 草案では、「何人も権利能力を有する」とされていた。

ども、法律行為をした国の法によれば、能力者とされるときは、行為無能力を主張することはできない。ただし、相手方がかかる行為無能力を知っていたか、または知るべきであった場合は、この限りでない。

② 本条の規定は、家族法および相続法上の法律行為ならびに不動産物権に関する法律行為には適用しない。

第37条（姓名―原則）

① スイスに住所を有する者の姓名は、スイス法による。外国に住所を有する者の姓名は、住所地国の国際私法により指定された法による。

② 前項の規定にかかわらず、人は、その姓名を本国法によらせることを申し立てることができる。

第38条（姓名の変更）

① 姓名の変更については、申立人の住所地のスイス機関が管轄を有する。

② スイスに住所を有しないスイス国民は、その者の本籍カントンの機関において、姓名の変更を申し立てることができる。

③ 姓名変更の要件および効力は、スイス法による。

第39条（外国における姓名の変更）

外国において行われた姓名の変更は、申立人の住所地国または本国において有効であるときは、スイスにおいて承認される。

第40条（身分登録簿への記載）

姓名は、スイスの身分登録の原則にもとづき、身分登録簿に記載される。

第41条（失踪宣告―管轄および準拠法）

① 失踪宣告については、不在者の最後に知られた住所地のスイス裁判所（または官庁）〔独〕〔伊〕が管轄を有する。

② スイスの裁判所（または官庁）〔独〕〔伊〕は、保護に値する利益がそこに存在するときも、失踪宣告の管轄を有する。

③ 失踪宣告の要件および効力は、スイス法による[34]。

---

34) 草案では、裁判所または官庁の管轄のみが規定されていた。

第42条（外国における失踪宣告および死亡宣告）

　外国において下された失踪宣告または死亡宣告は、不在者の最後に知られた住所地国または本国において下されたときは、スイスにおいて承認される。

第3章　婚姻法
第1節　婚姻の挙行

第43条（管轄）
① スイスの機関は、婚姻当事者の一方がスイスに住所を有するとき、またはスイスの国籍を有するときは、婚姻の挙行について管轄を有する。
② 外国人の当事者がスイスに住所を有しない場合といえども、スイスにおける婚姻が当事者双方の住所地国または本国において承認されるときは、所轄機関は、婚姻の挙行を許可することができる。
③ 婚姻挙行の許可は、すでにスイスにおいて行われたか、または承認された離婚が外国において承認されないことのみを理由に拒絶してはならない。

第44条（準拠法）
① スイスにおいて挙行される婚姻の実質的成立要件は、スイス法による。
② 外国人間の婚姻は、スイス法の要件を満たさない場合といえども、一方当事者の本国法の要件を満たすときは、（スイスにおいて）〔伊〕挙行することができる。
③ スイスにおいて挙行される婚姻の方式は、スイス法による。

第45条（外国において挙行された婚姻）[35]
① 外国において有効に挙行された婚姻は、スイスにおいて承認される。
② 当事者の少なくとも一方がスイス国民であるとき、または当事者の双方がスイスに住所を有するときは、外国において挙行された婚姻は、婚姻の無効に関するスイス法の規定を回避する明白な意図をもって、挙行地を外国に移

---

[35] 草案では、婚姻挙行地国および夫婦の一方の住所地国または本国において有効な婚姻を承認するとされていた。

したのでない場合に限り承認される[36]。

〔1998年6月26日の連邦法の附則第3号により第2項改正、2000年1月1日施行〕

第45a条（成年擬制）

　スイスに住所を有する未成年者は、スイスにおける婚姻の挙行または外国において挙行された婚姻の承認によって、成年者の地位を取得する。

〔1994年10月7日の連邦法第Ⅱ号の2により本条追加、1996年1月1日施行〕

第2節　婚姻の一般的効力

第46条（管轄—原則）

　婚姻の効力に関する訴えまたは処分については、夫婦の一方の住所地、または住所がないときは、常居所地のスイス裁判所または官庁が管轄を有する[37]。

第47条（本籍地の管轄）

　婚姻の効力に関する訴えまたは処分については、夫婦の双方がスイスに住所も常居所も有しないが、少なくとも一方がスイス国民である場合において、一方の住所地または常居所地における訴えの提起もしくは申立てが不可能または（合理的に）〔仏〕〔伊〕期待できないときは、本籍地の裁判所または官庁が管轄を有する。

第48条（準拠法—原則）

① 　婚姻の効力は、夫婦の双方が住所を有する国の法による。
② 　夫婦が同一国に住所を有しないときは、婚姻の効力は、事案とより密接な関連を有する住所地国の法による。
③ 　本籍地のスイス裁判所または官庁は、前条により管轄を有するときは、スイス法を適用する[38]。

---

36) 「婚姻の無効に関するスイス法の規定を回避」という文言は、改正前は「スイス法の無効原因を回避」と規定されていた。
37) 草案では、裁判所の管轄のみが規定されていた。次条も同様である。
38) 本項は、草案には存在しなかった。詳細については、奥田・前掲注15) 137頁参照。

第 49 条（扶養義務）

夫婦間の扶養義務は、扶養義務の準拠法に関する 1973 年 10 月 2 日のハーグ条約による。

第 50 条（外国の判決・決定または処分）

婚姻の効力に関する外国の判決・決定または処分は、夫婦の一方の住所地国または常居所地国において下されたときは、スイスにおいて承認される。

第 3 節　夫婦財産制

第 51 条（管轄）

夫婦の財産関係に関する訴えまたは処分については、次のスイス裁判所または官庁が管轄を有する。

 a　夫婦の一方の死亡に伴う財産関係の清算については、相続財産の清算について管轄を有するスイス裁判所または官庁（第 86 条ないし第 89 条）

 b　裁判による婚姻の解消または別居に伴う財産関係の清算については、婚姻の解消または別居について管轄を有するスイス裁判所（第 59 条、第 60 条、第 63 条、第 64 条）

 c　その他の場合については、婚姻の効力に関する訴えまたは処分について管轄を有するスイス裁判所または官庁（第 46 条、第 47 条）

第 52 条（準拠法—法選択—原則）

① 夫婦の財産関係は、夫婦によって選択された法による。

② 夫婦は、双方が現に住所を有するか、もしくは婚姻挙行後に住所を有するに至る国の法、または一方の本国法のうち、いずれかを選択することができる。第 23 条第 2 項は適用しない[39]。

第 53 条（方式）

① 法選択は、書面により合意するか、または夫婦財産契約から一義的に明らかでなければならない。その他の点については、選択された法による。

---

 39)　本項後段は、草案には存在しなかったが、ここでは注意的に規定された。

② 法選択は、いつでも行い、いつでも変更することができる。婚姻挙行後に行われた法選択は、当事者が別段の合意をしない限り、婚姻挙行の時にさかのぼって効力を有する。

③ 一旦選択された法は、夫婦が他の法を選択するか、または法選択を撤回するまで適用される。

第54条（法選択の欠如―原則）

① 夫婦が法選択を行わなかったときは、夫婦の財産関係は、次のいずれかの法による。

 a 夫婦の双方が同時に住所を有する国の法

 b かかる法がないときは、夫婦の双方が最後に同時に住所を有していた国の法

② 夫婦が一度も同時に同一の国に住所を有したことがないときは、共通の本国法を適用する。

③ 夫婦が一度も同一の国に住所を有したことがなく、かつ共通の国籍も有しないときは、スイス法の別産制を適用する[40]。

第55条（住所変更による準拠法の変更および遡及効）

① 夫婦がその住所を（ある国から）〔独〕〔仏〕他の国へ移したときは、新しい住所地国の法が婚姻挙行の時にさかのぼって適用される。夫婦は、書面の合意によって遡及効を排除することができる。

② 住所の変更は、当事者〔独〕〔伊〕＝夫婦〔仏〕が書面によって従前の法の継続適用を合意したか、または夫婦財産契約が存在するときは、準拠法に影響しない。

第56条（夫婦財産契約の方式）

夫婦財産契約の方式は、その実質の準拠法または締結地の法の要件を満たすときは、有効とする。

---

[40] スイス法上、通常の場合は、夫婦の財産は共有財産および特有財産からなる。民法典196条以下参照。

第57条（第三者との法律関係）
① 配偶者の一方と第三者との間の法律関係に対する夫婦財産制の効力は、当該配偶者が法律関係の成立の時に住所を有していた国の法による。
② 前項の規定にかかわらず、当該第三者が法律関係の成立の時に夫婦の財産関係の準拠法を知っていたか、または知るべきであったときは、その法が適用される。

第58条（外国の判決・決定）
① 夫婦の財産関係に関する外国の判決・決定は、次のいずれかの場合には、スイスにおいて承認される。
　a　判決・決定が被告たる配偶者の住所地国において下されたか、または承認されるとき。
　b　被告たる配偶者がスイスに住所を有しない場合において、判決・決定が原告たる配偶者の住所地国において下されたか、または承認されるとき。
　c　判決・決定がこの法律による準拠法の所属国において下されたか、または承認されるとき。
　d　判決・決定が不動産に関する場合において、その所在地国において下されたか、または承認されるとき。
② 夫婦の財産関係に関する判決・決定が婚姻共同体を維持するための処分、または死亡、婚姻無効、離婚もしくは別居に伴う処分に関連して下されたときは、その承認は、婚姻の一般的効力、離婚または相続に関するこの法律の規定（第50条、第65条、第96条）による。

第4節　離婚および別居

第59条（管轄—原則）
　離婚または別居の訴えについては、次の裁判所が管轄を有する。
　a　被告の住所地のスイス裁判所
　b　原告が1年以上スイスに滞在しているとき、またはスイス国民であるときは、原告の住所地のスイス裁判所

第60条（本籍地の管轄）

離婚または別居の訴えについては、夫婦が双方ともスイスに住所を有しないが、一方がスイス国民である場合において、一方の住所地における訴えの提起が不可能または（合理的に）〔仏〕〔伊〕期待できないときは、本籍地の裁判所が管轄を有する。

第61条（準拠法）

① 離婚および別居はスイス法による。
② 前項の規定にかかわらず、夫婦が共通の外国国籍を有し、かつ夫婦の一方のみがスイスに住所を有するときは、共通本国法を適用する。
③ 共通外国本国法によれば、離婚が全く許されないか、または異常に厳格な要件のもとでのみ許される場合において、夫婦の一方が同時にスイス国籍も有するか、または2年以上スイスに滞在しているときは、スイス法を適用する。
④ 本籍地のスイス裁判所が前条により管轄を有するときは、スイス法を適用する[41]。

第62条（保全処分）

① 離婚または別居の訴えが係属するスイス裁判所は、本案審理の管轄を欠くことが明白であるか、または既判力のある決定によって認定された場合を除き、保全処分を命じることができる。
② 保全処分はスイス法による。
③ 夫婦間の扶養義務、親子関係の効力および未成年者の保護に関するこの法律の規定（第49条、第82条、第83条、第85条）の適用は妨げない。

第63条（付随的効果）

① 離婚または別居の訴えについて管轄を有するスイス裁判所は、付随的効果についても審理する管轄を有する。

---

41) 本項は、草案には存在しなかった。詳細については、奥田・前掲注15) 137頁参照。

② 離婚または別居の付随的効果は、離婚（または別居）〔仏〕〔伊〕の準拠法による。ただし、姓名、夫婦間の扶養義務、夫婦財産制、親子関係の効力および未成年者の保護に関するこの法律の規定（第37条ないし第40条、第49条、第52条ないし第57条、第82条、第83条、第85条）の適用は妨げない[42]。

第64条（判決の補充または変更）

① 離婚または別居判決の補充もしくは変更を求める訴えについては、スイス裁判所は、自己がこの判決を下したか、または第59条もしくは第60条により管轄を有するときは、管轄を有する。ただし、未成年者の保護に関するこの法律の規定（第85条）の適用は妨げない。

② 離婚または別居判決の補充もしくは変更は、離婚（または別居）〔仏〕〔伊〕の準拠法による[43]。ただし、姓名、夫婦間の扶養義務、夫婦財産制、親子関係の効力および未成年者の保護に関するこの法律の規定（第37条ないし第40条、第49条、第52条ないし第57条、第82条、第83条、第85条）の適用は妨げない。

第65条（外国の判決）

① 離婚または別居に関する外国の判決は、夫婦の一方の住所地国、常居所地国もしくは本国において下されたか、または承認されるときは、スイスにおいて承認される。

② 前項の規定にかかわらず、夫婦のいずれもが国籍を有しない国、または原告たる配偶者のみが国籍を有する国において下された判決は、次のいずれかの場合に限り、スイスにおいて承認される。

　a　訴えの提起の時に、少なくとも夫婦の一方が判決国に住所または常居所を有しており、かつ被告たる配偶者がスイスに住所を有していなかったとき。

---

[42] 草案では、姓名および夫婦財産制に関する規定のみが挙げられていた。

[43] 草案では、離婚または別居判決の補充もしくは変更は、本法の姓名、夫婦財産制、夫婦間の扶養および親子関係の効力に関する規定によるとされていた。

b 被告たる配偶者が当該外国裁判所の管轄に無条件で服したとき。
c 被告たる配偶者がスイスにおける判決の承認に（明示的に）〔仏〕同意したとき。

第4章　親子法
第1節　出生による親子関係の成立

第66条（管轄―原則）
　親子関係の確認または否認の訴えについては、子の常居所地または父母の一方の住所地のスイス裁判所が管轄を有する。

第67条（本籍地の管轄）
　親子関係の確認または否認の訴えについては、父母のいずれもがスイスに住所を有せず、かつ子もスイスに常居所を有しない場合といえども、父母の一方の住所地または子の常居所地において訴えを提起することが不可能または（合理的に）〔仏〕〔伊〕期待できないときは、父母の一方のスイス本籍地の裁判所が管轄を有する。

第68条（準拠法―原則）
① 親子関係の成立、確認および否認は、子の常居所地法による。
② 前項の規定にかかわらず、父母のいずれもが子の常居所地国に住所を有しないが、父母および子が同一の国籍を有するときは、その共通本国法を適用する。

第69条（基準時点）
① 親子関係の成立、確認および否認に適用されるべき法の決定については、（子の）〔伊〕出生の時を基準とする。
② 前項の規定にかかわらず、裁判による親子関係の確認または否認については、子の重大な利益が必要とするときは、訴えの提起の時を基準とする。

第70条（外国の判決）
　親子関係の確認または否認に関する外国の判決は、子の常居所地国もしくは本国または父母の一方の住所地国もしくは本国において下されたときは、スイ

スにおいて承認される。

第2節　認知

第71条（管轄）

① 認知の受理については、子の出生地もしくは常居所地または父母の一方の住所地もしくは本籍地のスイス機関が管轄を有する。

② 親子関係が法律上の意味を有する訴訟手続において、認知が行われるときは、当該訴訟を担当する裁判官も、認知を受理することができる[44]。

③ 親子関係の確認または否認の訴えについて管轄を有する裁判所（第66条、第67条）は、認知の取消しについても管轄を有する。

第72条（準拠法）

① スイスにおける認知は、子の常居所地法もしくは本国法または父母の一方の住所地法もしくは本国法により行うことができる。準拠法の決定については、認知の時を基準とする。

② スイスにおける認知の方式はスイス法による。

③ 認知の取消しはスイス法による。

第73条（外国における認知および認知の取消し）

① 外国において行われた認知は、子の常居所地国（の法）〔独〕〔伊〕もしくは本国（法）〔独〕〔伊〕または父母の一方の住所地国（の法）〔独〕〔伊〕もしくは本国（法）〔独〕〔伊〕により〔独〕〔伊〕＝において〔仏〕有効であるときは、スイスにおいて承認される。

② 認知の取消しに関する外国の判決は、前項に掲げた国のいずれかにおいて下されたときは、スイスにおいて承認される。

第74条（準正）

外国において行われた準正（の承認）〔独〕〔伊〕については、前条を準用する[45]。

---

44) 本項は、草案には存在しなかった。

第3節　養子縁組

第75条（管轄―原則）
① 養子縁組の裁判については、養親となるべき者または夫婦の住所地のスイス裁判所もしくは官庁が管轄を有する。
② 親子関係の確認または否認について管轄を有する裁判所（第66条、第67条）は、養子縁組の取消しについても管轄を有する。

第76条（本籍地の管轄）
養子縁組（の裁判）〔仏〕については、養親となるべき者または夫婦がスイスに住所を有しないが、少なくとも一方がスイス国民である場合において、（外国の）〔仏〕住所地における養子縁組が不可能または（合理的に）〔仏〕〔伊〕期待できないときは、本籍地の裁判所または官庁が管轄を有する。

第77条（準拠法）
① スイスにおいて行われる養子縁組の要件は、スイス法による。
② 養子縁組が養親となるべき者または夫婦の住所地国もしくは本国において承認されず、その結果、子に重大な不利益が及ぶと認められるときは、機関は当該国の法による要件も考慮する。それでもなお、承認が確実と認められないときは、養子縁組の裁判をしてはならない。
③ スイスにおいて行われた養子縁組の取消しは、スイス法による。外国において行われた養子縁組は、スイス法によっても取消原因が存在する場合に限り、スイスにおいて取り消すことができる[46]。

---

45) スイス法では、原則として嫡出子と非嫡出子の区別が存在しないので、準正については、管轄および準拠法の規定は不要である。なお、民法典252条2項によれば、父子関係は、母の婚姻により成立するか、または認知もしくは裁判所によって確認される。したがって、父母の婚姻の有無による区別が全く存在しないわけではない。

46) スイス法では、離縁が認められておらず、本人、後見機関もしくは親の同意が必要であるにもかかわらず、それらが欠けていた場合、またはその他の重大な瑕疵があった場合にのみ、裁判所に取消しを求めることができる。民法典269条以下参照。

第 78 条（外国における養子縁組および類似の制度）

① 外国における養子縁組は、養親となるべき者または夫婦の住所地国もしくは本国において行われたときは、スイスにおいて承認される。

② 外国における養子縁組または類似の制度がスイス法による親子関係と本質的に異なった効力を有するときは、その成立国において与えられた効力についてのみ、スイスにおいて承認される[47]。

第 4 節　親子関係の効力

第 79 条（管轄―原則）

① 親子の関係、とりわけ子の扶養に関する訴えについては、子の常居所地または被告たる親の住所地、もしくは住所がないときは、その常居所地のスイス裁判所が管轄を有する。

② 姓名、未成年者の保護および相続に関するこの法律の規定（第 33 条、第 37 条ないし第 40 条、第 85 条ないし第 89 条）の適用は妨げない。

第 80 条（本籍地の管轄）

　子および被告たる親の双方がスイスに住所または常居所を有しない場合といえども、その一方がスイス国民であるときは、本籍地の裁判所が管轄を有する。

第 81 条（第三者の請求権）

　前二条により管轄を有するスイス裁判所は、次の請求権についても判断する。

　a　機関がそれ以前に行った子に対する扶養給付の償還請求権

　b　母による扶養および出産費用の償還請求権

第 82 条（準拠法―原則）

① 親子の関係は子の常居所地法による。

　47）　ちなみに、スイス法では、養子縁組により、従来の親子関係は消滅するとされている。民法典 267 条参照。

② 前項の規定にかかわらず、父母のいずれもが子の常居所地国に住所を有しないが、父母および子が同一の国籍を有するときは、その共通本国法を適用する。

③ 姓名、未成年者の保護および相続に関するこの法律の規定（第33条、第37条ないし第40条、第85条、第90条ないし第95条）の適用は妨げない。

第83条（扶養義務）

① 親子間の扶養義務は、扶養義務の準拠法に関する1973年10月2日のハーグ条約による。

② 前項の条約は、それが母による扶養および出産費用の償還請求権を規律しない範囲においても準用される。

第84条（外国の判決）

① 親子の関係に関する外国の判決は、子が常居所を有するか、または被告たる親が住所もしくは常居所を有する国において下されたときは、スイスにおいて承認される。

② 姓名、未成年者の保護および相続に関するこの法律の規定（第39条、第85条、第96条）の適用は妨げない。

第5章　後見およびその他の保護的処分

第85条

① 未成年者の保護に関するスイス裁判所または官庁の管轄、準拠法および外国の判決・決定もしくは処分の承認は、未成年者の保護についての機関の管轄および準拠法に関する1961年10月5日のハーグ条約による。

② 前項の条約は、成年者、スイス法のみにより未成年とされる者、または締約国の一に常居所を有しない者にも準用する。

③ スイス裁判所または官庁は、その他に人身または財産の保護のために必要とされるときも、管轄を有する。

第6章　相続法

第 86 条（管轄—原則）
① 相続手続および相続法上の争訟については、被相続人の最後の住所地のスイス裁判所または官庁が管轄を有する。
② 自国の領域内の不動産について専属管轄を要求する国の管轄は妨げない。

第 87 条（本籍地の管轄）
① 被相続人が外国に最後の住所を有したスイス国民であったときは、当該外国の機関が相続財産を放置する限りにおいて、本籍地のスイス裁判所または官庁が（相続手続について）〔仏〕管轄を有する。
② 外国に最後の住所を有したスイス国民が、スイスに所在する財産または全財産を遺言もしくは相続契約によってスイスの管轄またはスイス法に服せしめたときは、本籍地のスイス裁判所または官庁が常に管轄を有する。ただし、前条第 2 項の適用は妨げない[48]。

第 88 条（財産所在地の管轄）
① 被相続人が外国に最後の住所を有した外国人であった場合といえども、スイスに所在する財産については、外国の機関がそれを放置するときは、財産所在地のスイス裁判所または官庁が管轄を有する。
② 財産が複数の地にあるときは、最初に手続が申し立てられたスイス裁判所または官庁が管轄を有する。

第 89 条（保全処分）
外国に最後の住所を有した被相続人がスイスに財産を残したときは、その所在地のスイス機関は、財産（価値）〔独〕の仮の保全のために必要な処分を命じる。

第 90 条（準拠法—最後の住所がスイスにあるとき）
① スイスに最後の住所を有した者の相続は、スイス法による。
② 前項の規定にかかわらず、外国人は、遺言または相続契約によって、その者の本国法の一に相続に服せしめることができる。この法選択は、その者が

---

48) 本項後段は、草案には存在しなかったが、ここでは注意的に規定された。

死亡の時に当該国籍をもはや有していなかったか、またはスイス国籍を取得していたときは、効力を失う。

第91条（最後の住所が外国にあるとき）

① 外国に最後の住所を有した者の相続は、その住所地国の国際私法が指定する法による。

② 第87条により（本籍地の）〔独〕〔伊〕スイス裁判所または官庁が管轄を有するときは、外国に最後の住所を有したスイス人の相続は、スイス法による。ただし、被相続人が遺言または相続契約によって最後の住所地法の適用を明示的に選択した場合は、この限りでない[49]。

第92条（相続準拠法の適用範囲および相続財産の清算）

① 相続の準拠法は、何が相続財産に属するのか、誰がいかなる範囲において相続権を有するのか、誰が債務を承継するのか、いかなる異議申立ておよび処分が可能であるのか、ならびにいかなる要件のもとにおいて、それらを申し立てることができるのかを決定する[50]。

② 個々の処分の執行（の態様）〔仏〕は、管轄機関の所在地法による。とくに保全処分および遺言の執行などの相続財産の清算は、この法による。

第93条（方式）

① 遺言の方式は、遺言の方式の準拠法に関する1961年10月5日のハーグ条約による。

② 前項の条約は、その他の死因処分の方式にも準用する。

第94条（死因処分能力）

人は、死因処分の時に、住所地法、常居所地法または本国のうちの一により死因処分の能力を有するときは、死因処分をすることができる。

第95条（相続契約および相互的死因処分）[51]

---

49) 本項但書は、草案には存在しなかった。詳細については、奥田・前掲注15) 137頁参照。

50) 草案では、いかなる処分が可能であるのか、またいかなる要件のもとにおいて行うことができるのか、という点のみが規定されていた。

① 相続契約は、被相続人が契約締結の時に住所を有する国の法による。
② 被相続人が相続契約によって全財産を本国法に服せしめるときは、住所地法に代えて本国法を適用する。
③ 相互的死因処分は、各処分者の住所地法、または処分者の双方が選択したときは、共通本国法によらなければならない。
④ 死因処分の方式および能力に関するこの法律の規定（第93条、第94条）の適用は妨げない[52]。

第96条（外国の判決・決定、処分、公文書および権利）
① 相続に関する（外国の）〔独〕〔伊〕判決・決定、処分および公文書、ならびに外国において開始した相続から生じた権利は、次のいずれかの場合には、スイスにおいて承認される。
    a　被相続人の最後の住所地国、または被相続人によって選択された法の所属国において、これらが下され、命じられ、交付され、確認されたか、もしくは承認されるとき。
    b　これらが不動産に関する場合で、その所在地国において、これらが下され、命じられ、交付され、確認されたか、または承認されるとき。
② 被相続人の不動産の所在地国が当該不動産について専属管轄を要求するときは、当該国の判決・決定、処分および公文書のみが承認される。
③ 被相続人の財産所在地国の保全処分は、スイスにおいて承認される。

第7章　物権法

第97条（管轄―不動産）
　スイスに所在する不動産の物権に関する訴えについては、その所在地の裁判所が専属管轄を有する。

---

51) 民法典494条によれば、被相続人は、相続契約により、他人に対し相続または遺贈の義務を負うことができる。
52) 本項は、草案には存在しないが、ここでは注意的に規定された。

第98条（動産）
① 動産の物権に関する訴えについては、被告の住所地のスイス裁判所、またはスイスに住所がないときは、常居所地のスイス裁判所が管轄を有する。
② 被告がスイスに住所および常居所のいずれも有しないときは、物の所在地のスイス裁判所が管轄を有する。

第98a条（文化遺産）
2003年6月20日の文化遺産移転法第9条による文化遺産返還請求の訴えについては、被告の住所地もしくは本拠地または文化遺産の所在地の裁判所が管轄を有する。
〔2003年6月20日の文化遺産移転法第32条第3号により本条追加、2005年6月1日施行〕

第99条（準拠法―不動産）
① 不動産に関する物権は、その所在地法による。
② 不動産から発生したインミシオンによる請求については、不法行為に関するこの法律の規定（第138条）が適用される[53]。

第100条（動産―原則）
① 動産に関する物権の得喪は、取得または喪失の原因となった事実の発生した時の物の所在地法による。
② 動産に関する物権の内容および行使は、その所在地法による。

第101条（移動中の物）
移動中の物に関する物権の法律行為による得喪は、仕向地国法による。

第102条（スイスに到着した物）
① 動産が（外国から）〔仏〕スイスに到着し、かつそれに関する物権の取得または喪失がまだ外国において完成していなかったときは、すでに外国において生じた事実は、スイスにおいて生じたものとみなす。
② スイスに到着した動産について、すでに外国において有効に成立した所有

---

53) 本項は、草案には存在しないが、ここでは注意的に規定された。

権留保は[54]、たとえスイス法の要件を満たさない場合といえども、なお（スイスにおいて）〔独〕〔伊〕3か月間に限り効力を維持する。

③　前項の所有権留保の存続は、善意の第三者に対抗することができない[55]。

第103条（輸出品に関する所有権の留保）

輸出向けの動産に関する所有権の留保は、仕向地国法による。

第104条（法選択）

①　当事者双方は、動産に関する物権の得喪を発送地国法、仕向地国法、または得喪の原因となった法律行為の準拠法に服せしめることができる。

②　法選択は、第三者に対抗することができない。

第105条（特則─債権、有価証券およびその他の権利に対する担保権の設定）

①　債権、有価証券およびその他の権利に対する担保権の設定は、当事者双方によって選択された法による。法選択は、第三者に対抗することができない。

②　法選択がないときは、債権および有価証券に対する担保権の設定は、担保権者の常居所地法による。その他の権利に対する担保権の設定は、当該権利の準拠法による。

③　債務者に対しては、担保権を設定された権利の準拠法のみを対抗することができる。

第106条（物品証券）

①　物品証券に表示された法は、当該証券が物品を表象するか否かを決定する。かかる表示がないときは、証券の発行者が営業所を有する国の法による。

---

54)　草案では、「外国において成立した担保権は」とされていたが、立法趣旨に合わせて、「所有権留保」に変更された。*Amt. Bull. STR* (1985), S. 155.

55)　本項は、草案には存在しないが、所有権留保が公示機能を有しないことから、追加されたものと思われる。Vgl. auch H. Hanisch, Besitzlose Mobiarsicherungsrechte im internationalen Rechtsverkehr, insbesondere im Verhältnis zwischen der Schweiz und der Bundesrepublik Deutschland, in: *Festschrift für Rudolf Moser*, 1987, S. 32.

② 証券が物品を表象するときは、当該証券および物品に対する物権は、動産たる物品証券の準拠法による。
③ 複数の当事者が物品に対する物権を主張し、一方が物品それ自体に基づき、他方が物品証券に基づくときは、物品それ自体の準拠法が優先劣後関係を決定する。

第107条（運送用具）
　船舶、航空機およびその他の運送用具の物権に関する他の法律〔独〕〔仏〕＝連邦法〔伊〕の規定の適用は妨げない。

第108条（外国の判決）
① 不動産の物権に関する外国の判決は、その所在地国において下されたか、または承認されるときは、スイスにおいて承認される。
② 動産の物権に関する外国の判決・決定は、次のいずれかの場合には、スイスにおいて承認される。
　a　判決が被告の住所地国において下されたとき。
　b　判決が物の所在地国において下され、かつ被告が当該国に常居所を有していたとき。
　c　判決が合意による裁判管轄地国において下されたとき。

第8章　無体財産権[56]

第109条（管轄）
① 無体財産権に関する訴えについては[57]、被告の住所地のスイス裁判所、またはスイスに住所がないときは、その保護が必要とされる地のスイス裁判所が管轄を有する。ただし、外国における無体財産権の有効性または登録に関する訴えは除く[58]。

---

　56)　本章の各規定は、草案では主に第7章「物権法」に含まれていた。
　57)　草案では、「無体財産権およびそれに関する物権の成立についての訴え」となっていた。
　58)　本項但書は、草案には存在しないが、これらの問題は、あまりに密接に登録地

② スイスにおいて複数の者を訴えることができて、かつ請求が実質上同一の事実および法的根拠に基づくときは、いずれの管轄裁判所においても、全員について訴えを提起することができる。この場合には、最初に訴えの提起された裁判所が専属管轄を有する[59]。

③ 被告がスイスに住所を有しない場合といえども、スイスにおける無体財産権の有効性および登録に関する訴えについては、登録簿に記載された代理人の営業本拠地のスイス裁判所、またはかかる代理人が存在しないときは、登録機関の所在地のスイス裁判所が管轄を有する[60]。

第110条（準拠法）

① 無体財産権は、その保護が必要とされる国の法による。

② 無体財産権の侵害〔独〕〔伊〕＝不法行為〔仏〕による請求については、当事者は、加害事由の発生後いつでも、法廷地法の適用を合意することができる[61]。

③ 無体財産権に関する契約は、契約の準拠法に関するこの法律の規定（第122条）による[62]。

第111条（外国の判決）

① 無体財産権（の侵害）〔仏〕に関する外国の判決は、次のいずれかの場合には、スイスにおいて承認される。

　a　判決が被告の住所地国において下されたとき[63]。

　　　国の国内法に関連しているため、スイス裁判所の管轄から除外することにした。*Amt. Bull. STR* (1985), S. 156.

59) 本項は、草案には存在しない。本法129条3項も参照。

60) 本項は、草案には存在しないが、1項を補足するために追加された。*Amt. Bull. NR* (1986), S. 1354.

61) 本項は、草案には存在しない。本法132条も参照。なお、ドイツ語の条文については、上院の委員会は、意図的に「不法行為」ではなく、「侵害」という文言を使った。*Amt. Bull. STR* (1985), S. 157.

62) 本項は、草案には存在しないが、ここでは注意的に規定された。

63) 本号は、草案には存在しないが、直接管轄に関する本法109条1項に対応させ

b　無体財産権の保護が必要とされる国において、判決が下され、かつ被告がスイスに住所を有しないとき。
② 無体財産権の（存在、）〔仏〕有効性または登録に関する外国の判決は、その保護が必要とされる国において下されたか、もしくは承認される場合に限り承認される[64]。

第9章　債務法
第1節　契約

第112条（管轄―原則）
① 契約に関する訴えについては、被告の住所地のスイス裁判所、またはスイスに住所がないときは、常居所地のスイス裁判所が管轄を有する。
② スイスにおける営業所の活動（にもとづく債務）〔仏〕に関する訴えについては、被告が当該営業所を有する地の裁判所も管轄を有する。

第113条（履行地）
被告がスイスに住所または常居所および営業所のいずれも有しないが、（紛争の目的物たる）〔仏〕給付がスイスにおいて履行されるべきときは、履行他のスイス裁判所に訴えを提起することができる。

第114条（消費者契約）
① 第120条第1項の要件を満たす契約に関する消費者の訴えについては[65]、消費者の選択により、次のいずれかのスイス裁判所が管轄を有する。
　a　消費者の住所地または常居所地の裁判所
　b　供給者の住所地、またはスイスに住所がないときは、常居所地の裁判所
② 消費者は、あらかじめ自己の住所地または常居所地の裁判管轄を放棄することはできない。

　　　たものと思われる。
　64）　本項は、草案には存在しないが、直接管轄に関する本法109条1項に対応させたものと説明されている。*Amt. Bull. STR* (1985), S. 157; *NR* (1986), S. 1354.
　65）　草案では、単に「消費者の訴え」となっていた。

第115条（労働契約）

① 労働契約に関する訴えについては、被告の住所地のスイス裁判所、または労働者が通常の場合に労働を行う地のスイス裁判所が管轄を有する[66]。

② 労働者によって提起された訴えについては、当該労働者の住所地または常居所地のスイス裁判所も管轄を有する。

③ 労務の給付に適用されるべき労働条件および賃金条件に関する訴えについては、労働者が一時的かつ労務の全部または一部の給付のために外国から派遣された地のスイス裁判所も管轄を有する。

〔スイスへ派遣された労働者に関する1999年10月8日の連邦法の附則第1号により第3項追加、2004年6月1日施行〕

第116条（準拠法―通則―法選択）

① 契約は、当事者双方によって選択された法による。

② 法選択は、明示的であるか、または契約もしくは諸事情から一義的に明らかでなければならない。その他の点については、選択された法による。

③ 法選択は、いつでも行い、または変更することができる。法選択が契約締結後に行われ、または変更されたときは、契約締結の時にさかのぼって効力を有する。ただし、第三者の権利を害することはできない。

第117条（法選択の欠如）

① 法選択がないときは、契約は、それが最も密接な関連を有する国の法による。

② 最も密接な関連は、特徴的給付を行うべき当事者が常居所を有する国、またはその者が職業的もしくは営業的活動によって契約を締結したときは[67]、営業所を有する国との間にあると推定する[68]。

③ とくに以下に掲げる給付は、特徴的給付とみなす。

 a 譲渡契約においては、譲渡人の給付

 66） 草案では、単に「被告の住所地または労働地のスイス裁判所」となっていた。
 67） 草案では、単に「職業的活動によって契約を締結したとき」となっていた。
 68） 本項の「推定」の意味については、奥田・前掲注15）152頁参照。

b　物または権利の使用許諾契約においては、その使用を許諾する当事者の給付
　c　委任、請負およびその他の役務給付契約においては、役務の給付
　d　寄託契約においては、受寄者の給付
　e　保証契約においては[69]、保証人の給付

第118条（特則―（有体）〔独〕〔伊〕動産の売買）

① （有体）〔独〕〔伊〕動産の売買は、有体動産についての国際的売買（契約）〔独〕〔伊〕の準拠法に関する1955年6月15日のハーグ条約による。

② 第120条の適用は妨げない。

第119条（不動産）

① 不動産またはその使用に関する契約は、不動産所在地国の法による。

② 法選択は許される。

③ 前項の規定にかかわらず、（契約の）〔仏〕方式は、当該不動産の所在地国の法による。ただし、この国の法が他の法の適用を許す場合は、この限りでない。スイスに所在する不動産については、方式はスイス法による。

第120条（消費者契約）

① 消費者の私用または家族の用に供し、消費者の職業的または営業的活動と関連を有しない日常消費のための給付に関する契約は[70]、次のいずれかの場合には、消費者の常居所地国の法による。

　a　供給者が当該国において注文を受けたとき。
　b　契約締結に先立つ申込または広告が当該国において行われ、かつ消費者が契約締結に必要な（法律）〔独〕〔伊〕行為を当該国において行ったとき。
　c　供給者が消費者に対し、注文を行うために外国へ行くよう仕向けたと

---

69)　「保証契約」は、原文では次のとおりである。Garantie- oder Bürgschaftsverträge; les contrats de garantie ou cautionnement; i contratti di garanzia o fideiussione.

70)　草案では、単に「消費者の私用または家族の用に供する給付に関する契約」となっていた。

き。
② 法選択は許さない。

第121条（労働契約）
① 労働契約は、労働者が通常の場合に労働を行う国の法による。
② 労働者が通常複数の国において労働を行うときは、労働契約は、使用者の営業所所在地国の法、または営業所がない場合には、住所地もしくは常居所地国の法による。
③ 当事者双方は、労働者の常居所地国の法または使用者の営業所所在地、住所地もしくは常居所地国の法のいずれかに、労働契約を服せしめることができる。

第122条（無体財産権に関する契約）
① 無体財産権に関する契約は、無体財産権を譲渡または使用許諾する者が常居所を有する国の法による[71]。
② 法選択は許される。
③ 労働者が労働契約の履行〔独〕〔仏〕＝約定〔伊〕の範囲内においてもたらした（発明に関する）〔仏〕無体財産権についての使用者および労働者間の契約は[72]、労働契約の準拠法による。

第123条（共通規定—申込に対する沈黙）
当事者が契約締結の申込に対し応答しないときは、その沈黙の効力については、その者が常居所を有する国の法を援用することができる[73]。

---

71) 草案では、「無体財産権の譲渡または使用許諾の目的国の法」となっていた。これに対して、下院の委員会は、ライセンシーの法ではなく、ライセンサーの法によるべきであるとして、かような修正を行った。なぜなら、スイスは、米国との関係において、数少ないライセンス輸出黒字国に属しているからである。*Amt. Bull. NR* (1986), S. 1357.

72) 「労働契約の履行〔独〕〔仏〕＝約定〔伊〕の範囲内において」という文言は、草案には存在しない。

73) 草案では、「一方当事者は、自己が契約を承諾しなかったことを主張するために」となっていた。しかし、かような規定は硬直的すぎるとして、修正された。

第124条（方式）
① 契約は、その準拠法または締結地法に定められた方式要件を満たすときは、方式上有効とする。
② 相異なる国に在る者の間で締結された契約の方式は、これらの国の一の法に定められた要件を満たすときは、有効とする。
③ 契約の準拠法が一方当事者の保護のために（一定の）〔仏〕方式の遵守を規定するときは[74]、契約の方式（の有効性）〔独〕〔伊〕は、専ら契約の準拠法による。ただし、この法が他の法の適用を許す場合は、この限りでない[75]。

第125条（履行および検査の態様）
履行および検査の態様は、それらが現実に行われる国の法による。

第126条（代理）
① 代理が契約に基づくときは[76]、本人と代理人の関係は契約の準拠法による。
② 代理人の行為が本人と第三者の関係を生じる要件は、代理人の営業所所在地国の法、または営業所が存しないか、もしくは第三者にとって確知できないときは、代理人が当該事案において主要な活動を行った国の法による。
③ 代理人が本人と労働契約の関係にあり、自己の営業所を有しないときは、その者の営業所は、本人の本拠地にあるものとみなす。
④ 第2項により指定された法は、無権代理人と第三者の関係にも適用される。

第2節　不当利得

Amt. Bull. STR (1985), S. 163.
74) 草案では、「強行的に規定するとき」となっていた。
75) 草案では、但書は存在しない。
76) フランス語の条文によった。ドイツ語およびイタリア語の条文では、「任意代理」（rechtsgeschäftliche Vertretung; rappresentanza negoziale）となっている。

第 127 条（管轄）

不当利得に関する訴えについては、被告の住所地のスイス裁判所、またはスイスに住所がないときは、常居所地もしくは営業所所在地のスイス裁判所が管轄を有する。

第 128 条（準拠法）

① 不当利得に関する請求は、不当利得発生の原因となった現実または仮定の法律関係の準拠法による。

② かかる法律関係がないときは、不当利得に関する請求は、利得発生地国の法による。ただし、当事者双方は、法廷地法の適用を合意することができる[77]。

第 3 節 不法行為

第 129 条（管轄―原則）

① 不法行為に関する訴えについては、被告の住所地のスイス裁判所、またはスイスに住所がないときは、常居所地もしくは営業所所在地のスイス裁判所が管轄を有する。

② 被告がスイスに住所または常居所および営業所のいずれも有しないときは、行動地または結果発生地のスイス裁判所に訴えを提起することができる。

③ スイスにおいて複数の者を訴えることができて、かつ請求が実質上同一の事実および法的根拠に基づくときは、いずれの管轄裁判所においても、全員について訴えを提起することができる。この場合には、最初に訴えの提起された裁判所が専属管轄を有する[78]。

第 130 条（特則）[79]

---

[77] 草案では、但書は存在しない。本法 132 条も参照。

[78] 本項は、草案には存在しないが、専ら実際上の便宜から追加された。*Amt. Bull. STR* (1985), S. 164.

[79] 草案では、人格権侵害・無体財産権の侵害・不正競争についても、それぞれ特

① 核施設または核物質の運送によって生じた損害（に関する訴え）〔仏〕については、侵害事実が発生した地のスイス裁判所が管轄を有する。
② 前項の地が定まらないときは、次のスイス裁判所が管轄を有する。
 a 核施設の管理者の責任については、核施設の所在地のスイス裁判所
 b 運送許可を取得した者の責任については、その者が住所または送達住所を有する地のスイス裁判所[80]
③ 情報管理者に対し情報開示請求権を行使するための訴えは、前条に規定された裁判所、または情報が管理または使用されている地のスイス裁判所に提起することができる。
〔情報保護に関する1992年6月19日の連邦法の附則第3号により第3項追加、1993年7月1日施行〕

第131条（保険者に対する直接請求権）[81]

責任保険の保険者に対する直接請求権にもとづく訴えについては、保険者の営業所所在地のスイス裁判所または行動地もしくは結果発生地のスイス裁判所が管轄を有する。

第132条（準拠法―通則―法選択）[82]

当事者双方は、侵害事実が発生した後は、いつでも法廷地法の適用を合意することができる。

第133条（法選択の欠如）

① 加害者および被害者が同一国に常居所を有するときは、不法行為に関する請求は、この国の法による。

 別の管轄規定ないし特別法の指定が行われていた。無体財産権については、本法109条参照。なお、本条は、核物質についての責任に関する1983年3月18日の連邦法24条1項および2項に対応している。Vgl. auch *Amt. Bull. STR* (1985), S. 164; *STR* (1987), S. 190.
 80) 送達住所の選定は、前注の連邦法3条5項により義務付けられている。
 81) ドイツ語およびイタリア語の見出しは、単に「直接請求権」となっている。
 82) 草案では、本条が129条4項として規定され、同条1項ないし3項には、本法133条が規定されていた。

② 加害者および被害者が同一国に常居所を有しないときは、(違法な)〔独〕〔仏〕行動がなされた国の法が適用される。ただし、結果が他の国において発生した場合において、加害者が当該国における結果の発生を予見すべきであったときは、結果発生地国の法が適用される。

③ 前二項の規定にかかわらず、不法行為が加害者と被害者の間に存する法律関係を侵害するときは、不法行為に関する請求は、かかる法律関係の準拠法による。

第134条（特則―道路交通事故）

道路交通事故に関する請求は、道路交通事故の準拠法に関する1971年5月4日のハーグ条約による。

第135条（製造物責任）[83]

① 製造物の欠陥または不完全な表示に関する請求は[84]、被害者の選択により、次のいずれかの法による。

  a　加害者の営業所所在地国の法、または営業所がないときは、常居所地国の法

  b　加害者の同意なしに製造物が当該国において流通したことが加害者によって証明されない限りにおいて、製造物が取得された国の法

② 製造物の欠陥または不完全な表示に関する請求は、たとえ外国法に服する場合といえども、スイスにおいては、スイス法によりかかる損害に認められる以上の給付〔独〕＝以外の賠償〔仏〕は認められない[85]。

[83)]　本条の見出しは、ドイツ語およびイタリア語の条文では、「製造物の欠陥 (Produktemängel; vizi di un prodotto)」となっている。なお、草案では、3項において、草案129条3項（本法133条3項）の適用は妨げないと規定されていた。

[84)]　「不完全な表示」は、原文では次のとおりである。mangelhafte Beschreibung; une description défectueuse; una descrizione viziata.

[85)]　イタリア語の条文では、「スイス法により類似の事案について規定された範囲内においてのみ認められる」となっている。

第 136 条（不正競争）
① 不正競争に関する請求は、不正な行為が効果を及ぼす市場地国の法による[86]。
② 権利侵害行為が専ら被害者〔独〕〔伊〕＝特定の競争者〔仏〕の営業利益に対するものであるときは、被害を受けた営業所の所在地国の法が適用される。
③ 第 133 条第 3 項の適用は妨げない。

第 137 条（競争制限）
① 競争制限に関する請求は、制限行為が直接に被害者に効果を及ぼした市場地国の法による。
② 競争制限に関する請求は、たとえ外国法に服する場合といえども、スイスにおいては、スイス法により（不当な）〔独〕競争制限に対し認められる以上の給付〔独〕＝以外の賠償〔仏〕は認められない[87]。

第 138 条（インミシオン）
不動産から生じる有害なインミシオンに関する請求は[88]、被害者の選択により、不動産所在地国の法または結果発生地国の法による。

第 139 条（人格権侵害）
① メディア、とくに印刷物、ラジオ、テレビまたはその他の公共情報手段による人格権侵害に関する請求は[89]、被害者の選択により、次のいずれかの法による。
　a　加害者が当該国における結果の発生を予見すべきであった限りにおいて、被害者の常居所地国の法[90]

---

86) フランス語の条文では、「結果が生じた市場地国の法」となっている。
87) イタリア語の条文については、前述・注 85) 参照。
88) ドイツ語およびイタリア語の草案では、「有害かつ不当なインミシオン」となっていた。
89) 草案では、「メディア、とくに」という文言は存在しなかった。
90) 草案では、単に「被害者の常居所地国の法」となっていた。

b　加害者の営業所所在地国または常居所地国の法
　c　加害者が当該国における結果の発生を予見すべきであった限りにおいて、侵害行為の結果発生地国の法[91]
② 定期的に発行・放送されるメディアに対する反論公表請求権は、専ら印刷物の発行地国ないしラジオまたはテレビの発信地国の法による[92]。
③ 第1項は、個人情報の取扱いから生じた人格権侵害および個人情報の開示請求権の侵害（を理由とする請求）〔独〕〔伊〕にも適用する。
〔情報保護に関する1992年6月19日の連邦法の附則第3号により第3項追加、1993年7月1日施行〕

第140条（特別規定―複数の賠償義務者）
　複数の者が一の不法行為に関与したときは、その関与の形態を問わず、各人について個別に準拠法を決定する。

第141条（保険者に対する直接請求権）[93]
　不法行為の準拠法または保険契約の準拠法がそれを規定するときは、被害者は、賠償義務者の保険者に対し、直接に請求権を行使することができる。

第142条（準拠法の適用範囲）[94]
① 不法行為の準拠法は、とくに不法行為能力、責任の要件および範囲ならびに賠償義務者を決定する。
② 行動地の安全および行動規則は考慮される。

第4節　共通規定

第143条（複数債務者―複数債務者に対する請求権）

91）　草案では、「侵害行為が効果を及ぼす地の国の法」となっていた。
92）　本項は、草案には存在しなかった。かような「反論公表請求権（Gegendarstellungsrecht; le droit de réponse; il diritto di risposta）」は、スイス法においては、民法典28g条に規定されている。
93）　ドイツ語およびイタリア語の見出しは、単に「直接請求権」となっている。
94）　ドイツ語およびイタリア語の見出しは、単に「適用範囲」となっている。

債権者が複数の債務者に対し請求権を行使できるときは、その法的効力は、請求を受けた債務者と債権者の間の法律関係の準拠法による。

第144条（債務者間の求償権）

① 双方の債務の準拠法が認める限りにおいて、債務者は、他の債務者に対し、直接にまたは代位により求償権を取得する。

② 求償権の行使は、当該償還義務者の債務の準拠法による。債権者と求償権者の関係にのみ関わる問題は、求償権者の債務の準拠法による。

③ 公的任務を有する組織が求償権を有するか否かは、当該組織の準拠法による。求償権の許容性および行使は、前二項の規定による[95]。

第145条（債権の移転―契約による譲渡）

① 契約による債権譲渡は、当事者双方によって選択された法、またはかかる法がないときは、（譲渡される）〔仏〕債権の準拠法による。（譲渡人と譲受人の間の）〔仏〕法選択は、債務者の同意がないときは、債務者に対抗できない。

② 労働者の債権の譲渡に関する法選択は、第121条第3項により労働契約について認められる限りにおいてのみ、有効とする[96]。

③ 債権譲渡の方式は、専ら譲渡契約の準拠法による。

④ 譲渡人と譲受人の関係にのみ関わる問題は、譲渡の原因法律関係の準拠法による。

第146条（法定移転）

① 債権の法定移転は、旧債権者と新債権者の間の原因（法律）〔独〕〔伊〕関係の準拠法、またはかかる関係がないときは、債権の準拠法による。

② 債務者を保護する（目的を持った）〔仏〕〔伊〕債権準拠法の規定の適用は妨げない。

---

[95] 本項後段は、草案には存在しないが、ここでは注意的に規定された。

[96] 草案では、さらに後段として「社会保障に関する債権の譲渡については、法選択は認められない」とする規定があった。

第147条（通貨）
① 通貨の定義は、当該通貨が問題となっている国〔独〕＝発行地国〔仏〕〔伊〕の法による。
② 通貨が債務額に及ぼす効力は、当該債務の準拠法による。
③ いかなる通貨によって支払うべきであるのかは、支払が行われるべき国の法による。

第148条（消滅時効および債権の消滅）
① 消滅時効および債権の消滅は、債権の準拠法による。
② 相殺による債権の消滅は、受働債権の準拠法による。
③ 更改、債務免除および相殺契約は、契約の準拠法に関するこの法律の規定（第116条以下）による。

第5節　外国の判決

第149条
① 債務法上の請求に関する外国の判決は、次のいずれかの場合には、スイスにおいて承認される。
　a　判決が被告の住所地国において下されたとき。
　b　判決が被告の常居所地国において下され、かつ請求がこの国における活動と関連を有するとき
② 外国の判決は、次のいずれかの場合にも承認される。
　a　判決が契約上の給付〔独〕〔伊〕＝債務〔仏〕に関するものであり、かつ（かかる給付の）〔独〕〔伊〕履行地国において下され、かつ被告がスイスに住所を有しなかったとき。
　b　判決が消費者契約にもとづく請求に関するものであり、かつ消費者の住所地または常居所地において下され、かつ第120条第1項の要件が満たされているとき。
　c　判決が労働契約にもとづく請求に関するものであり、かつ就労地または業務地において下され、かつ労働者がスイスに住所を有しなかったとき。

d　判決が営業所の業務にもとづく請求に関するものであり、かつ当該営業所の所在地において下されたとき。
　e　判決が不当利得（にもとづく請求）〔独〕〔伊〕に関するものであり、かつ行動地または結果発生地において下され、かつ被告がスイスに住所を有しなかったとき。
　f　判決が不法行為にもとづく請求〔独〕〔伊〕＝債務〔仏〕に関するものであり、かつ行動地または結果発生地において下され、かつ被告がスイスに住所を有しなかったとき。

第10章　団体法

第150条（概念）
① この法律にいう団体とは、組織された人の結合体および組織された財産の統一体をいう。
② 組織を持たない組合は、契約の準拠法（に関するこの法律の規定）〔仏〕（第116条以下）による。

第151条（管轄―原則）
① 団体法に関する紛争において、団体、団体員、または団体法上の責任を負う者に対する訴えについては、団体の本拠地のスイス裁判所が管轄を有する。
② 団体員、または団体法上の責任を負う（その他の）〔仏〕者に対する訴えについては、被告の住所地のスイス裁判所、またはスイスに住所がないときは、常居所地のスイス裁判所も管轄を有する。
③ 団体員証および債券の公開発行による責任に関する訴えについては、発行地のスイス裁判所も管轄を有する。当該管轄は、裁判管轄の合意によって排除することができない。

第152条（外国の団体に関する責任）
　第159条により責任を負う者、またはその者の行為が帰属すべき外国の団体に対する訴えについては、次のいずれかのスイス裁判所が管轄を有する。

a　被告の住所地のスイス裁判所、またはスイスに住所がないときは、常居所地のスイス裁判所
　　b　団体が事実上管理されている地のスイス裁判所

第153条（保全処分）

　外国に本拠を有する団体のスイスに所在する財産の保全処分については、保全されるべき財産（価値）〔独〕の所在地のスイス裁判所または官庁が管轄を有する[97]。

第154条（準拠法—原則）

① 団体は、設立準拠法により規定された公示または登記の要件を満たすか、またはかかる規定がない場合においても、この国の法にしたがって設立されたときは、設立準拠法に服する。

② 団体が前項の要件を満たさないときは、事実上の管理地国の法による。

第155条（準拠法の適用範囲）[98]

　次条ないし第161条の規定の適用を妨げない限りにおいて、団体の準拠法は、とくに次の事項を決定する。

　　a　（団体の）〔仏〕法的性質
　　b　設立および解散
　　c　権利能力および行為能力
　　d　名称または商号
　　e　組織
　　f　内部関係、とくに団体とその構成員の関係
　　g　団体法規定の違反に対する責任
　　h　団体の債務に対する責任
　　i　団体の組織にしたがって（団体のために）〔仏〕〔伊〕行為する者の代表権限

　　97）本条は、草案には存在しない。
　　98）ドイツ語およびイタリア語の見出しは、単に「適用範囲」となっている。

第156条（特別連結―団体員証および債券の公開発行に関する請求）

　目論見書、回状またはその他類似の公告にもとづく団体員証および債券の公開発行に関する請求は、団体の準拠法または発行地国の法のいずれかによることができる。

第157条（名称および商号の保護）

① 　スイスの商号登記簿に登記された団体の名称または商号がスイスにおいて侵害されたときは、その保護はスイス法による。

② 　団体がスイスの商業登記簿に登記されていないときは、その名称または商号の保護は、不正競争の準拠法（第136条）または人格権侵害の準拠法（第132条、第133条、第139条）による。

第158条（代表権限の制限）

　機関または代表者の代表権限に対する制限は、それが相手方の営業所所在地国または常居所地国において認められていないときは、団体がそれを援用することはできない。ただし、相手方がかかる制限を知っていたか、または知るべきであった場合は、この限りでない。

第159条（外国の団体に関する責任）

　外国法により設立された団体の活動がスイスにおいて、またはスイスから行われるときは、かかる団体のために〔独〕〔伊〕＝名で〔仏〕行為した者の責任は、スイス法による。

第160条（外国の団体のスイス支部）

① 　外国に本拠を有する団体は、スイスに支部を有することができる。かかる支部はスイス法に服する。

② 　前項の支部の代表権はスイス法による。（かかる支部の）〔仏〕代表権限を有する者のうち少なくとも1名は、スイスに住所を有し、かつ（スイスの）〔伊〕商業登記簿に登記しなければならない。

③ 　連邦政府は、商業登記簿の登記義務に関する細則を定める。

第161条（移転・合併・分割・営業譲渡―外国からスイスへの団体の移転―原則）[99]

① 外国の団体準拠法がそれを認めるときは、外国の団体は、清算および新規設立のいずれの手続を経ることもなく、スイス法に服することができる。かかる団体は、当該外国準拠法が定める要件を満たし、かつスイス法の組織形態の一に適合することが可能でなければならない。

② 外国準拠法が定める要件を満たさない場合といえども、とくにスイスの重大な利益がそれを必要とするときは、連邦政府は、設立準拠法の（スイス法への）〔独〕〔伊〕変更を許可することができる。

〔2003 年 10 月 3 日の合併法の附則第 4 号により見出し改正、2004 年 7 月 1 日施行〕

第 162 条（基準時点）[100]

① スイス法により商業登記の義務を負う団体は、業務活動の中心をスイスへ移したこと、およびスイス法（の組織形態の一）〔仏〕に適合したことを証明した時から、スイス法に服する。

② スイス法により商業登記の義務を負わない団体は、スイス法に服する意思を明白に確知することができて、かつスイスと十分な関連を有し、かつスイス法（の組織形態の一）〔仏〕に適合した時から、スイス法に服する。

③ 資本会社は、商業登記簿への登記に先立ち、債務法典 727 b 条にいう個別の認可を受けた会計士の監査報告によって、当初の資本がスイス法にしたがって充足されていることを証明しなければならない。

〔2003 年 10 月 3 日の合併法の附則第 4 号により第 3 項改正、2004 年 7 月 1 日施行〕

第 163 条（スイスから外国への団体の移転）[101]

① スイスの団体は、スイス法上の要件を満たし、かつ外国法にしたがって今

---

99) 本条と同様の趣旨は、すでに債務法典の最終および経過規定 14 条および商業登記規則 50 条に規定されていた。なお、草案では、本条の見出しは、「本拠の移転―外国からスイスへ」となっていたが、本条は設立準拠法の変更のみを対象とするため、「外国からスイスへの団体の移転―原則」と修正された。*Amt. Bull. STR* (1985), S. 170.

100) 本条と同様の趣旨も、すでに債務法典の最終および経過規定 14 条および商業登記規則 50 条に規定されていた。

101) 見出しの修正については、前述・注 99) 参照。

後も存続するときは、清算および新規設立のいずれの手続を経ることもなく、外国法に服することができる。

② 債権者は、公告により、設立準拠法の変更計画があることを知らされたうえで、自己の債権を届け出るよう求められなければならない。この場合、2003年10月3日の合併法第46条を準用する。

③ 1982年10月8日の国家（の経済的）〔伊〕補給（に関する連邦）〔仏〕〔伊〕法第61条にいう国際紛争の際の保全処分に関する規定の適用は妨げない[102]。

〔2003年10月3日の合併法の附則第4号により本条改正、2004年7月1日施行〕

第163a条（合併—外国からスイスへの合併）

① 外国の団体の準拠法がそれを認め、かつその要件を満たすときは、スイスの団体は、外国の団体を吸収するか（移民受入的吸収）、またはこれと結合して、新しいスイスの団体を設立することができる（移民受入的結合）[103]。

② その他の点については、合併はスイス法による。

〔2003年10月3日の合併法の附則第4号により本条追加、2004年7月1日施行〕

第163b条（スイスから外国への合併）

① スイスの団体が次の事由をすべて証明するときは、外国の団体は、そのスイスの団体を吸収するか（移民送出的吸収）、またはこれと結合して、新しい外国の団体を設立することができる（移民送出的結合）[104]。

---

102) 草案では、経済的な国家防衛の準備に関する1955年9月30日の連邦法16条が挙げられていたが、これが改正されたので、本項も修正された。

103) 「移民受入的吸収」は、原文では次のとおりである。Immigrationsabsorption; absorption par immigration; incorporazione mediante immigrazione. また「移民受入的結合」は、原文では次のとおりである。Immigrationskombination; combinaison par immigration; combinazione mediante immigrazione.

104) 「移民送出的吸収」は、原文では次のとおりである。Emigrationsabsorption; absorption par émigration; incorporazione mediante emigrazione. また「移民送り出的結合」は、原文では次のとおりである。Emigrationskombination; combinaison par émigration; combinazione mediante emigrazione.

a　合併によりその積極財産および消極財産がすべて外国の団体に移転すること。
  b　持分または構成員としての権利が外国の団体の内部において適切に保護されること。
② スイスの団体は、移転の対象となる団体に適用されるべきスイス法のすべての規定を遵守しなければならない。
③ 債権者は、スイスにおける公告により、合併の計画があることを知らされたうえで、自己の債権を届け出るよう求められなければならない。この場合、2003年10月3日の合併法第46条を準用する。
④ その他の点については、合併は受入側の外国団体の準拠法による。

〔2003年10月3日の合併法の附則第4号により本条追加、2004年7月1日施行〕

第163c条（合併契約）
① 合併契約は、方式規定を含め、合併の当事者となる団体の準拠法の強行的な（団体法）〔独〕規定を遵守しなければならない。
② その他の点については、合併契約は、当事者によって選択された法による。法選択がないときは、合併契約は、最も密接な関連を有する国の法による。最も密接な関連は、受入側の団体が服する法の所属国との間にあると推定する。

〔2003年10月3日の合併法の附則第4号により本条追加、2004年7月1日施行〕

第163d条（分割および営業譲渡）
① スイスの団体と外国の団体が当事者となる分割および営業譲渡については、合併に関するこの法律の規定を準用する。ただし、第163b条第3項は、営業譲渡には適用しない。
② その他の点については、分割および営業譲渡は、分割される側の団体の準拠法ないし他の権利主体に営業を譲渡する側の団体の準拠法による。
③ 分割契約については、前条第2項の要件が満たされるときは、分割される側の団体の準拠法が適用されるものと推定する。本項前段の規定は、営業譲渡契約にも準用する。

〔2003 年 10 月 3 日の合併法の附則第 4 号により本条追加、2004 年 7 月 1 日施行〕
第 164 条（共通規定―商業登記の抹消）[105]
① スイスの商業登記簿に登記された団体は、個別の認可を受けた会計士の監査報告により、債権者が 2003 年 10 月 3 日の合併法第 46 条にいう債権の保全もしくは弁済を受けたこと、または債権者が登記の抹消に同意していることが証明された場合に限り、登記を抹消することができる。
② 外国の団体がスイスの団体を吸収するか、これと結合して、新しい外国の団体を設立するか、またはスイスの団体を分割して、外国の団体を設立するときは、さらに次の要件をすべて満たさなければならない。
　a　合併ないし分割が外国の団体の準拠法により法律上有効となったことを証明すること。
　b　個別の認可を受けた会計士により、外国の団体がスイスの団体の（権限のある）〔独〕団体員に対し持分ないし構成員としての権利を認めたか、またはしかるべき精算金もしくは損害賠償の支払が履行されたか、もしくは保証されたことを証明すること。

〔2003 年 10 月 3 日の合併法の附則第 4 号により本条改正、2004 年 7 月 1 日施行〕
第 164 a 条（債務の取立地および裁判管轄）
① 外国の団体がスイスの団体を吸収するか、これと結合して、新しい外国の団体を設立するか、またはスイスの団体を分割して、外国の団体を設立するときは、2003 年 10 月 3 日の合併法第 105 条にいう持分ないし構成員としての権利の確認を求める訴えは、移転の対象となる権利主体のスイスの本拠地においても提起することができる。
② （従来から）〔独〕スイス国内にある債務の取立地および裁判管轄は、（商業登記の抹消後も）〔伊〕債権者または持分所有者の債権の支払が保証されるか、または履行されるまで存続する。

---

105)　本条の内容は、草案では、スイスから外国への団体の移転に関する 157 条（本法 163 条）に含まれていた。

〔2003 年 10 月 3 日の合併法の附則第 4 号により本条追加、2004 年 7 月 1 日施行〕

第 164 b 条 (外国における移転・合併・分割・営業譲渡)

外国の団体が他の外国法へ準拠法を変更すること、ならびに外国の団体間の合併、分割および営業譲渡の有効性は、関係各国の法により有効であるときは、スイスにおいて承認される。

〔2003 年 10 月 3 日の合併法の附則第 4 号により本条追加、2004 年 7 月 1 日施行〕

第 165 条 (外国の判決)

① 団体法上の請求に関する外国の判決は、次のいずれかの場合には、スイスにおいて承認される。

a 判決が団体の本拠地国において下されたか、または承認され、かつ被告がスイスに住所を有しなかったとき。

b 判決が被告の住所地国または常居所地国において下されたとき。

② 目論見書、回状その他類似の公告にもとづく団体員証および債券の公開発行に関する請求についての外国の判決は、それが発行地国において下され、かつ被告がスイスに住所を有しなかったときは、スイスにおいて承認される[106]。

第 11 章 破産および和議

第 166 条 (承認)

① 債務者の住所地国において下された外国の破産宣告は、次のすべての要件を満たしたときは、当該外国の破産管財人または破産債権者の申立てにより、(スイスにおいて)〔伊〕承認される。

a 破産宣告が宣告地において執行しうること。

b 第 27 条の拒否事由がないこと。

---

106) 草案では、「目論見書、回状その他類似の公告にもとづく」という文言は存在しなかった。これを追加した理由は、本項を公告の責任に関する判決に限定するためであり、資金調達額を超えるかもしれない請求から、スイスの企業を保護するためであると説明されている。*Amt. Bull. STR* (1985), S. 171.

c　宣告地国との間に相互の保証があること。

②　債務者がスイスに支部を有するときは、この法律の第172条による配当表の確定までは、(1889年4月11日の)〔仏〕債務取立ておよび破産(に関する連邦)〔仏〕〔伊〕法第50条第1項の手続を行うことができる[107]。

第167条 (手続―管轄)

①　外国の破産宣告承認の申立ては、スイスにおける財産所在地の(管轄)〔独〕〔伊〕裁判所において行わなければならない。第29条の規定は準用する[108]。

②　財産が複数の地に所在するときは、最初に申立てがなされた裁判所が管轄を有する。

③　破産者の債権は、債務者の住所地に所在するものとみなす。

第168条 (保全処分)

外国の破産宣告の承認が申し立てられたときは、裁判所は、当該申立人の申立てにより、(1889年4月11日の)〔仏〕債務取立ておよび破産(に関する連邦)〔仏〕〔伊〕法第162条ないし第165条および第170条の保全処分を命じることができる[109]。

第169条 (公告)

①　外国の破産宣告の承認に関する判決は、公告される。

②　前項の判決は、財産所在地の債務取立局、破産局、不動産登記所および商業登記所、ならびに必要に応じて連邦知的財産権局に対し通知される。破産手続の終結および中止ならびに破産の取消しも同様とする。

第170条 (法的効果―原則)

①　外国の破産宣告の承認は、この法律に別段の定めがない限り、債務者のスイス所在の財産について、スイス法の破産の効果を生じる。

---

107)　債務取立破産法50条1項は、外国に住所を有する債務者がそのスイス支部の計算において負担した債務に関する特別の手続を規定している。

108)　本項後段は、草案には存在しないが、ここでは注意的に規定された。

109)　債務取立破産法170条は、草案では挙げられていなかった。

② スイス法により定められた期間は、承認判決の公告の時から起算する。
③ 債権者集会の招集および監査委員会の設置は、いずれも行わない。

第171条（取消しの訴え）

　取消しの訴えは、（1889年4月11日の）〔仏〕債務取立ておよび破産（に関する連邦）〔仏〕〔伊〕法第285条ないし第292条による。取消しの訴えは、外国の破産管財人または権限を有する破産債権者も提起することができる。

第172条（配当表）

① 配当表には、次の債権者のみを記載する。
　a （1889年4月11日の）〔仏〕債務取立ておよび破産（に関する連邦）〔仏〕〔伊〕法第219条にいう有担保債権者
　b スイスに住所を有し、無担保ではあるが、優先権を有する債権者
② 債務取立ておよび破産に関する連邦法第250条の配当表に対する（異議申立ての）〔仏〕〔伊〕訴えは、前項に掲げた債権者のみが提起することができる[110]。
③ 債権者が破産に関連した外国の手続において、一部弁済を受けたときは、その弁済額は、それに要した費用を差し引いた後、スイスの手続における当該債権者への配当額に算入される[111]。

〔1994年12月16日の連邦法の附則第22号により第1項b号改正、1997年1月1日施行〕

第173条（配当―外国の配当表の承認）

① 前条第1項の債権者に配当した後、なお残余財産があるときは、かかる残余財産は、外国の破産管財人〔独〕〔伊〕＝破産財団〔仏〕または権限を有する破産債権者に引き渡される。
② 残余財産は、外国の配当表が承認された後でなければ、引き渡してはなら

---

[110] 草案では、「スイスに住所を有する債権者」となっていたが、これは、有担保債権者には必ずしも当てはまらないため、修正された。*Amt. Bull. STR* (1985), S. 172.

[111] 草案では、「それに要した費用を差し引いた後」という文言が存在しない。

ない。
③　外国の配当表の承認については、外国の破産宣告を承認したスイス裁判所が管轄を有する。かかるスイス裁判所は、とくにスイスに住所を有する債権者（の債権）〔独〕〔伊〕が外国の配当表において適切に考慮されているか否かを審査する。かかる債権者は審尋される。

第174条（外国の配当表の不承認）
①　外国の配当表が承認されないときは、残余財産は、（1889年4月11日の）〔仏〕債務取立ておよび破産に関する連邦法第219条第4項にいう第3順位のスイスに住所を有する債権者に配当される[112]。
②　配当表が裁判官によって定められた期間内に承認のため提出されないときにも、前項の規定を適用する[113]。
〔1994年12月16日の連邦法の附則第22号により第1項改正、1997年1月1日施行〕

第175条（外国の和議および類似の手続の承認）
　管轄を有する外国の機関によって行われた和議または類似の手続の認可は、スイスにおいて承認される。第166条ないし第170条の規定は準用する。スイスに住所を有する債権者は審尋される。

第12章　国際仲裁 （訳注：草案になかった規定には、＊印を付けた。）

第176条（適用範囲および仲裁廷の所在地）
①　本章の規定は、仲裁廷がスイスに所在し、かつ少なくとも当事者の一方が仲裁合意の時にスイスに住所および常居所のいずれも有しなかったときは、かかる仲裁に適用される。
②　本章の規定は、当事者双方が書面によってその適用を排除し、かつ仲裁に関するカントンの（手続）〔仏〕規定を適用する旨を合意したときは、適用されない＊。

---

112)　草案では、「スイスに住所を有する」という要件は存在しなかった。
113)　本項は、草案には存在しない。

③　仲裁廷の所在地は、当事者双方、または当事者双方によって指定された仲裁機関、もしくはかかる仲裁機関がないときは、仲裁人によって決定される。

第177条（仲裁適合）

①　すべての財産法上の請求は、仲裁の目的物となることができる。

②　（仲裁合意の）〔仏〕当事者の一方が国、国によって支配された企業、または国によって統御された機関である場合といえども、かかる当事者は、自国法を援用して、（仲裁合意の目的物たる）〔独〕〔伊〕係争物の仲裁適合または仲裁手続における自己の当事者能力を争うことはできない。

第178条（仲裁合意）

①　仲裁合意は、書面、電報、テレックス、ファックス、その他文面から合意の存在を証明しうる伝達手段によって行われたときは、方式上有効とする[114]。

②　仲裁合意は、当事者双方によって選択された法、主たる契約など係争物の準拠法またはスイス法のいずれか（の要件）〔仏〕に合致するときは、その他の点において〔独〕＝実質に関して〔仏〕〔伊〕有効とする。

③　仲裁合意（の有効性）〔仏〕は、主たる契約が無効であること、または合意が将来の紛争に関するものであることを理由として、争うことはできない。

第179条（仲裁廷—成立）

①　仲裁人は、当事者双方の合意により選任、解任または変更される*。

②　かかる合意がないときは、仲裁廷の所在地の管轄裁判所に申立てを行うことができる。管轄裁判所は、仲裁人の選任、解任または変更に関するカントン法の規定を準用する*。

③　管轄裁判所は、仲裁人の選任に関する申立てがあったときは、これを受理

---

114)　草案では、書面、電報およびテレックスが限定的に列挙されていた。なお、本法5条1項および注11) 参照。

しなければならない。ただし、略式審理によって、当事者間に仲裁合意が存在しないことが判明した場合は、この限りでない[115]。

第180条（仲裁人の忌避）＊
① 次のいずれかの場合には、仲裁人を忌避することができる。
　a　仲裁人が当事者双方によって合意された要件〔独〕〔伊〕＝資格〔仏〕に合致しないとき。
　b　当事者双方によって合意された手続規則に定められた忌避事由が存在するとき。
　c　仲裁人の独立性を正当に疑うことのできる事情が存在するとき。
② 当事者の一方は、自己が選任したか、または選任に関与した仲裁人については、選任後に確知した事由にもとづいてのみ、忌避することができる。忌避事由は、仲裁廷および他方の当事者に遅滞なく通知しなければならない。
③ 忌避について争いがあり、かつ当事者双方が忌避の手続を定めていなかったときは、仲裁廷の所在地の管轄裁判所が終局的な判断を下す。

第181条（係属）
仲裁手続は、当事者の一方が仲裁合意において事前に選任された仲裁人に申立てをした時、または仲裁合意が仲裁人を選任していない場合は、当事者の一方が仲裁廷成立のための手続を開始した時から係属する。

第182条（手続―原則）
① 当事者双方は、直接または仲裁規則の指定により、仲裁の手続を定めることができる。当事者双方は、自己が選択した手続法に仲裁の手続を服せしめることもできる。
② 当事者双方が自ら仲裁の手続を定めないときは、必要に応じて、仲裁廷が直接または法律もしくは仲裁規則の指定によりこれを定める[116]。

---

115) 本項は、草案では、管轄裁判所の協力として、本法185条の規定とともに、草案174条に置かれていた。
116) 草案では、仲裁廷の所在地のカントン法が補充的に準用される旨が規定されていたが、実際上必要がないとして削除された。*Amt. Bull. NR* (1987), S. 1701 f.;

③　選択された手続のいかんにかかわらず、仲裁廷は、いかなる場合においても、当事者間の平等的取扱い、および対審手続において審尋される権利を保障しなければならない*。

第183条（保全処分）*
①　当事者双方が別段の定めを行わない限り、仲裁廷は、当事者の一方の申立てにより、保全処分を命じることができる。
②　他方の当事者が命じられた処分に任意に従わないときは、仲裁廷は、管轄裁判所の協力を求めることができる。管轄裁判所は、法廷地法を適用する。
③　仲裁廷または管轄裁判所は、保全処分の命令を適当な担保の提供にかからしめることができる。

第184条（証拠調べ）*
①　仲裁廷は、自ら証拠調べを行うことができる。
②　証拠調べの実施について裁判所の援助が必要であるときは、仲裁廷またはその同意を得た一方当事者〔独〕〔伊〕＝当事者双方〔仏〕は[117]、仲裁廷の所在地の管轄裁判所に協力を求めることができる。管轄裁判所は法廷地法を適用する。

第185条（裁判所のその他の協力）
　裁判所のその他の協力が必要であるときは、仲裁廷の所在地の裁判所が管轄を有する。

第186条（管轄）
①　仲裁廷は、自己の管轄について、自ら判断を下す*。
②　無管轄の抗弁は、本案に対する応訴の前に提出しなければならない。
③　仲裁廷は、自己の管轄については、原則として中間判断によって判断する[118]。

　　　STR (1987), S. 510.
　117)　ドイツ語およびイタリア語の原文では、eine Partei; una parte となっているが、フランス語の原文では、les parties となっている。
　118)　草案では、後段として、「無管轄の抗弁があまりに密接に係争物それ自体と関

第187条（本案判断―準拠法）
① 仲裁廷は、当事者双方によって選択された法（規範）〔仏〕、または選択がないときは、係争物と最も密接な関連を有する法（規範）〔仏〕により、係争物を判断する*[119)]。
② 当事者双方は、仲裁廷に対し、衡平により判断する権限を与えることができる。

第188条（一部判断）*
当事者双方が別段の定めを行わない限り、仲裁廷は、一部判断を下すことができる。

第189条（仲裁判断）*
① 仲裁判断は、当事者双方が合意した手続および方式により下される。
② かかる合意がないときは、仲裁判断は、多数決により、または多数意見がない場合には、仲裁廷の長によって下される。仲裁判断は、書面により作成され、理由を付し、日付を記載し、かつ署名しなければならない。署名は、仲裁廷の長の署名をもって足りる。

第190条（確定および取消し―原則）
① 仲裁判断は、送達の時に確定する*。
② 仲裁判断は、次のいずれかの場合に限り取り消すことができる。
   a 単独の仲裁人が違法に選任されたか、または仲裁廷が違法に開廷されたとき。
   b 仲裁廷が不当に管轄の有無を判断したとき。
   c 仲裁廷が申立ての範囲を越えて判断したか、または（主たる）〔仏〕〔伊〕申立て（のいずれか）〔仏〕について、判断を怠ったとき。
   d 当事者の平等的取扱いの原則または審尋の原則〔独〕＝（対審手続におい

    連しているため、分離して判断することができないと考えられるときは、かかる抗弁は、終局判断において判断される」との規定があったが、削除された。

119) フランス語の条文では、「法規範」les règles de droit となっている。本法116条および117条では、単に「法」le droit となっている。

て)〔仏〕審訊される権利〔仏〕〔伊〕が侵害されたとき。

e 仲裁判断が公序に反するとき[120]。

③ 中間判断は、前項 a 号および b 号に掲げた事由にもとづいてのみ、取り消すことができる。異議の申立期間は、中間判断の送達の時から起算する*。

第 191 条（異議申立機関）[121]

① 異議の申立ては、スイス連邦裁判所に対してのみ、行うことができる。手続は、（1943 年 12 月 16 日の）〔仏〕連邦裁判所の組織に関する連邦法上の抗告に関する規定による。

② 前項の規定にかかわらず、当事者双方は、連邦裁判所に代えて、仲裁廷の所在地の管轄裁判所が終局的な判断を下す旨を合意することができる。カントンは、かかる目的のための裁判所をひとつのみ指定する。

第 192 条（異議申立ての放棄）

① 当事者のいずれもがスイスに住所、常居所または営業所を有しないときは、当事者双方は、仲裁合意または事後の書面の合意における明示的な意思表示によって[122]、仲裁判断の取消しを全面的に放棄することができる。当事者双方は、第 190 条第 2 項の取消事由の一部のみを放棄することもできる*。

② 当事者双方が仲裁判断の取消しを全面的に放棄した場合といえども、当該仲裁判断がスイスにおいて執行されるべきであるときは、外国仲裁判断の承認および執行に関する 1958 年 6 月 10 日のニューヨーク条約を準用する。

第 193 条（(寄託および)〔仏〕〔伊〕執行力証明書）

① 各当事者は[123]、その費用において、仲裁廷の所在地のスイス裁判所に仲

---

120) 草案では、さらに「管轄に関するものでない限り、(明白な)〔独〕〔伊〕裁判拒否または悪意性があるとき」が仲裁判断の取消事由として挙げられていた。

121) 異議申立機関は、草案では、「仲裁廷の所在地のスイス裁判所」とされていた。

122) 「仲裁合意または事後的な書面の合意における明示的な意思表示によって」という文言は、草案には存在しなかった。

123) 草案では、「当事者双方」とされていた。

裁判断書を寄託することができる。
② 当事者の一方の申立てがあるときは[124]、当該裁判所は、仲裁判断の執行力証明書を発給する。
③ 当事者の一方の申立てがあるときは、仲裁廷は、仲裁判断がこの法律の規定にもとづいて下された旨を証明する。かかる証明書は、裁判所における寄託と同一の効力を有する。

第 194 条（外国の仲裁判断）
　外国の仲裁判断の承認および執行は、外国仲裁判断の承認および執行に関する 1958 年 6 月 10 日のニューヨーク条約による。

第 13 章　最終規定
第 1 節　現行連邦法の廃止および改正
第 195 条
　現行連邦法の廃止および改正は、附則に定める。これは、この法律の一部をなす。

第 2 節　経過規定
第 196 条（不遡及）
① この法律の施行前に成立し、かつ完了した事実または法律行為の法的効力は[125]、旧法による。
② この法律の施行前に成立し、かつ（この法律の施行後も）〔伊〕なお継続している事実または法律行為の法的効力は[126]、（施行日以前の期間については）〔仏〕〔伊〕旧法による。この法律の施行の時からは、それらの法的効力

---

124)　草案では、これも「当事者双方の申立て」とされていた。
125)　フランス語の条文では、「この法律の施行前に成立し、かつすべての効力を生じた事実または法律行為は」となっている。
126)　フランス語の条文では、「この法律の施行前に成立し、かつなお法的効力を生じ続けている事実または法律行為は」となっている。

は新法による。

第197条（時際法―管轄）

① この法律の施行の時に係属していた訴えまたは申立てについては、この法律によればもはや管轄がない場合といえども、すでに係属していたスイス裁判所または官庁は管轄を維持する。

② この法律の施行前にスイスの裁判所または官庁によって無管轄を理由に却下された訴えまたは申立ては、この法律により管轄が生じ、かつ請求権がまだ行使できるときは、（この法律の施行後に）〔独〕〔伊〕改めて提起することができる。

第198条（準拠法）

この法律の施行の時に、第一審に係属していた訴えまたは申立てについては、この法律により準拠法を決定する。

第199条（外国判決・決定の承認および執行）

外国判決・決定の承認または執行の申立てがこの法律の施行の時に係属していたときは、承認または執行の要件はこの法律による。

第3節 国民投票および施行

第200条

① この法律は任意的国民投票に服する[127]。

② 連邦政府は、この法律の施行期日を決定する[128]。

附則

現行連邦法の廃止および改正（訳注：草案に挙げられていなかった規定には、＊印を付けた。）

---

127) 当時の連邦憲法89条2項によれば、連邦法および一般的拘束力のある連邦の決定は、5万人の有権者または8つのカントンの要求があるときは、その可否を国民に問うとされていた。

128) 末尾の「国民投票要求期限の経過および施行」参照。

I 現行連邦法の廃止

次に掲げる連邦法は、(この法律の施行の時から)〔仏〕廃止する。

a 定住者および滞在者の民事的法律関係に関する1891年6月25日の連邦法

b 債務法典第418b条第2項[129]

c 債務法典(第24章ないし第33章)〔伊〕の最終および経過規定第14条

d 道路交通に関する1958年12月19日の連邦法第85条

e 製造元商標、販売元商標、ならびに(原産地表示および優良商品の)〔仏〕〔伊〕表示の保護に関する1890年9月26日の連邦法第30条*

f 意匠に関する1900年3月30日の連邦法第14条第3項*

g 種苗保護に関する1975年3月20日の連邦法第41条第2項*

II 現行連邦法の改正

1 連邦裁判所の組織に関する1943年12月16日の連邦法

第43条の見出しおよび第1項(上訴理由―連邦法)

上訴は、連邦によって締結された国際条約を含む連邦法の違背を理由として行うことができる。国民の憲法上の権利の侵害を理由とした異議申立ては妨げない。

第43a条(外国法)

① 上訴は、次の事項を理由とする場合も、行うことができる。

a 原判決がスイス国際私法により指定された外国法を適用しなかったこと。

b 原判決が不当に外国法の内容不明を認定したこと。

② 非財産法的民事紛争においては、外国法の適用違背を理由とすることもできる[130]。

第48条第1の1項[131]*

---

129) 草案では、さらに債務法典935条2項および952条2項が挙げられていた。

130) 国際私法16条1項後段参照。

国際私法に関する1987年12月18日の連邦法第191条第2項により下されたカントンの判決に対しては、上訴を行うことができない。

第49条（管轄に関する先行判決および中間判決）＊

① 前条第1項および第2項に定められた裁判所によって、本案と別に下された管轄に関する先行判決または中間判決に対しては、事項管轄、土地管轄または国際的管轄に関する連邦法の規定の違背を理由として、上訴を行うことができる。

② 国際私法に関する1987年12月18日の連邦法第191条第2項により下されたカントンの判決に対しては、上訴を行うことができない。

③ 連邦憲法第59条の違背を理由とした異議申立ては妨げない[132]。

第50条第1の1項[133]＊

国際私法に関する1987年12月18日の連邦法第191条第2項により下されたカントンの判決に対しては、上訴を行うことができない。

第55条第1項 c 号[134]＊

上訴理由。上訴理由は、原判決がいかなる連邦の法規に対し、いかなる点で違背したのかを簡明に示さなければならない。ただし、事実認定に反対する主張、新事実の提出、新たな抗弁、否認および証拠の申出ならびにカントン法違背の主張は認められない。

第60条第1項c号＊

〔1991年10月4日の連邦法第1号により本条削除〕

第61条第1項＊

〔1991年10月4日の連邦法第1号により本条削除〕

第68条第1項および第1の1項＊

---

131) 本条は、カントンの裁判に対する連邦裁判所への上訴を規定している。
132) 本項にいう連邦憲法59条の規定は、現在では、1999年4月18日の連邦憲法7条および30条に該当する。
133) 本条は、その他の中間判決に対する上訴を規定している。
134) 本条は、上訴状の記載事項を規定している。

① 第44条ないし第46条により上訴の対象とならない民事事件において、次の場合には、カントンの最終審の判決に対し、再審の訴えを提起することができる。
  a　準拠連邦法に代えて、カントン法が適用されたとき。
  b　準拠連邦法に代えて、外国法が適用されたとき、またはその逆のとき。
  c　スイス国際私法により指定された外国法が適用されなかったとき。
  d　スイス国際私法により適用されるべき外国法の内容が全くまたは十分に証明されなかったとき。
  e　連邦によって締結された国際条約を含む連邦法の事項管轄、土地管轄または国際的管轄に関する規定に対する違背があったとき。ただし、連邦憲法第59条の違背を理由とした異議申立ては妨げない[135]。
①の① 国際私法に関する1987年12月18日の連邦法第191条第2項により下されたカントンの判決に対しては、再審の訴えを提起することができない。

第85条 c 号[136]＊
国際私法に関する1987年12月18日の連邦法第190条以下による仲裁判断に対する異議申立て

2　発明特許に関する1954年6月25日の連邦法
第75条第1項 b 号＊
〔2000年3月24日の裁判管轄法の附則第11号により本条削除〕

3　連邦民事訴訟に関する1947年12月4日の連邦法
第2条第2項＊
スイス裁判所の管轄合意は、連邦裁判所を拘束しない。訴えは職権により却下することができる。ただし、当事者の一方がスイスに住所、常居所もしくは

---

135) 本号にいう連邦憲法59条の規定は、現在では、1999年4月18日の連邦憲法7条および30条に該当する。
136) 本条は、連邦裁判所の事項管轄を規定している。

68　第Ⅰ章　国際私法

営業所を有し、または国際私法に関する 1987 年 12 月 18 日の連邦法により係争物にスイス法が適用さるべきときは、連邦裁判所は、訴えを受理する義務を負う[137]。

　上院　1987 年 12 月 18 日
　議長　マソーニ　事務局　フーバー
　下院　1987 年 12 月 18 日
　議長　ライヒリング　書記　アンリカー
　公布期日　1988 年 1 月 12 日
　国民投票要求期限　1988 年 4 月 11 日

国民投票要求期限の経過および施行[138]

① この法律の国民投票要求期限は、1988 年 4 月 11 日ないしイタリア語圏については 1988 年 5 月 4 日に、国民投票の要件を満たすことなく経過した[139]。

---

[137] 国際私法 5 条 3 項参照。

[138] 以下については、連邦公式法令集参照。*AS* (1988) 1831; *RO* (1988) 1827; *RU* (1988) 1827.

[139] 国民投票要求期限は、法律公布の日から 90 日とされている。当初は、その 90 日の期限が 1988 年 4 月 11 日とされていた。ところが、ドイツ語およびフランス語の条文が 1 月 12 日に公布されたのに対して、イタリア語の条文は、印刷の遅れから 2 月 3 日に公布された。そこで、イタリア語圏の国民投票要求期限を 5 月 4 日まで延長することが、3 月 7 日付けで確認されたが、かような手続上の不備を理由として、国際私法の発効に対しては、連邦裁判所に 2 件の異議申立てがなされた。しかし、連邦裁判所は、9 月 30 日および 10 月 3 日の判決によって、これらの異議申立てを却下した。そこで、連邦政府は、10 月 27 日、国際私法の 1989 年 1 月 1 日施行を決定したのである。Vgl. *FFi* (1988-I) 990; *BBl* (1988-II) 1111; *FF* (1988-II) 1084; *FFi* (1988-II) 989; A. E. von Overbeck, Das neue Schweizerisches Bundesgesetz über das internationale Privatrecht, *IPRax,* 1988, S. 329 Fn. 1.

② この法律は、1989 年 1 月 1 日から施行する。

 1988 年 10 月 27 日
  スイス連邦政府代表　連邦大統領　シュティヒ
        連邦首相　ブーザー

2 イタリア国際私法 (1995年)

奥　田　安　弘
桑　原　康　行

　以下に訳出するのは、「イタリア国際私法の改正 (Riforma del sistema italiano di diritto internazionale privato)」と題する 1995 年 5 月 31 日の法律第 218 号である。イタリアの国際私法は、従来は、民法および民事訴訟法に規定されていたが (本法 73 条参照)[1]、本法は、全文 74 か条において、国際的裁判管轄・準拠法の決定・外国判決の承認執行を包括的に規定するものである (本法 1 条参照)。

　本法成立までの改正の試みとしては[2]、1984 年の Vitta 草案が有名であるが[3]、直接的には、1985 年 3 月 8 日、法務省にイタリア国際私法改正検討委員会が設置されたことに始まる (委員長としては、Riccardo Monaco 教授が選出された)。同委員会は、1989 年 10 月 26 日、イタリア国際私法改正要綱試案および報告書を法務大臣に提出し[4]、これを受けて、法務省は、1991 年 1 月 15 日、

---

1) 旧法に関する邦語文献としては、須藤次郎「1942 年伊太利民法典中の国際私法的規定」法学研究 (慶応大学) 24 巻 11 号 40 頁以下および G・フランキ (山田恒久訳)「イタリアの国際手続法」同 58 巻 4 号 56 頁以下があるが、前者は、ドイツ語訳にもとづく条文の翻訳であり、後者は、民事訴訟法国際会議の国別報告を翻訳したものである。

2) 西谷祐子「イタリア国際私法の動向」国際私法年報 4 号 93 頁も参照。

3) *Problemi di riforma del diritto internazionale privato italiano — Convegno di studi tenutosi a Roma nei giorni 1 e 2 giugno 1984,* 1986, p. 262 ss.

4) *La riforma del diritto internazionale privato e i suoi riflessi sull'attività notarile — Atti del convegno di studi in onore di Mario Marano, Napoli 30-31 Marzo 1990,*

イタリア国際私法改正試案および報告書を公表した[5]。その後、法務省は、1993年4月29日、外務省および内務省との共同提案という形で、イタリア国際私法改正草案および報告書を議会に提出し[6]、遂に1995年5月31日に、法案成立に至ったのである。本法の施行期日は、当初は公布日（1995年6月3日）から90日後とされていたが、その後、施行期日に関する規定が改正され、まず本法64条ないし71条以外の規定が1995年9月1日から施行され、さらに本法64条ないし71条が1996年12月31日から施行された（本法74条）[7]。

なお、以下の訳文は、桑原が入手したイタリアの官報を参照し[8]、奥田が1条から50条までを担当し、桑原が51条から74条までを担当した。その後、両名が全文について検討を行った。ただし、これを本書に収録するにあたっては、奥田が全面的に訳文を見直した。

イタリア国際私法の改正

前文

以下の法律は、共和国の上院および下院によって承認され、共和国大統領に

  1991, p. 165 ss.; Progetto di riforma del sistema italiano di diritto internazionale privato, *Riv. dir. int. priv. proc.,* 1989, p. 932 ss.; Relazione allegata allo schema di articolato, *Riv. dir. int. priv. proc.,* 1989, p. 947 ss.

5) M. Panebianco/G. Martino, *La riforma italiana di diritto internazionale privato,* 1992, p. 13 ss.

6) *La riforma del diritto internazionale privato e processuale — Raccolta in ricordo di Edoardo Vitta,* 1994, p. 401 ss.

7) Art. 8, D. L. 28 agosto 1995, n. 361; art. 10, D. L. 23 ottobre 1996. 廃止法令に関する規定も改正され、民事訴訟法796条ないし805条の廃止が遅らされた。その詳細については、西谷・前掲注2）97頁参照。

8) *Supplemento ordinario alla "Gazetta Uffiziale",* n. 128 del 3 giugno 1995 — Serie generale, p. 5 ss. ただし、73条および74条の改正については、<http://www.iusreporter.it/Testi/legge218-1995.htm>; <http://www.altalex.com/index.php?idstr=32&idnot=1178> 参照。

よって公布された。

第1章　総則

第1条（法律の目的）

　この法律は、イタリアの裁判管轄の範囲を確定し、準拠法決定の基準を定め、外国の判決および処分の効力を規律する。

第2条（国際条約）

① この法律の規定は、イタリアについて発効した国際条約の適用を妨げない。

② かかる条約の解釈に際しては、その国際的性質および統一的解釈の必要性を考慮しなければならない。

第2章　イタリアの裁判管轄

第3条（裁判管轄の範囲）

① 被告がイタリアに住所もしくは居所を有するとき、または民事訴訟法第77条の規定により裁判上の行為をなす権限を有する代理人がイタリアにいるとき[9]、および法律に規定されたその他の場合に、イタリアの裁判管轄が存在する。

② さらに、1968年9月27日にブラッセルで署名され、1971年6月21日の法律第804号により施行された民事および商事についての裁判管轄ならびに判決の執行に関する条約第2章第2節ないし第4節および議定書、ならびにイタリアについて発効したその後の改正により定められた基準により、条約の適用範囲に該当する事項の一であるときは、被告が締約国の領域内に住所

---

[9] 民事訴訟法77条によれば、包括代理人および特定の事務に関する代理人 (procuratore generale e quello preposto a determinati affari) は、原則として、その旨の登記がない限り、裁判上の行為をなす権限を有しないが、イタリアに住所または居所を有しない者の包括代理人および支配人 (insitore) は、登記がなくても、かような権限を有するものと推定される。

を有しない場合といえども、裁判管轄が存在する。その他の事項については、土地管轄のために定められた基準によっても、裁判管轄が存在する。

第4条（裁判管轄の受入れおよび排除）
① 前条により裁判管轄が存在しない場合といえども、当事者が合意によって裁判管轄を受け入れ、かつかかる受入れが書面によって証明されるとき、または被告が最初の防御活動において管轄違いの抗弁を提出せずに応訴したときは、裁判管轄が存在する。
② イタリアの裁判管轄の排除は、それが書面によって証明され、かつ事件が任意の処分を許す権利に関するものであるときは、外国の裁判官または外国の仲裁のために合意によって行うことができる。
③ かかる排除は、指定された裁判所または仲裁人が管轄を拒否するとき、またはその他の理由により事件を審理できないときは、無効とする。

第5条（外国に所在する不動産の物権に関する訴え）
外国に所在する不動産の物権に関する訴えについては、イタリアの裁判管轄は存在しない。

第6条（先決問題）
イタリアの裁判官は、自国の裁判管轄に服さない問題といえども、その解決が請求を判断するために必要であるときは、付随的に審理する。

第7条（外国訴訟の係属）
① イタリアの裁判官は、訴訟の審理中に、同一の当事者間の同一の目的および同一の原因の訴訟が外国の裁判所に先に係属していた旨の抗弁があった場合において、外国の裁判がイタリアで効力を生じうると判断するときは、訴訟を中止する。外国の裁判官が自国の裁判管轄を拒否するとき、または外国の裁判がイタリアで承認されないときは、イタリアの裁判官は、利害関係を有する当事者の申立てにより再開した訴訟を続行する。
② 外国の裁判所に訴訟が係属しているか否かは、当該訴訟が行われている国の法により定める。
③ イタリアの裁判官は、外国訴訟の先決問題を審理する場合において、外国

の裁判がイタリアで効力を生じうると判断するときは、訴訟を中止することができる。

第8条（裁判管轄の基準時）

イタリアの裁判管轄の確定については、民事訴訟法第5条を適用する[10]。ただし、裁判管轄を確定する事実および法令が訴訟の審理中に成立したときは、裁判管轄が存在する。

第9条（非訟事件）

非訟事件においては、この法律でとくに規定した場合、およびイタリアの裁判所の土地管轄が規定された場合だけでなく、求められた処分がイタリア国民もしくはイタリアの居住者に関するものであるとき、またはイタリア法が適用されるべき事実もしくは関係に関するものであるときも、裁判管轄が存在する。

第10条（保全事件）

保全事件においては、処分がイタリアで執行されるべきとき、またはイタリアの裁判官が本案について裁判管轄を有するときは、イタリアの裁判管轄が存在する。

第11条（管轄違いの抗弁）

管轄違いの抗弁は、訴訟のいずれかの段階において、イタリアの裁判管轄を明示的または黙示的に受け入れなかった被告だけが申し立てることができる。被告が欠席したとき、第5条に該当するとき、または国際法によってイタリアの裁判管轄が排除されているときは、管轄違いは、訴訟のいずれかの段階において、裁判官が職権により判断する。

第12条（手続の準拠法）

イタリアで行われる民事の手続は、イタリア法による。

---

10) 民事訴訟法5条によれば、裁判管轄は、訴えの提起の時における法令および事実にもとづき確定され、その後の法令または事実の変更は、裁判管轄に影響しないとされている。

第3章　準拠法
第1節　総則

第13条（反致）

① 以下の各条において、外国法が指定されるときは、その外国の国際私法による他国の法への反致は、次のいずれかの場合に考慮される。

　a　かかる他国の法が反致を受け入れるとき。

　b　イタリア法へ反致するとき。

② ただし、次のいずれかの場合は、前項を適用しない。

　a　この法律の規定が当事者の法選択にもとづいて外国法を準拠法とするとき。

　b　行為の方式についての規定に関するとき。

　c　本章第11節の規定に関するとき。

③ 第33条ないし第35条の場合には、反致は、親子関係の成立を認める法の適用に至るときにのみ考慮される。

④ この法律がいかなる場合にも国際条約を適用すると規定しているときは、反致については、常に条約が採用した解決による。

第14条（準拠外国法の審理）

① 外国法の認定は、裁判官が職権で行う。この目的のために、裁判官は、国際条約に規定された手段以外に、法務省を通じて入手した情報を利用することができる。さらに、裁判官は、専門家または専門機関の意見を求めることができる。

② 裁判官は、当事者の協力を得てもなお、準拠外国法を認定できない場合において、同一の規定が他の連結点を定めているときは、その連結点を介して指定された法を適用する。他の連結点を定めていないときは、イタリア法を適用する。

第15条（外国法の解釈および適用）

外国法は、それ自体の解釈および時際法上の適用基準にしたがって適用される。

第16条（公序）
① 外国法は、その適用結果が公序に反するときは、適用されない。
② かかる場合において、同一の規定が他の連結点を定めているときは、その連結点を介して指定された法を適用する。他の連結点を定めていないときは、イタリア法を適用する。

第17条（必須的適用規範）
イタリア法の規定がその目的および適用範囲に鑑みて外国法の指定にかかわらず適用されるべきときは、その優位性は妨げられない。

第18条（不統一法国）
① この法律の規定により指定された国において、地方または人により複数の法が並存するときは、準拠法は、その国が用いる基準にしたがって決定する。
② かかる基準が知れないときは、その事案が最も密接な関連を有する法を適用する。

第19条（無国籍者・難民・重国籍者）
① この法律の規定が人の本国法を指定する場合において、その人が無国籍者または難民であるときは、住所地国の法を適用し、住所もないときは、居所地国の法を適用する。
② 人が複数の国籍を有するときは、国籍を有する国のうち、その人が最も密接な関連を有する国の法を適用する。それらの国籍のうち、イタリア国籍があるときは、これが優先する。

第2節　自然人の能力および権利

第20条（自然人の権利能力）
自然人の権利能力は、その本国法による。法律関係の準拠法によって規定された権利能力の特別の要件は、当該準拠法による。

第21条（同時死亡）
人が他の人より長く生存したことを認定する必要があるが、いずれが先に死

亡したのかが知れないときは、死亡の時期は、かかる認定を要する法律関係の準拠法により決定する。

第22条（失踪・不在・推定死亡）

① 人の失踪、不在ならびに推定死亡の要件および効力は、その最後の本国法による。

② 次のいずれかの場合は、前項の事件について、イタリアの裁判管轄が存在する。

　a　人の最後の本国法がイタリア法であったとき。
　b　人の最後の居所がイタリアにあったとき。
　c　失踪、不在または推定死亡の認定がイタリアで法的効力を生じうるとき。

第23条（自然人の行為能力）

① 自然人の行為能力は、その本国法による。ただし、行為の準拠法が行為能力の特別の要件を規定しているときは、これらの要件は、当該行為の準拠法による。

② 同一国にいる者の間の契約について、契約締結地国の法により能力者とされる者が自己の本国法による無能力を援用することができるのは、他方の契約当事者が契約締結時にかかる無能力を知っていたか、または自己の過失によって知らなかった場合に限る。

③ 単独行為について、行為地国の法により能力者とされる者が自己の本国法による無能力を援用することができるのは、自己の過失なく行為者の能力を信頼した者の利益を害することがない場合に限る。

④ 前二項の制限は、親族関係および死因相続関係に関する行為、ならびに行為地国と異なる国に所在する不動産についての物権に関する行為には適用しない。

第24条（人格権）

① 人格権の存否および内容は、その人の本国法による。ただし、親族関係から生じる権利は、かかる親族関係の準拠法による。

② 前項の権利に対する侵害の効力は、不法行為責任の準拠法による。

第3節　法人

第25条（会社およびその他の団体）

① 会社、社団、財団およびその他の団体は、公的なものであるか私的なものであるかを問わず、たとえ法人格がなくても、設立手続の完了地国の法によって規律される。ただし、管理の本拠がイタリアにあるとき、またはかかる団体の主たる目的がイタリアにあるときは、イタリア法が適用される。

② 団体の準拠法は、とくに次の事項を規律する。

　a　法的性質
　b　名称または商号
　c　設立、組織変更および解散
　d　能力
　e　機関の構成、権限および職務執行の方法
　f　団体の代表権
　g　社員資格の得喪の方法および社員としての権利義務
　h　団体の債務に対する責任
　i　法律または設立文書に対する違反の効力

③ 定款上の本拠の他国への移転、および相異なる国に本拠を有する団体の合併は、これらの利害関係を有する国の法に反しない場合に限り、有効とする。

第4節　家族関係

第26条（婚約）

　婚約および婚約破棄の効力は、婚約者の共通本国法により、かかる法がないときは、イタリア法による。

第27条（婚姻の要件）

　婚姻能力およびその他の婚姻要件は、婚姻の時における各婚約者の本国法に

よる。ただし、イタリアの判決またはイタリアで承認された判決の効力として、婚約者の一方が取得した独身の身分は保持される。

第28条（婚姻の方式）
　婚姻は、方式については、婚姻挙行地法、または婚姻挙行の時における夫婦の少なくとも一方の本国法もしくは共通居所地法により有効とされるときは、有効とする。

第29条（夫婦間の身分関係）
① 　夫婦間の身分関係は、共通本国法による。
② 　相異なる国籍を有するか、または複数の共通国籍を有する夫婦間の身分関係は、婚姻生活が主に行われる国の法による。

第30条（夫婦間の財産関係）
① 　夫婦間の財産関係は、身分関係の準拠法による。ただし、夫婦は、少なくとも一方が国籍を有するか、または居住する国の法に財産関係をよらせる旨を、書面によって合意することができる。
② 　準拠法に関する夫婦間の合意は、選択された法、または合意がなされた地の法により、有効とされるときは、有効とする。
③ 　外国法に準拠する夫婦財産制を第三者に対抗しうるのは、その第三者がこれを知っていたか、または過失により知らなかった場合に限る。ただし、不動産に関する物権については、その不動産の所在地国の法に規定された公示の方式が遵守された場合に限り、第三者に対抗しうる。

第31条（別居および離婚）
① 　別居および離婚は、申立ての時における夫婦の共通本国法による。かかる法がないときは、婚姻生活が主に行われていた国の法を適用する。
② 　別居および離婚は、準拠外国法に規定がないときは、イタリア法による。

第32条（婚姻の無効・取消し・別居・離婚の裁判管轄）
　婚姻の無効および取消しならびに別居および離婚については、第3条に規定された場合以外に、夫婦の一方がイタリア国民であるとき、または婚姻がイタリアで挙行されたときも、イタリアの裁判管轄が存在する。

第33条（親子関係）
① 子の身分は、出生の時における子の本国法により定める。
② 子は、父母の一方が子の出生の時に国籍を有する国の法により嫡出子とされるときは、嫡出子とする。
③ 出生の時における子の本国法は、子の身分の確認ならびに否認の要件および効力を規律する。父母の一方の本国法により取得された嫡出子の身分は、かかる法にもとづいてのみ否認することができる。

第34条（準正）
① 婚姻準正は、それが成立した時における子の本国法または父母の一方の本国法による。
② その他の準正は、その対象となる親が申立ての時に国籍を有する国の法による。準正する親の死後に効力を生じさせる準正については、死亡の時における国籍を基準とする。

第35条（自然子の認知）
① 自然子の認知の要件は、出生の時における子の本国法、またはより有利であるときは、認知の時における認知する者の本国法による。
② 親の認知能力は、その本国法による。
③ 認知の方式は、認知がなされる国の法、または認知の実質を規律する法による。

第36条（親と子の間の関係）
　親と子の間の身分関係および財産関係は、親権を含め、子の本国法による。

第37条（親子関係の裁判管轄）
　親子関係および親と子の間の身分関係については、第3条および第9条に規定された場合以外に、親の一方または子がイタリア国民であるとき、もしくはイタリアに居住するときも、イタリアの裁判管轄が存在する。

第5節　養子縁組

第38条（養子縁組）

① 養子縁組の要件、成立および取消しは、縁組の時における養親の本国法または養父母の共通本国法により、かかる法がないときは、養父母が共に居住する国の法、または養父母の婚姻生活が主に行われている国の法による。ただし、未成年者に嫡出子の身分を与えるための養子縁組がイタリアの裁判官に申し立てられたときは、イタリア法を適用する。

② 成年者を養子とする場合において、その本国法が本人の同意を要件としているときは、同意要件について、かかる法の適用を妨げない。

第39条（養子と養親の親族との関係）

養子と養親または養父母ならびにこれらの親族との身分関係および財産関係は、養親の本国法または養父母の共通本国法により、かかる法がないときは、養父母が共に居住する国の法、もしくは養父母の婚姻生活が主に行われている国の法による。

第40条（養子縁組の裁判管轄）

① イタリアの裁判官は、次のいずれかの場合に、養子縁組に関する裁判管轄を有する。

　a　養親もしくはその一方または養子となる者がイタリア国民であるか、またはイタリアに居住する外国人であるとき。

　b　養子となる者がイタリアにおいて親権を放棄された子の身分にある未成年者であるとき。

② 養子と養親または養父母およびこれらの親族との身分関係もしくは財産関係については、第3条に規定された場合以外に、養子縁組がイタリア法にもとづいて成立したときも、イタリアの裁判官は裁判管轄を有する。

第41条（養子縁組に関する外国の処分の承認）

① 養子縁組に関する外国の処分は、第64条ないし第66条によりイタリアにおいて承認される。

② 未成年者の養子縁組に関する特別法の規定は、その適用を妨げない。

第6節　無能力者の保護および扶養義務

第42条（未成年者保護の裁判管轄および準拠法）
① 未成年者の保護は、いかなる場合も、1980年10月24日の法律第742号により施行された未成年者の保護についての機関の管轄および準拠法に関する1961年10月5日のハーグ条約による。
② この条約の規定は、本国法によってのみ未成年とされる者、および常居所が締約国の一にない者にも適用する。

第43条（成年者保護）
　成年の無能力者に対する保護処分の要件および効力、ならびに無能力者と世話人の関係は、無能力者の本国法による。ただし、無能力者の人身または財産を暫定的かつ緊急に保護するために、イタリアの裁判官は、イタリア法に規定された処分をすることができる。

第44条（成年者保護の裁判管轄）
① 成年の無能力者の保護処分に関するイタリアの裁判管轄は、第3条および第9条に規定された場合以外に、イタリアにいる無能力者の人身または財産を暫定的かつ緊急に保護するために必要と判断されるときも存在する。
② 外国人の能力に関する外国の処分が第66条によりイタリアで効力を生じるときは、それを必要に応じて変更または統合する処分を命じるために、イタリアの裁判管轄が存在する。

第45条（親族間の扶養義務）
　親族間の扶養義務は、いかなる場合も、1980年10月24日の法律第745号により施行された扶養義務の準拠法に関する1973年10月2日のハーグ条約による。

第7節　相続

第46条（死因相続）
① 死因相続は、死亡の時における被相続人の本国法による。
② 被相続人は、遺言における明示の意思表示によって、相続の全体を居住地国の法によらせることができる。この法選択は、表示者が死亡の時にその国

にもはや居住していなかったときは、無効とする。イタリア国民の相続については、法選択は、被相続人の死亡の時にイタリアに居住していた遺留分権者に対しイタリア法が与える権利を害さないものとする。

③　相続財産の分割は、相続の準拠法による。ただし、共同相続人が合意により相続開始地法または相続財産のいずれかの所在地法を指定した場合は、この限りでない。

第47条（遺言能力）

遺言による処分または遺言の変更もしくは取消しをする能力は、処分、変更または取消しの時における処分者の本国法による。

第48条（遺言の方式）

遺言は、方式については、遺言者が処分をした国の法、または遺言もしくは死亡の時に国籍、住所もしくは居所を有していた国の法により有効とされるときは、有効とする。

第49条（国家の相続）

相続人が存在しないときに、相続の準拠法が国家の相続を認めない場合といえども、イタリアに所在する相続財産はイタリア国に帰属する。

第50条（相続の裁判管轄）

相続については、次のいずれかの場合に、イタリアの裁判管轄が存在する。

a　故人が死亡の時にイタリア国民であったとき。
b　相続がイタリアにおいて開始したとき。
c　経済的価値からみて大部分の相続財産がイタリアに所在するとき。
d　申立てが外国に所在する不動産に関する場合を除き、被告がイタリアに住所もしくは居所を有するか、またはイタリアの裁判管轄を受け入れたとき。
e　申立てがイタリアに所在する財産に関するものであるとき。

第8節　物権

第51条（占有権および物権）

① 動産ならびに不動産に関する占有権、所有権およびその他の物権は、物の所在地国の法による。
② かかる法は、物権の得喪も規律する。ただし、相続による場合、および物権の取得が家族関係または契約による場合は、この限りでない。

第52条（運送中の物に関する物権）

　運送中の物に関する物権は、その仕向地国の法による。

第53条（動産の時効取得）

　動産の時効取得は、時効の完成時における物の所在地国の法による。

第54条（無体財産権）

　無体財産権は、その使用地国の法による。

第55条（物権行為の公示）

　物権の設定、移転および消滅に関する行為の公示は、行為の時における物の所在地国の法による。

第9節　贈与

第56条（贈与）
① 贈与は、贈与の時における贈与者の本国法による。
② 贈与者は、贈与と同時の明示的な意思表示により、贈与を自己の居住地国の法によらせることができる。
③ 贈与は、方式については、その実質を規律する法またはその行為が完了した国の法により有効とされるときは、有効とする。

第10節　契約債務

第57条（契約債務）

　契約債務は、いかなる場合も、1984年12月18日の法律第975号により施行された契約債務の準拠法に関する1980年6月19日のローマ条約による。ただし、その他の国際条約の適用を妨げない。

第11節　契約外債務

第58条（一方的予約）

　一方的予約は、その意思が表示された国の法による。

第59条（有価証券）

① 　為替手形、約束手形および小切手は、いかなる場合も、1932年12月22日の法律第1946号に転換されたところの1932年8月25日の勅令法第1130号に受容された為替手形および約束手形の法抵触に関する1930年6月7日のジュネーブ条約、および1934年1月4日の法律第61号に転換されたところの1933年8月24日の勅令法第1077号に受容された銀行小切手の法抵触に関する1931年3月19日のジュネーブ条約の規定による。

② 　かかる規定は、債務が締約国の領域外において引き受けられたとき、またはこれらの規定が非締約国法を指定するときも適用される。

③ 　その他の有価証券は、当該証券が発行された国の法による。ただし、主たる債務以外の債務は、それが引き受けられた国の法による。

第60条（任意代理）

① 　任意代理は、代理人が代理を職業として営み、かつその営業所が第三者に知れているか、または知りうるときは、代理人が営業所を有する国の法による。かかる場合に該当しないときは、代理人が具体的事案において自己の権限を主として行使した国の法が適用される。

② 　代理権の授与行為は、方式については、その実質を規律する法、またはその行為がなされた国の法により有効とされるときは、有効とする。

第61条（法定債務）

　事務管理、不当利得、非債弁済およびその他の法定債務は、この法律に別段の定めがない限り、その原因となった事実が発生した国の法による。

第62条（不法行為責任）

① 　不法行為責任は、結果が発生した国の法による。ただし、被害者は、損害を惹起した行為がなされた国の法の適用を求めることができる。

② 　不法行為が、同一国の国民にして、かつその国に居住する者にのみ関係す

るときは、かかる国の法が適用される。

第63条（製造物による損害の契約外責任）

　製造物による損害に対する責任は、被害者の選択により、製造者が住所もしくは本拠を有する国の法、または製造者が、その同意なしに製造物が当該国で流通したことを証明した場合を除き、製造物が取得された国の法による。

第4章　外国の判決および処分の効力

第64条（外国判決の承認）

① 　外国判決は、次の場合に、いかなる手続もとる必要なく、イタリアにおいて承認される。

　　a 　判決を言い渡した裁判官が、イタリア法の直接的裁判管轄に関する原則によっても、事件を審理することができたとき。

　　b 　被告が法廷地法により裁判所の呼出しを知らされ、かつ基本的な防御権を侵害されなかったとき。

　　c 　当事者が法廷地法により出頭したか、または欠席判決がかかる法により言い渡されたとき。

　　d 　外国判決がその言渡地の法により確定したとき。

　　e 　外国判決がイタリアの裁判官によって言い渡された他の確定判決に反しないとき。

　　f 　外国の訴訟より前に開始された同一の当事者間の同一の目的物に関する訴訟がイタリアの裁判官のもとに係属していないとき。

　　g 　外国判決の内容が公序に反する結果をもたらさないとき。

第65条（外国の処分の承認）

　人の能力および家族関係または人格権の存否に関する外国の処分は、この法律の規定によって指定された準拠法所属国の官庁によって言い渡された場合、またはその他の官庁によって言い渡されたとはいえ、当該準拠法所属国において効力を生ずる場合にして、当該処分が公序に反しておらず、かつ基本的な防御権が遵守されたときは、イタリアにおいて効力を有する。

第 66 条（非訟事件に関する外国の処分の承認）

　非訟事件に関する外国の処分は、この法律の規定によって指定された準拠法所属国の官庁によって言い渡されたとき、その他の官庁によるものとはいえ、当該準拠法所属国において効力を生じるとき、またはイタリア法の基準に相当する基準にもとづき権限を有する官庁によって言い渡されたときは、適用されるべき前条の要件を満たす限り、いかなる手続もとる必要なく承認される。

第 67 条（外国の判決ならびに非訟事件に関する処分の執行および承認に対する異議）

① 外国の判決もしくは非訟事件に関する処分が遵守されないとき、その承認に対する異議が申し立てられたとき、または強制執行の手続が必要であるときは、利害関係を有する者は誰でも、執行地の控訴院に承認要件の確認を求めることができる。

② 外国の判決または非訟事件に関する処分は、前項の請求を認容する処分のみによって、強制執行の債務名義となる。

③ 訴訟の審理中に異議の申立てがなされたときは、受訴裁判官は、当該裁判に限定された効力のみを有する判断を下す。

第 68 条（外国で受領した公文書の執行）

　前条の規定は、外国で受領され、かつその国で執行力を有する公文書のイタリアにおける強制執行についても適用される。

第 69 条（外国の裁判官によって命じられた証拠方法の受託）

① イタリア共和国において受託されるべき証言、専門鑑定、宣誓、訊問またはその他の証拠方法の採用に関する外国裁判官の判決および処分は、かかる行為を実施すべき地の控訴院の命令によって執行される。

② 利害関係人が証拠方法の受託を申し立てるときは、その申立書は、当該行為を命じた判決または処分の認証謄本を添付して、控訴院に提出しなければならない。当該外国の裁判官が証拠方法の受託を要請するときは、かかる要請は、外交上の経路で転達されなければならない。

③ 控訴院は、合議体で審理し、受託を許可するときは、記録を管轄裁判官に

送付する。

④ イタリア法上規定されていない証拠方法の受託、またはその他の取調行為の実施は、これらがイタリア法の原則に反しない限り、行うことができる。

⑤ 要請された証拠方法の受託または取調行為の実施は、イタリア法により規律される。ただし、外国の司法機関によって明示的に適用を要請された法令も、イタリア法の原則に反しない限りにおいて遵守する。

第70条（外交上の経路で要請された取調行為の実施）

証拠方法および取調行為の受託に関する要請が外交上の経路で行われ[11]、かつ利害関係を有する当事者が受託手続を進める代理人を選任しなかったときは、受託に必要な処分は裁判官によって職権で命じられ、かつ送達は書記官によって行われる。

第71条（外国官庁の文書の送達）

① 外国官庁への出頭を命じる呼出状、または外国国家によって作成されたその他の文書の送達は、当該送達がなされるべき地を管轄する裁判所の最寄りの検察官によって許可される。

② 外交上の経路で要請された送達は、検察官から要請を受けた裁判所職員が代わって行う。

③ 送達は、イタリアの法律により定められた態様で行われる。ただし、外国の官庁によって要請された態様も、イタリア法の原則に反しない限りにおいて遵守する。いかなる場合も、文書は、送達を行う者から、それを任意に受領する名宛人に対し、交付することができる。

第5章　経過規定

---

11)「証拠方法および取調行為」は、原文では、di mezzi di prova di atti di istruzione となっているが、草案の報告書によれば、この規定は、民事訴訟法803条を新法に移したものであり、民事訴訟法の規定では、di mezzi di prova e di atti di istruzione となっている。前後関係によっても、ここでは e を入れ忘れたものと思われるので、訳文では、「および」を挿入することにした。

第 72 条（経過規定）
① この法律は、施行日後に開始したすべての裁判に適用される。ただし、施行日前に完了した事案に対する従前の国際私法規定の適用を妨げない。
② 裁判管轄を生じさせる事実および法令が事件の審理中に成立したときは、係属中の裁判は、イタリアの裁判官によって判断される。

第 73 条（相容れない規定の廃止）
　民法前加編の法律に関する一般規定第 17 条ないし第 31 条、民法第 2505 条および第 2509 条、民事訴訟法第 2 条ないし第 4 条および第 37 条第 2 項の規定は廃止する。民事訴訟法第 796 条ないし第 805 条の規定は、1996 年 12 月 31 日から廃止する。
〔1996 年 12 月 23 日の法律第 649 号に修正を加えて転換された 1996 年 10 月 23 日の勅令法第 542 号第 10 条により本条改正〕

第 74 条（施行）
　この法律は、1995 年 9 月 1 日から施行する。ただし、第 64 条ないし第 71 条の規定は、1996 年 12 月 31 日から施行する。
〔1996 年 12 月 23 日の法律第 649 号に修正を加えて転換された 1996 年 10 月 23 日の勅令法第 542 号第 10 条により本条改正〕

第 II 章

国 籍 法

1 ヨーロッパ国籍条約（1997年）

奥　田　安　弘
館　田　晶　子

　以下に訳出するのは、1997年にヨーロッパ評議会（Council of Europe）[1]の閣僚委員会が採択した「国籍に関するヨーロッパ条約（European Convention on Nationality）」（以下では「ヨーロッパ国籍条約」ないし「本条約」という）である。本稿では、本条約の正文である英語およびフランス語の条文を翻訳するとともに、一次資料にもとづき詳細な訳注を付した[2]。

---

1) Council of Europe は、ヨーロッパ審議会ないし理事会とも訳されているが、本稿では、ヨーロッパ評議会という訳語を採用した。
2) 本稿で使用した資料は、次のとおりである。*European Convention on Nationality,* European Treaty Series/166（条約正文・英仏）、*European Convention on Nationality and Explanatory Report,* 1997（以下では「報告書」という）、*Request for an opinion from the Committee of Ministers to the Assembly on the draft European convention on nationality,* Parliamentary Assembly Doc. 7665 (25/Sep./1996)（条約草案・英仏）、*Opinion on the draft European convention on nationality* (Rapporteur: Mrs Aguiar, Portugal, Liberal, Democratic and Reformers' Group), Parliamentary Assembly Doc. 7719 (20/Dec./1996)（以下では「Aguiar レポート」という。英仏）、*Report giving an opinion on the draft European convention on nationality* (Rapporteur: Mr Fogaš, Slovak Republic, Socialist Group), Parliamentary Assembly Doc. 7718 (23/Jan./1997)（以下では「Fogaš レポート」という。英仏）。これらのうち、条約正文および報告書は、ヨーロッパ評議会のウェブサイトで閲覧することができる。<http://conventions.coe.int/Treaty/Commun/QueVoulezVous.asp?NT=166&CL=ENG>. さらに、1963年条約およびその議定書ならびにヨーロッパ国籍条約草案は、B. Nascimbene (ed.), *Nationality Laws in*

ところで、ヨーロッパ評議会といえば、1963年の「重国籍の場合の減少および重国籍の場合の兵役義務に関する条約」（以下では「1963年条約」という）が思い起こされるが、この条約は、もはや現実にそぐわないという認識が広まっていた。すなわち、1963年条約は、基本的に重国籍が望ましいものではなく、これを可能な限り防止するという立場であった。しかし、その後のヨーロッパ諸国における移住労働者の増加および定住、受入国への統合の必要性、国際結婚の増加、ヨーロッパ連合構成国間の自由移動などにより、かような重国籍防止の原則は見直しを迫られることになった[3]。また1930年の「国籍法の抵触についてのある種の問題に関する条約」（以下では「国籍法抵触条約」という）以来、国籍に関する条約が多数成立していた[4]。そのため、これらの条約および国内法における最近の発展を1つの条約にまとめる必要性が出てきた。さらに1989年以来の中東欧諸国における政治的変革により、これらの諸国のほとんどは、新たに国籍法や外人法を制定する必要に迫られていたので、包括的な国籍条約は、その基準を設定することになるであろう。これらがヨーロッパ国籍条約の成立を促した要因である[5]。

---

 the European Union/Le droit de la nationalité dans l'Union européenne, 1996, pp. 20-53に掲載されている。
 3) 現に、1963年条約改正に関する1993年第2議定書は、重国籍防止の原則に一定の例外を設けたが、まだ十分ではなかった。詳細については、後述注45)参照。
 4) 報告書24頁注1は、次のような条約を挙げている。1948年の世界人権宣言、1951年の難民の地位に関する条約、1954年の無国籍者の地位に関する条約、1957年の既婚女性の国籍に関する条約、1961年の無国籍の減少に関する条約、1961年の外交関係に関するウィーン条約、1963年の領事関係に関するウィーン条約の国籍取得に関する選択議定書、1964年の国籍取得についての情報交換に関する国際戸籍委員会条約、1966年のあらゆる形態の人種差別の撤廃に関する条約、1966年の市民的および政治的権利に関する国際規約、1967年の養子縁組に関するヨーロッパ条約、1969年の人権に関する米州条約、1973年の無国籍の場合の数を減少させるための国際戸籍委員会条約、1979年の女性に対するあらゆる形態の差別の撤廃に関する条約、1989年の児童の権利に関する条約。
 5) 報告書23-25頁。Fogašレポート6頁も参照。

このヨーロッパ国籍条約は、次のような手続を経て作成された。まず1992年12月、重国籍専門家委員会（Committee of Experts on Multiple Nationality = CJ-PL）——後に国籍専門家委員会（Committee of Experts on Nationality = CJ-NA）と改称——は、全ヨーロッパに通用する新しい包括的な国籍条約の実現可能性に関する研究に着手した。これにもとづき、国籍専門家委員会は、1993年11月から、草案の準備を開始した。同委員会の作業グループは、1994年3月から1996年11月まで計9回の会合を開き、また同委員会は、1993年11月から1996年7月まで計5回の会合を開いた。同委員会によって作成された条約草案は、関係者に意見陳述の機会を与えるため、1995年2月に公表された[6]。

その後、諮問会議（Parliamentary Assembly）、人権運営委員会（CDDH）、ヨーロッパ移民委員会（CDMG）、国際公法諮問特別委員会（CAHDI）、家族法専門家委員会（CJ-FA）などとの協議を経て、1996年11月29日、条約草案がヨーロッパ法律協力委員会（CDCJ）によって完成され、翌1997年5月14日、閣僚委員会（Committee of Ministers）によって正式に採択された。

本条約は、1997年11月6日から署名のために開放され[7]、オーストリア、モルドバ、スロバキアの批准によって2000年3月1日から発効した。その後、ヨーロッパ評議会構成国（46か国）のうち、アルバニア、ブルガリア、チェコ共和国、デンマーク、ドイツ、ハンガリー、アイスランド、オランダ、ポルトガル、ルーマニア、スウェーデン、マケドニアも批准し、当事国は15か国となっている。さらに本条約は、その作成に参加したヨーロッパ評議会の非構成国にも開放されているが[8]、これらの国で署名・批准したものはない[9]。

---

6) 報告書22頁。
7) 報告書23頁。
8) これらの非構成国とは、アルメニア、アゼルバイジャン、ベラルーシ、ボスニア・ヘルツェゴビナ、カナダ、グルジア、バチカン市国、キルギス共和国、米国であったが（報告書56頁）、その後、アルメニア、アゼルバイジャン、ボスニア・ヘルツェゴビナ、グルジアは、構成国となった。
9) 本条約の署名・批准状況についても、前掲注2)のヨーロッパ評議会のウェブ

国籍に関するヨーロッパ条約

前文

　ヨーロッパ評議会構成国およびその他の条約署名国は、

　ヨーロッパ評議会の目標が構成国間のより緊密な団結の実現であることを考慮し、

　国籍、重国籍および無国籍に関する多数の国際的文書に留意し、

　国籍に対する国家および個人の正当な利益が共に考慮されるべきことを認め、

　国籍に関する法原則の漸進的発展およびかかる原則の国内法への採用を促進することを希求するとともに、可能な限り無国籍の場合の発生を防止することを希求し、

　国籍に関する事項における差別を防止することを希求し、

　人権および基本的自由の保護に関する条約第8条に規定された家庭生活の尊重を受ける権利を自覚し、

　国家が重国籍問題について様々な立場にあることに留意するとともに、いずれの国家も、自国民による外国国籍の取得または保有に対しいかなる結果を国内法上付与するのかについて自由であることを認め、

　重国籍の効果、とりわけ重国籍者の権利義務について適切な解決を見出すことが望ましいことを合意し、

　二以上の当事国の国籍を有する者は、かかる当事国の一についてのみ兵役義務の履行を求められることが望ましいことを考慮し、

　国籍問題に責任のある各国官庁間の国際協力の促進が必要であることを考慮して、

　　サイトを参照して頂きたい。本文の情報は、2006年3月14日現在のものである。

次のとおり協定した。

第1章　総則

第1条（条約の趣旨）

この条約は、当事国の国内法が服すべき自然人の国籍に関する原則および規則ならびに重国籍の場合の兵役義務に関する規則を定める[10]。

第2条（定義）

この条約の適用上、

a 「国籍」とは、ある者と国家との法的紐帯をいい、その者の種族的出身を示すものではない[11]。

b 「重国籍」とは、同一の者が同時に2以上の国籍を保有することをいう。

c 「子ども」とは、18歳未満のすべての者をいう。ただし、その者に適用される法によって、より早く成年に達したものを除く[12]。

d 「国内法」とは、国家の法制度の（枠内で定められた）〔仏〕あらゆる形

---

10) ここで「当事国の国内法が服すべき…規則を定める」と述べているのは、本条約が自力執行条約ではないこと、それゆえ本条約のルールを国内法に編入する必要があることを意味している（報告書28頁）。

11) この定義について、報告書28頁は、「帰属の社会的事実、存在の真正な牽連関係、利害および感情を基礎とした、相互の権利義務を伴う法的紐帯（legal bond）」というノッテボーム事件に関する国際司法裁判所判決（*ICJ Reports* 1955, p. 23）を引用しており、その影響を受けたことを明らかにしている。なお、スロバキア共和国のFogašは、nationalityという用語について、条約の表題を含め、これをすべてcitizenshipに置き換えることを提案していた。彼によると、nationalityは、本質的に西側の概念であり、中東欧諸国では、極めて漠然とした理論上の意味しかなく、とくに多数のナショナル・マイノリティを抱える国では特殊な意味で用いられ、誤解の元になっている、というのである。しかし、専門家委員会は、当初からnationalityとcitizenshipを同義語と解していた。そして、nationalityという用語に種族的な意味がないことを明らかにするために、この規定のような定義を採用したのである（Fogašレポート13-14頁）。

12) この定義は、児童の権利条約1条にならったものである。ここでいう「その者に適用される法」とは、国際私法を含む（報告書29頁）。

態の規定をいい、（とりわけ）〔仏〕憲法、制定法、行政規則、命令、判例、慣習法および慣行、ならびに拘束力を有する国際的文書に由来する規則をいう。

第 2 章　国籍に関する一般原則

第 3 条（国家の権限）[13]

① 何人が自国民であるのかを自国の法令により決定することは、各国の権限に属する。

② かかる法令は、国籍に関する国際条約、慣習国際法および一般に承認された法の原則に反しない限り、他の国家によって承認されなければならない。

第 4 条（原則）

国籍に関する各当事国の規則は、次の原則に依拠しなければならない。

a　すべて人は、国籍をもつ権利を有する[14]。

b　無国籍の発生は、防止しなければならない[15]。

---

13) この規定は、国籍が原則として国内管轄事項であることを定めている。報告書 29 頁は、1930 年の国籍法抵触条約を引用して、その影響を受けたことを明らかにしているが、さらに「第 2 次世界大戦後の人権法の発展に伴い、この分野における国家の裁量は個人の基本権をより一層考慮すべきである、という認識が高まっている」としている。

14) この規定は、国籍取得権（right to a nationality）を定めている。報告書 30 頁は、すべての人の国籍取得権を定めた世界人権宣言 15 条、および子どもの国籍取得権を定めた児童の権利条約 7 条を引用して、これらの条約から影響を受けたことを明らかにしている。この規定は、無国籍の防止と表裏一体であり、その意味では、次の b 号と密接に関連している。また具体的にどの国の国籍を取得すべきであるのかは、各当事国の国籍法によって決定されることを前提としているから、前条の規定とも矛盾しない（報告書 30 頁）。

15) 報告書 30 頁は、無国籍の防止を慣習国際法の一部であるとさえ述べている。また無国籍の定義については、1954 年の無国籍者の地位に関する条約 1 条を引用している。これによれば、「無国籍者」とは、「いかなる国の法律によっても国民とみなされない者をいう」とされており、事実上の無国籍者ではなく、法律上の無国籍者だけが対象とされる（報告書 31 頁）。

c　何人も、ほしいままにその国籍を奪われない[16]。
　d　当事国の国民と他国民の間の婚姻および婚姻の解消ならびに婚姻中の一方配偶者による国籍変更は、いずれも他方配偶者の国籍について当然には効力を及ぼさない[17]。

第5条（差別の禁止）
① 国籍に関する当事国の規則は、性、宗教、人種、皮膚の色または民族的もしくは種族的出身による差別に相当する区別を定めてはならず、またはかかる慣行を伴ってはならない[18]。

16）この規定は、世界人権宣言15条2項にならったものである。国籍の恣意的剥奪の禁止には、実体的側面と手続的側面がある。実体的側面としては、一般に国籍の剥奪は、予見可能であること、原因との均衡がとれていること、法律によって規定されていること、という3つの要件を満たさなければならない。たとえば、本条約5条1項にいう差別に当たる国籍の剥奪は、4条c号にも違反する。より具体的には、7条において、国籍の剥奪が許される場合が規定されており、無国籍となる場合には、原則として国籍を剥奪してはならない（7条3項）。一方、手続的側面は、第4章に規定されており、とくに国籍に関する様々な決定は、書面により理由が付されていること（11条）、および行政審査または司法審査の途が開かれていること（12条）が求められる（報告書31頁）。

17）この規定は、夫婦間の平等を定めており、1957年の既婚女性の国籍に関する条約1条を拡大したものである（報告書32頁）。

18）報告書32頁は、この規定について、「差別（discrimination）」という文言を用いた1950年の「人権および基本的自由の保護に関する条約」（以下では「ヨーロッパ人権条約」という）14条、および「区別（distinction）」という文言を用いた世界人権宣言2条を考慮したと述べている。これは、「差別に相当する区別を定めては…ならない」という文言を指していると思われる。なお専門家委員会が作成した条約草案の前文は、ヨーロッパ人権条約14条の無差別原則に言及していたが、ヨーロッパ法律協力委員会によって削除された。諮問会議は、これを遺憾としていたが（Fogašレポート10頁）、結局、この規定がヨーロッパ人権条約14条を反映するに留まった。

　ところで、国籍の付与とは、そもそも一定の基準にもとづいて、国民の範囲を決定することであるから、一定の場合に、何らかの優遇措置がとられることは必然である。たとえば、国語の能力があることを帰化の条件としたり、血統や出生

② 各当事国は、生来の国民であるか、後天的に国籍を取得した者であるかを問わず、国民間の無差別原則を遵守しなければならない[19]。

第3章　国籍に関する諸規則

第6条（国籍の取得）

① 各当事国は、国内法において、次に掲げる者が法律上当然に国籍を取得することを規定しなければならない。

　地によって簡易な国籍取得が認められることは、その例である。本条約自体が6条4項において、一定の場合における簡易な国籍取得を定めている。また、たとえばEU構成国が他のEU構成国の国民に対し、通常より短い居住期間で帰化を認めたとしても、民族的出身による差別には当たらないであろう。このように差別に相当しない区別は、この規定によって禁止された差別に相当する区別と明確に分けて考えなければならない（報告書32頁）。

　さらに、「民族的もしくは種族的出身」という文言は、1966年のあらゆる形態の人種差別の撤廃に関する条約1条およびヨーロッパ人権条約14条にならったものである。これは、宗教的出身も含んでいる。これに対して、「社会的出身」という文言は、あまりに不明確であるので、採用されなかった。ヨーロッパ人権条約14条に規定された差別の幾つかも、国籍の分野における差別にはならないと考えられたので、この規定には挙げられていない（報告書32-33頁）。

　もっとも、諮問会議は、この規定が言語またはナショナル・マイノリティに属することによる差別を挙げていないことに懸念を表明していた。それによれば、多数の国家の帰化立法が一定程度の国語能力を要求していることは、言語を無差別条項から除く理由とはならない。すなわち、ある人が当該国家の公用語を話す能力があるか否かを審査することと、かような審査をしないで、単に母国語が異なることを理由として国籍取得権を否定することは、別の問題である。また、当事国の立法が帰化の条件として国語能力を要求することが許されるとしても、複数の公用語をもつ多言語国家において、多数派言語に有利な差別をすることは、これとは異なるであろう。そこで諮問会議は、「ナショナル・マイノリティに属すること」による差別や「公用語間の差別」を禁止する文言を入れるよう提案したが（Fogašレポート10-11頁。同3頁も参照）、結局は採用されなかった。

19)　この規定は、あらゆる場合に従うべき強行規定を定めたものではない。たとえば、7条1項b号は、不正行為によって国籍を取得した者の国籍喪失を定めているが、これは無差別原則の例外である（報告書33頁）。

a 外国で生まれた子どもに関する国内法上の規定による例外を除き、出生の時に親の一方が当事国の国籍を有していた子ども。ただし、認知、裁判その他類似の手続により親子関係が成立する子どもについて、各当事国は、子どもが国内法によって定められた手続にしたがって国籍を取得することを規定することができる[20]。

b 当事国の領域内で発見され、その国籍を取得しなければ無国籍になる棄児[21]。

② 各当事国は、国内法において、その領域内で出生し生来的に他の国籍を取得しない子どもが国籍を取得することを規定しなければならない。この国籍は、次のいずれかの形態で付与されなければならない[22]。

a 出生の時からの法律上当然の国籍付与

b 出生後に、無国籍のままでいる子どもについて、当事国の国内法において規定された様式にしたがって、本人または代理人が主務官庁に対し行っ

---

20) 移民・難民・人口問題委員会は、外国で生まれた子どもに関する例外規定に反対の立場であった。すなわち、これは、明らかに外国で生まれた国民に対する差別であるから、かような例外規定を削除すべきであると主張していた（Aguiar レポート4頁）。しかし、この主張は受け入れられなかった。

21) 棄児とは、当事国の領域内において父母や国籍が不明の状態で棄てられているところを発見され、本号を適用しなければ無国籍となる新生児をいう。この規定は、1961年の無国籍の減少に関する条約2条にならったものである。なお、反対の証明がない限り、棄児が自国民の子どもである、すなわち、自国民であるとみなすことによっても、本号の義務を果たしたことになる（報告書34頁）。

22) この規定は、無国籍の防止に関する4条b号を具体化したものであり、その文言は、1961年の無国籍の減少に関する条約1条にならっている。この規定に該当する子どもは、出生によって国籍を取得しない場合は、法定の手続により国籍取得を申請できることが国内法で規定されなければならない。申請期限は定まっていないが、この規定は「子ども」にだけ適用されるから、2条c号の定義により、原則として18歳が申請期限となる。また5年を超えない一定期間、合法的な常居所を有することという要件は、かかる居住が実効的であり、かつ当該国家の外国人の在留に関する規定に違反していないことを意味している（報告書34頁）。

た申請にもとづく国籍付与。この申請は、申請前から引き続き5年を超えない期間、その領域内に合法的な常居所を有していることを要件とすることができる。

③ 各当事国は、国内法において、その領域内に合法的な常居所を有する者の帰化制度を設けなければならない。帰化条件を定めるにあたっては、申請に先立つ10年を超える居住期間を規定してはならない[23]。

④ 各当事国は、国内法において、次に掲げる者の国籍取得を容易にしなければならない[24]。

---

23) ほとんどのヨーロッパ諸国では、帰化について、5年ないし10年の居住を必要としているから、この規定は一般的な基準に合致している。また当事国は、さらに統合の観点などから正当と認められる他の帰化条件を定めることができる(報告書34-35頁)。

24) ここでいう国籍取得とは、帰化以外に、法律上当然の国籍取得なども含まれる。当事国は、各号に該当する者の国籍取得の条件を緩和すれば足りる。たとえば、必要な居住年数の短縮、言語条件の緩和、手続の簡易化、手数料の低減などである。かような国籍取得の申請に対し実際に国籍を与えるか否かは、依然として当事国の裁量に委ねられている(報告書35頁)。

　a号については、すでに1977年の異国籍夫婦の国籍に関するヨーロッパ評議会の閣僚委員会決議(77)12が、外国人配偶者の国籍取得を容易にするために優遇措置をとるべきことを勧告している。またd号についても、すでに1967年の養子縁組に関するヨーロッパ条約11条が、養子の国籍取得を容易にすべきことを求めている。d号にいう養子とは、自国法による養子縁組にもとづく場合だけでなく、外国における養子縁組が自国法により承認される場合を含んでいる。さらにe号およびf号は、主に移民の2世および3世からの申請に適用される。彼らは、子ども時代を受入国で過ごしたのであるから、その社会に統合されやすく、それゆえ国籍取得も簡易化されなければならない(1963年条約第2改正議定書参照)。ただし、当事国は、簡易化された国籍取得の申請期限を定めることができる。最後に、g号にいう「難民認定を受けた者」には、1951年の難民の地位に関するジュネーブ条約および1967年の議定書により認定を受けた難民が含まれるが、当事国は、その他の難民をg号にいう難民に含めることができる。ちなみに、1951年のジュネーブ条約34条も、認定難民の簡易帰化を規定している。なお、本条約に違反して、故意に無国籍になった者は、簡易手続による国籍取得の対象とはならない(報告書35-36頁)。

a 自国民の配偶者

b 本条第1項a号の例外に該当する自国民の子ども

c 父母の一方が自国籍を取得するか、またはすでに取得した子ども

d 自国民と養子縁組をした子ども

e 領域内で生まれ、かつ合法的な常居所を有する者

f 18歳より前から始まる一定の期間、領域内に合法的な常居所を有する者。この期間は、その当事国の国内法によって定める。

g 領域内に合法的な常居所を有する無国籍者および難民認定を受けた者

第7条（法律上当然のまたは当事国主導の国籍喪失）[25]

① 当事国は、次に掲げる場合を除き、国内法において、法律上当然のまたは当事国主導の国籍喪失を規定することはできない。

a 任意の外国国籍取得[26]

b 詐欺的行為、虚偽の情報提供または申請者に係る事実の秘匿による当事国の国籍取得[27]

---

25) 本条は、否定形で規定されているが、これは、本条に規定された場合に該当しない限り、法律上当然のまたは当事国主導の国籍喪失が禁止されていることを強調するためである。むろん当事国は、本条に該当する場合であっても、国籍を保持させることができる（報告書36頁）。

26)「任意の外国国籍取得」とは、個人の自由意思による国籍取得を意味し、法律上当然の国籍取得を含まない。1963年条約1条によれば、同条約第1章を受諾した当事国は、任意の外国国籍取得があった場合、国籍を喪失させる義務を負っていたが、本条約では、かような場合に国籍を喪失させるか否かは、当事国の判断に任されている（報告書36-37頁）。

27)「詐欺的行為、虚偽の情報提供または申請者に係る事実の秘匿」とは、国籍取得の際に重要であった申請者の作為または不作為の結果でなければならない。たとえば、ある者が当事国の国籍を取得する際に、従来の国籍を事後的に離脱することが条件であったにもかかわらず、それをしなかった場合がこれに該当する。また「申請者に係る事実の秘匿」とは、（重婚など）その者の国籍取得を妨げる事実の秘匿を意味している。「係る事実」とは、他の国籍を有することの秘匿や重大な犯罪による有罪判決の秘匿など、あらかじめ分かっていれば国籍を与えなかったと思われる事実をいう。さらに（虚偽の証明書などによる）詐欺、脅迫、

c　外国の軍隊における任意の兵役従事[28]
　d　当事国の重大な利益を著しく侵害する行為[29]
　e　外国に常居所を有する国民と当事国との間の真正な〔英〕＝実効的な〔仏〕結合関係の欠如[30]

　　　贈賄などの不正行為による国籍取得にも、この規定が適用される。この規定に該当する国籍の不正取得があった場合、国籍を撤回するか（国籍喪失）、それとも国籍を取得しなかったものとみなすか（国籍取得の無効）は、当事国の自由である（報告書 37 頁）。
28)　「外国の軍隊における任意の兵役従事」とは、陸・海・空軍のいずれかであるかを問わない。むろん国籍取得前に、従来の国籍国の兵役に従事したことは含まれない。また、国籍国が参加する多国籍軍への従軍や、二国間条約や多数国間条約にもとづく他国での任意の兵役も、「外国の軍隊における任意の兵役従事」には当たらない。ここで念頭に置かれているのは、職業軍人として外国の軍隊に任意に従軍する者である。21 条 3 項 a 号に定められた別の国籍国での兵役の選択は、ここでは問題とならない。さらに条約全体がそうであるように、この規定も自力執行力を持たないため、当事国は、国内立法に際して、この規定を適用するための具体的な条件を定めなければならない（報告書 37-38 頁）。なお、諮問会議は、この規定自体が全く受け入れがたいこと、当事国の重大な利益を著しく侵害する行為を国籍喪失事由とする 7 条 1 項 d 号と重複すること、国籍法の一般原則を定めた 4 条の a 号から c 号までの規定と明らかに相容れないことを理由として、この規定を削除するか、または少なくとも「戦時における外国の軍隊または警察での任意の勤務」という文言に修正すべきことを提案していた（Fogaš レポート 3 頁、11-12 頁）。しかし、この提案は採用されなかった。
29)　「当事国の重大な利益を著しく侵害する行為」という文言は、1961 年の無国籍の減少に関する条約 8 条 3 項 a 号 ii にならったものである。かかる行為としては、とりわけ国家反逆罪など当該国家の重大な利益に反する活動（たとえば外国の秘密諜報機関のための仕事）が挙げられるが、通常の刑事犯罪は、いかに重大なものであっても含まれない。なお、前述の 1961 年条約は、国家の重大な利益を著しく侵害する行為が国籍剝奪の原因となりうるとする点について、それが当該国家の国内法上現に国籍剝奪の原因とされており、かつ条約の署名、批准または加入の時に、これを維持することを宣言した場合に限定している（報告書 38 頁）。
30)　この規定の主たる目的は、外国に定住する国民が何世代にもわたって国籍を保持することを阻止できるようにすることである。「真正な結合関係の欠如」という文言は、外国に定住する重国籍者にだけ当てはまる。また、この規定は、かよ

f　子どもが当事国の国籍を法律上当然に取得するための国内法上の要件を満たさないことが、未成年の間に証明されたとき[31]。

　g　子どもが養親の一方または双方の外国国籍を取得するか、もしくは保有する場合の養子縁組[32]

② 当事国は、前項c号およびd号に該当する場合を除き、父母の国籍喪失に伴う子どもの国籍喪失を規定することができる。ただし、少なくとも親の一方が国籍を保持するときは、子どもはその国籍を失わない[33]。

　　うな個人や家族が外国に数世代にわたり定住してきたため、国家との真正かつ実効的な結合関係がない場合などに適用される。この場合、当該国家は、かような国籍喪失の情報が確実に当該個人に伝わるように、あらゆる合理的措置を取ることが期待されている。真正な結合関係の欠如を証明する手段としては、たとえば当事国の主務官庁に対し、登録、身分証明書または旅券などの申請、国籍留保の意思表示がなかったことなどを挙げることができる。また、この規定の解釈にあたっては、国籍を個人と国家の法的紐帯と定義する2条a号、国籍をほしいままに奪うことを禁じた4条c号、外国で生まれた子どもに対し親の国籍取得を除外しうると定めた6条1項a号、国籍の喪失に関する決定について行政上または司法上の審査を求める権利を定めた12条を併せて参照しなければならない（報告書38-39頁）。なお、移民・難民・人口問題委員会は、この規定に反対の立場であった。すなわち、この規定は、4条c号によって禁止された国籍の恣意的剥奪に等しく、また7条1項a号がすでに任意の外国国籍取得による国籍喪失を規定しているのであるから、この規定は不要であると主張していた（Aguiarレポート5頁）。しかし、この主張は受け入れられなかった。

　31）この規定は、子どもの身分の変更によって国籍保有の前提条件が失われた場合に関するものである。たとえば、若干の国では、子どもが父母のいずれかとの親子関係にもとづいて国籍を取得し、後にそれが真実の父母ではなかったことが明らかになった場合、その子どもは、無国籍とならない限り、国籍を失うとされている。かかる国籍喪失の効力、すなわち、将来に向けて国籍を喪失するのか、それとも当初から国籍を取得しなかったものとみなすのかは、当事国の国内法に委ねられている（報告書39頁）。

　32）この規定は、「養子縁組を理由とする国籍の喪失は、他の国籍の保持または取得を条件としなければならない」と定めた養子縁組に関するヨーロッパ条約11条2項と抵触するものではないとされている（報告書39-40頁）。

　33）この規定は、親の国籍喪失によって、子どもの国籍が影響を受ける可能性に関

③　前二項による国籍喪失は、その者が無国籍となるときは、国内法に規定することができない。ただし、本条第1項b号に該当する場合は、この限りでない[34]。

第8条（個人主導の国籍喪失）

①　各当事国は、その者が無国籍とならない限り、国籍の離脱を認めなければならない[35]。

②　前項の規定にかかわらず、当事国は、国内法において、外国に常居所を有する国民のみが国籍を離脱できると規定することができる[36]。

第9条（国籍の回復）

各当事国は、国内法が定めた要件および条件のもとで、その領域内に合法的な常居所を有する元国民による国籍の回復を容易にしなければならない[37]。

するものである。すなわち、当事国は、親が本条1項により国籍を喪失した場合、子どもの国籍も失わせることができる。ただし、本条1項c号またはd号の場合は除かれる。なぜなら、親が非難されるべき行為によって、子どもが不利益を被るべきではないからである。さらに、親の一方が当該国籍を保持する場合は、子どもは国籍を失わないとされている。この規定を適用するにあたっては、当事国は、いかなる場合にも、子どもの最善の利益を重視することが求められる（報告書40頁）。

34) この規定は、4条b号の一般原則を具体化したものである。不正行為による国籍取得に関する本条1項b号は、無国籍が発生しても、国籍喪失が許される唯一の場合であり、その意味では、1961年の無国籍の減少に関する条約8条よりも、はるかに無国籍の防止が徹底されている（報告書40頁）。

35) ここでいう国籍の離脱とは、離脱の申請およびそれに続く主務官庁の承認などを含んだ広い意味に解釈されるべきである。問題となるのは、他の国籍を取得する前に、国籍離脱が認められたり、それが求められている場合である。この場合、新たな国籍が取得できなかったときは、元の国籍国は、無国籍を防止するため、国籍回復を認めるか、または国籍を喪失しなかったものとみなさなければならない（報告書40-41頁）。

36) この規定によれば、当事国は、単に本国の兵役義務を終えていないことや、本国において民事または刑事の訴訟が係属中であることのみを理由として、国籍離脱の自由を否定することはできないと解されている（報告書41頁）。

37) この規定は、国籍回復の権利まで認めたものではない。当事国がこの規定の義

第4章　国籍に関する手続[38]

第10条（申請の処理）

　各当事国は、国籍の取得、保持、喪失、回復または証明（書の交付）〔仏〕に関する申請が合理的な期間内に処理されることを確保しなければならない[39]。

第11条（決定）

　各当事国は、国籍の取得、保持、喪失、回復または証明（書の交付）〔仏〕に関する決定に書面により理由を付することを確保しなければならない[40]。

　　　　務を果たしているか否かは、国籍取得の条件がかなり緩和されていることなど、一切の事情を考慮して判断されるべきである（報告書41頁）。
- [38] 本章は、国籍の取得、保持、喪失、回復、証明に関する手続を規定している。ここでいう「証明」とは、各当事国の国内法で定められた国籍証明をいい、方法や形式を問わない（報告書41-42頁）。ちなみに、EEC条約では、国籍の取得や喪失は原則として国内管轄事項であるという立場から、かような事項に関する規定を置いていなかった。しかし、近年は、構成国の国民に対し、域内の自由移動（シェンゲン条約）やEU市民権（マーストリヒト条約）が認められ、その適用を受けるためには、構成国の国籍が必要とされている。そこで、理事会指令などの第二次共同体法は、構成国に対し、所持人の国籍を明記した身分証明書や旅券の交付・更新を義務づけている（報告書42頁）。
- [39] 申請が合理的な期間内に処理されたか否かは、一切の事情を考慮して判断される。たとえば、国家承継における先行国の国民が居住国の国籍を取得するために申請を必要とする場合には、事態の緊急性からみて極めて速やかに処理がなされるべきである。いずれにせよ、申請の処理を待つ間は、ヨーロッパ人権条約8条による家庭生活の尊重を受ける権利などからみて、ほとんどの申請者は国内に留まる権利を有するであろう（報告書42頁）。ところで、移民・難民・人口問題委員会は、この規定の草案に対し、次のような疑問を提起していた。すなわち、この規定の文言は、行政の遅延や不確実性に対し、申請者に十分な保護を与えていないので、申請処理の具体的な期限を定めるべきであり、「合理的な期間内」という文言を「1年を超えない期間内」に代えるべきであると主張していた（Aguiarレポート3頁）。しかし、この主張は受け入れられなかった。
- [40] 書面により理由を付する場合は、少なくとも法律上の理由と事実上の理由の両方が必要である。ただし、法律上当然の国籍取得や喪失を単に登録する場合には、

第 12 条（不服申立ての権利）

　各当事国は、国籍の取得、保持、喪失、回復または証明（書の交付）〔仏〕に関する決定に対し、国内法により行政上または司法上の不服申立ての途が開かれていることを確保しなければならない[41]。

第 13 条（手数料）[42]

① 　各当事国は、国籍の取得、保持、喪失、回復または証明（書の交付）〔仏〕に要する手数料が合理的な範囲内であることを確保しなければならない[43]。

② 　各当事国は、行政上または司法上の不服申立てに要する手数料が申立人の

　　書面による理由は必要ない。また、国家の安全に関わる決定については、最低限の情報を記載するだけでよい。さらに申請が認められた場合のように、申請者の意思や利益に合致した決定については、単に関係書類の送付や交付で足りるであろう。なお、若干の国の国内法は、国籍に関する決定を立法によって行うとしており、この規定に違反していると考えられる（報告書 42-43 頁）。

[41] 　この規定は、国籍に関するあらゆる決定が行政審査または司法審査に服することを定めている。この規定により、個人は、国籍に関する決定に対し、不服申立てをする権利を有する。ただし、この権利を実現するための手続は、各当事国の国内法に委ねられている。若干の国では、帰化の決定が立法によってなされ、不服申立ての途が閉ざされているが、かようなケースについて条約に例外規定を設けることは、適切でないと判断された。ちなみに、ヨーロッパ人権条約は民事上の法律扶助について規定していないが、公正な裁判を受ける権利に関する同条約 6 条 1 項により、たとえば事件が複雑であるため必要不可欠であることが証明された場合には、国家が弁護士費用の援助をすることが必要となることがある（報告書 43 頁）。これに関連して、報告書 43 頁は、1979 年 10 月 9 日の Airey 事件に関するヨーロッパ人権裁判所判決を引用している。この事件では、暴力をふるう夫との離婚を求めた貧しい女性に法律扶助を与えないことは、ヨーロッパ人権条約 6 条 1 項に違反すると判示された（Airey Case, 9 October 1979, ECHR, Series A, No. 32）。

[42] 　本条にいう手数料には、申請書を入手すること、それを処理させること、決定を受けることなどに関するものが含まれる（報告書 43-44 頁）。

[43] 　手数料が不合理であるか否かは、一切の事情を考慮して判断されるが、たとえば、行政コストは、1 つの指標である。これらの手数料の支払は、国籍の取得、保持、喪失、回復を妨げる手段となってはならない（報告書 44 頁）。

障害とならないことを確保しなければならない[44]。

第5章　重国籍[45]

---

[44] ここでいう「障害とならない」という文言は、本条1項の「合理的」という文言と比べると、行政審査や司法審査の手数料については、当事国がより重い義務を負っていることを示している。ちなみに、訴訟追行に要する費用は、本条の適用を受けないが、ヨーロッパ人権裁判所が Airey 事件において述べた基準に注目すべきである。この Airey 事件では、アイルランドにおける離婚訴訟追行の費用が高すぎるため、裁判を受ける実効的な権利（effective right）が奪われていると判示された（Airey Case, 9 October 1979, ECHR, Series A, No. 32）。また、裁判へのアクセスを容易にする措置に関するヨーロッパ評議会の勧告（No. R(81)7）に掲げられた原則も参照すべきである。とくに訴訟費用に関する原則Dは、「訴訟を開始する条件として、国家は、当該事件の性質からみて不合理な額の金銭を当事者に要求してはならない」と規定している（報告書44頁）。

[45] 本章は、重国籍について定めており、1963年条約との異同が注目される。この点について、Aguiar レポート 3-4 頁は、次のように述べている。

「1963年条約に規定された制限にもかかわらず、重国籍者の数は、次第に増えてきた。たしかに重国籍は、多数の移民にとって、両方の国で完全な市民権を享受できるのであるから、利点が多い。これに対して、最も頻繁に挙げられる欠点、すなわち両方の国における兵役義務は、ほとんどの関係者にとって、重要ではないと思われる。なぜなら、1963年条約などの多数の国際条約は、1つの国でのみ兵役義務を履行すればよい、としているからである。さらに統合という点では、新たに国籍を取得する者が従来の国籍を離脱しなければならないという要件は、潜在的な申請者を抑え込んでいると思われる」。

「国家は、重国籍が関係国にとって忠誠（loyalty）の問題を生じる、と主張することが多い。委員会〔＝移民・難民・人口問題委員会―訳注〕が考えるに、一国への忠誠の概念は、とりわけヨーロッパ域内における人の移動が増えた結果、大幅に変化を遂げたのであり、かかる変化は、国籍立法に反映されるべきである」。

「委員会は、この点で、本条約草案の重国籍に関する規定は以前と比べるならば、一定の前進であったと思う。本条約草案は、1963年条約を改正する1993年第2議定書の婚姻および出生による子どもの自動的国籍取得における国籍保持に関する規定を確認したが、同時に重国籍に賛成・反対いずれの立場も採らないようにして、署名国に2つの立場の選択を委ねた。委員会は、1963年条約の制限

第14条（当然に重国籍となる場合）[46]
① 当事国は、次のことを許容しなければならない。
　a　出生により当然に相異なる国籍を取得した子どもがこれらの国籍を保持すること。
　b　自国民が婚姻により当然に外国国籍を取得したときは、この外国国籍を保持すること。
② 前項にいう国籍の保持は、この条約の第7条の関連規定の適用を妨げない。

第15条（その他に重国籍となりうる場合）[47]
　この条約の規定は、当事国が国内法において次の事項につき定めることを妨げない。

的な規定と比べて、これを前向きの変更と見ている。この問題について、ヨーロッパ諸国は極めて相異なる政策を採っているのであるから、本条約草案の起草者が採択した文言は、おそらく到達しうる最良の妥協であったと考える。しかし、委員会は、将来において、すべてのヨーロッパ諸国が原則として重国籍を認めることを期待する」。

46) この規定は、当事国が重国籍を認めるべき2つのケースを定めている。これらは、たとえ重国籍の防止を望む国であっても、一般に受け入れられており、まさに複数の国の法律が同時に適用される結果、自動的に起きるケースである。とくにa号は、子どもの国籍について夫婦間の平等が達成されるべきであるという要請に基づいている。なお、同号にいう「子ども」とは、2条c号によれば、18歳未満の者であり、子どもが成人に達した後は、本条2項により、7条の関連規定、とりわけ外国に住む者と当事国との間の真正な結合関係の欠如による国籍の喪失を定めた7条1項e号が適用されうる（報告書44-45頁）。

47) この規定は、当事国が重国籍を認める権利を定めている。すなわち、当事国は、14条以外のケースについても、重国籍を認めることができる。この点で、本条約は、重国籍が望ましいか否かという問題について、中立の立場を採っている。これは、若干の国がまだ重国籍を防止しようとしているとはいえ、多数のヨーロッパ諸国が重国籍を認めている現状を反映したものである。ただし、当事国が重国籍を認める権利は、それを否定する条約上の義務によって制限される。とくに1963年条約の第1章の適用を受ける国同士の間では、一定の場合以外の重国籍を認めることができない（報告書45頁）。

a 外国国籍を取得するか、または保有する自国民が、その（当事国の）〔仏〕国籍を保持するか、または喪失するか。

b その国籍の取得または保持が外国国籍の離脱または喪失を要件とするか否か。

第16条（従来の国籍の保持）[48]

当事国は、外国国籍の離脱または喪失が不可能であるか、もしくはそれを要求することが合理的でないときは、外国国籍の離脱または喪失を自国籍の取得または保持の要件としてはならない。

第17条（重国籍に関連する権利義務）

① 外国国籍を有する当事国の国民は、居住する当該当事国の領域内において、その当事国の他の国民と同一の権利を有し、義務を負う[49]。

② 本章の規定は、次に掲げる事項に影響しない[50]。

---

[48] 外国国籍の喪失を事実上または法律上求めることが不合理であるか否かは、国籍取得を求められた当事国の当局が具体的なケース毎に判断すべきである。たとえば、難民は、一般に国籍の離脱または喪失のために本国に戻ったり、大使館や領事館に対しこれを求めることは期待できない。なお、本条はとくに国家承継の場合に重要であるため、18条3項は、とくに本条を援用している（報告書45-46頁）。

[49] この規定は、重国籍者がその居住国において単一国籍者と平等の扱いを受けることを定めている。平等に扱われるべき権利義務としては、選挙権、財産権、兵役義務などが挙げられる。ただし、これらの権利義務は、条約によって変更されることがある。たとえば、兵役義務に関する本条約第7章がそれである（報告書46頁）。なお、この規定に関連して、移民・難民・人口問題委員会は、外国に居住する国民が本国の国民と平等の扱いを受けるべきであると主張していた。たとえば、若干の国では、一定期間以上、本国を離れていた国民に対し、選挙権を認めていない。同委員会は、今すぐに、かような平等権を定めた規定を本条約に加えるべきであるとは主張しないが、将来においては、これが広く認められることを期待するとしている（Aguiar レポート 5 頁）。

[50] この規定は、本章が外交的保護に関する国際法のルールや国際私法に影響しないことを定めている。たとえば、1930年の国籍法抵触条約4条は、「国家は、自国民が共にその国籍を有する他の国家に対し、その者のために外交的保護を行使

a　外国国籍を共に有する自国民の1人に対する当事国の外交的または領事的保護に関する国際法規則

　b　重国籍の場合における各当事国の国際私法規則の適用

第6章　国家承継と国籍[51]

することができない」と規定しており、これが国際法の一般原則である。ただし、子の奪取の場合のように、例外的に、他の国籍を併せ持つ自国民のために保護を与えることができることもある。また、あるEU構成国が第三国に外交官を派遣していない場合に、その国の国民に対し、他のEU構成国が保護を与えることができる、という事実も考慮すべきである（報告書46頁）。

51)　本章は、国家承継から生じる国籍問題を規定している。1978年の「条約についての国家承継に関するウィーン条約」では、国家承継とは、領域の国際法上の責任が一国から他国へ移ることであると定義されている。本条約の規定は、現在の一般的な国際慣行にしたがって、一般原則を定めている。ただし、国家は、これらの規定を実施する際の適当な方法を決めることができる（報告書46-47頁）。

　これらの規定は、直接個人には適用されないが、その目的は、単に領域の変更があったからというだけで、その地域に住む人々が不利益を受けないようにすることである。また、これらの規定は、当事国が承継国であるか、それとも先行国であるかを問わないが、その性質上、とりわけ承継国である場合に適用される。本章の主たる関心事は、18条1項でとくに強調されている無国籍の防止であり、それゆえ、国家承継の場合における国籍の付与または保持が焦点である。その意味で、本章は、1961年の無国籍の減少に関する条約10条のような既存の条約の強化を目的としている（報告書47頁）。

　ただし、ほぼ同様の文言であった草案について、諮問会議からは、次のような疑問が出されていた。すなわち、国家承継に関する本章の規定は、あまりに簡略であり、一般的すぎる。基本的な原則は述べられているが、多くは国家の裁量に委ねられている。具体的には、国家承継の様々な形態およびそれらに共通する特徴を盛り込んだ定義を定めるべきであった。かような定義は、1989年以降の中東欧諸国の状況およびこれらの諸国に課された義務を明らかにするために必要である。また、先行国の国民の権利や彼らに対する保障をより手厚くすべきであり、たとえば政治的権利や社会権を享受できるようにすべきである。ちなみに、法による民主主義に関するヨーロッパ委員会（ベネチア委員会）は、1996年9月13日および14日の会議において、国家承継の国籍に対する影響に関する報告書お

第 18 条（原則）[52]

① 国家承継の場合の国籍問題については、関係の各当事国は、法の支配の原則、人権に関する規則ならびにこの条約の第 4 条、第 5 条および本条第 2 項に規定された原則、とりわけ無国籍の防止に関する原則を尊重しなければならない[53]。

  よび宣言を採択した。このベネチア委員会が採択した「国家承継と自然人の国籍に対する影響に関する宣言」は、本条約草案と全く矛盾しない内容であった。その規定、とりわけ国家承継の定義および若干の原則（国籍の剥奪または国籍付与の拒否に対する「実効的な救済」の概念）は、本条約草案にも取り入れられるべきであった（Fogaš レポート 14-15 頁。同 3 頁も参照）。
52) この規定は、国家承継によって生じるあらゆる国籍問題について、当事国が従うべき原則を定めている。また他の章の規定も、一般に国家承継の場合に適用される。本条は、住民の国籍が領域主権の変更に従うという国際法上の推定を前提として理解する必要がある（報告書 47 頁）。
53) この規定は、法の支配の原則および人権に関する規則の尊重という一般原則を掲げているが、これらは、ヨーロッパ評議会の使命の一部である。この点で、ヨーロッパ評議会規約、とりわけ「すべてのヨーロッパ評議会構成国は、法の支配の原則ならびにその領域内にいるすべての者が人権および基本的自由を享受するという原則を受け入れなければならない」と定める 3 条、ヨーロッパ人権条約および議定書の諸規定、ヨーロッパ人権裁判所の判例を考慮しなければならない（報告書 47-48 頁）。

  国籍法の分野において「法の支配」の概念がどのように関連しているのかは、各国の法的伝統を考慮する必要があるが、原則的なルールは幾つか挙げることができる。たとえば、確実な法的根拠によって決定がなされるべきこと、法律は（国家利益の保護の観点だけでなく）市民の権利保護の観点から解釈されるべきこと、個人に影響を与える国家の措置は、とりわけ処罰や個人の権利に影響を与えるものである場合には、相当性が保たれること、法律が予見可能であり、個人がその行為の法的結果を予測できること、法律は起草の精神にしたがって解釈されるべきことなどである（報告書 48 頁）。

  さらに法の支配に関する指導原理は、裁判の迅速および公正を定めたヨーロッパ評議会の様々な文書や、ヨーロッパ人権条約 6 条 1 項の公正な裁判を受ける権利に関するヨーロッパ人権裁判所の判例に見られる。最後に、この規定は、本条約の 4 条、5 条、18 条 2 項の原則に言及している。これらの原則は、いずれも重要なものであるが、主たる関心事は、無国籍の防止である（報告書 48 頁）。

② 国家承継の場合の国籍の付与または保持を決定するにあたっては、関係の各当事国は、とくに次に掲げる事項を考慮しなければならない[54]。
  a その者と国家との間の真正かつ実効的な結合関係
  b 国家承継の時点におけるその者の常居所
  c その者の意思
  d その者の領域的出身
③ 国籍の取得が外国国籍の喪失を要件とするときは、この条約の第16条の規定が適用される[55]。

第19条（国際的な協定による解決）[56]

国家承継に際して、関係の当事国は、相互の協定により、また場合によっては、他の関係国との間の協定により、国籍に関する事項を規律するよう努めなければならない。かかる協定は、本章に規定または援用された原則および規則

---

[54] これらの事項は、具体的な状況に応じて考慮されるべきである。まずa号の「真正かつ実効的な結合関係」とは、ノッテボーム事件に関する国際司法裁判所判決によって初めて使われた用語である。これは、個人と国家の間の「実質的結合」を意味する。したがって、国籍という法的紐帯は、個人と国家の間の真正な結合と一致しなければならない。つぎにb号の「国家承継の時点におけるその者の常居所」とは、先行国の領域内における常居所を意味する。「合法的居住」は要求されていないが、国家承継の直前に先行国の国民であった者は、合法的居住者であったという推定が働く。さらにc号は、当事者の意思を考慮すべきことを定めている。具体的には、国籍選択権を与えることや、意思に反する国籍の付与をしないことなどが求められる。最後にd号の「領域的出身」とは、種族的出身や社会的出身ではなく、本人の出生地、両親や祖父母の出生地や国籍を意味する。その点では、出生地主義や血統主義により国籍取得を決定する際の規準と同様である（報告書49頁）。

[55] この規定は、本条約16条の適用を注意的に定めている。すなわち、外国国籍の喪失が不可能であるか、またはこれを要求することが不合理である場合には、これを国籍取得の要件としてはならない。本項は、とりわけ一定の場合に重国籍を認めない国において重要であろう（報告書49頁）。

[56] この規定は、国籍問題について、承継国間の協定による解決を支持し、かような協定が本章の規定に従うことを求めている（報告書50頁）。

を尊重しなければならない。

第20条（国民でない者に関する原則）[57]

① 各当事国は、次に掲げる原則を尊重しなければならない。

　a　主権が承継国に移行した領域内に常居所を有し、かつ承継国の国籍を取得しなかった先行国の国民は、承継国に留まる権利を有する。

　b　前号に該当する者は、社会的および経済的権利について承継国の国民と同一の待遇を受ける[58]。

② 各当事国は、公権力の行使を伴う公務への就任については、前項に該当する者を除外することができる[59]。

---

57)　この規定は、先行国の国民で承継国の国籍を取得しなかった者の永住権を認めたうえで（1項a号）、かような永住者の権利を定めている（同項b号）。これには、国籍取得の申請をしてその結果を待っている者、かかる申請が却下された者、かかる申請をしなかった者が含まれる。また、本条の見出しにいう「国民でない者」とは、次のすべての要件を満たす者をいう。すなわち、先行国の国民であって承継国の国籍を取得しなかったこと、国家承継の時に承継国の領域内に常居所を有していたこと、引き続き承継国の領域内に居住していることである（報告書50頁）。

58)　この規定によれば、当事国は、自国民でない者が国家承継の前と同様の日常生活を送れるようにしなければならない。社会的・経済的権利のうち最も重要なものは、働く権利および移動の自由である。これらに関連する規定は、さらに定住に関するヨーロッパ条約およびヨーロッパ社会憲章にもある。この社会的・経済的権利を享受する前提となるのは、a号に規定された承継国に留まる権利である。この権利は、居住権（right of residence）ないし定住の自由（freedom of establishment）とも言われることがある。また、これらの者は、一般にヨーロッパ人権条約8条により家庭生活の尊重を受ける権利を有しており、この規定が適用される場合には、たとえ自国民でない者であっても、国外追放されないことを想起すべきである（報告書50-51頁）。

59)　この規定は、社会的・経済的権利に関する平等原則の例外を定めている。すなわち、当事国は、「国民でない者」の公務への就任について、その職務が公権力の行使を伴う場合に限り、それを禁止することができる。この文言は、ヨーロッパ共同体裁判所の判決にならったものである（Commission of the European Communities v. Kingdom of Belgium, 26 May 1982, Case 149/79）。この例外は、

第7章　重国籍の場合の兵役義務[60]

第21条（兵役義務の履行）[61]

① 二以上の当事国の国籍を有する者は、これらの当事国の一についてのみ兵役義務の履行を求められる。

② 前項の実施方法は、（関係する）〔仏〕当事国間の特別の協定により定める

職務が国家の一般利益保護の責任を伴う公法上の権力行使である場合に限られる。かような場合には、職務がそれだけ微妙であるため、国籍の保有を要件とすることが許される（報告書51頁）。

60) 本章は、重国籍の場合の兵役義務に関する1963年条約第2章、ならびに代替的役務および兵役義務の免除に関する1977年の改正議定書の規定を、ほとんどそのまま取り入れたものである。ただし、1963年条約および1977年議定書で使われていた「通常の居所（ordinary residence）」という用語は、本条約の他の章でも使われ、かつより一般的な「常居所（habitual residence）」という用語に置き換えられた。これは、概念を変更する趣旨ではなく、フランス語の条文では1963年条約でも使われ、その他の最近の条約でよく使われている résidence habituelle と平仄を合わせたものである。本章の全部または一部を受け入れた当事国は、おそらく1963年条約第2章の批准も検討するであろう。その結果、1963年条約第2章だけを受け入れた国の重国籍者も、これらの共通の原則の恩恵を受けるであろう（報告書51-52頁）。

ただし、ほぼ同様の文言であった草案について、諮問会議からは、次のような疑問が出されていた。すなわち、徴兵制度を採用している多数の国が1963年条約に署名していないので、これらの国が今回の条約を受け入れるのかは、疑問である。他方で、ほとんどの国は、すでに徴兵制度を廃止しているか、または廃止しようとしており、徴兵制度が残っている国でも、代替的役務が導入されている。さらに若干の国は、良心的兵役拒否を認めている。そこで、草案22条（条約21条）をよりアップツーデイトに修正し、良心的兵役拒否の概念を導入することが勧告されていた。また、本章の適用を排除する宣言を認めた規定（草案27条、条約25条）に対し、遺憾の意が表明されていた（Fogašレポート12頁。同3頁も参照）。

61) この規定は、重国籍の場合の兵役義務の履行について定めている。最も重要なルールは、本条1項に定められており、それによれば、複数の当事国の国籍を有する者は、そのうちの1つの国についてのみ兵役義務を履行すればよい。通常は、その者が常居所を有する国で兵役義務を履行するであろう。ただし、自分が国籍を有する他の当事国での兵役を選択することもできる（報告書52頁）。

ことができる。

③ すでに締結されたか、または将来締結される特別の協定（に別段の定め）〔英〕がない限り、次に掲げる規定が二以上の当事国の国籍を有する者に適用される。

　a　かかる者は、その領域内に常居所を有する当事国の兵役に服する。ただし、その者は、19歳までに、この当事国により要求される現役の兵役期間と同等以上の通算の実働期間について、国籍を有する他の当事国の兵役に志願することを選択することができる。

　b　かかる者は、その国籍を有しない当事国または当事国でない国の領域内に常居所を有するときは、その者が国籍を有する当事国のうちから、兵役義務を履行する国を選択することができる。

　c　前二号の規定にしたがって、一の当事国について、その当事国の法令に規定された条件のもとで、兵役義務を履行すべき者は、その者が共に国籍を有する他の当事国についても兵役義務を履行したものとみなす。

　d　かかる者が国籍を有する当事国間においてこの条約が効力を生じる前に、これらの当事国の一について、その当事国の法令にしたがって兵役義務を履行したときは、その者が共に国籍を有する他の当事国についても同一の義務を履行したものとみなす。

　e　a号にしたがって、かかる者が国籍を有する当事国の一について現役の兵役義務を履行し、後にその者が国籍を有する他の当事国の領域内に常居所を移したときは、後者の当事国についてのみ予備役に服する。

　f　本条の適用は、いかなる意味でも、その者の国籍に影響を及ぼさない。

　g　当事国の一による国家総動員の場合には、本条により生じる義務は、当該当事国を拘束しない。

第22条（兵役義務の免除ないし代替的役務）[62]

---

　62)　この規定は、兵役義務の免除および代替的役務について定めている。まずa号によれば、ある当事国で兵役義務を免除されたか、または代替的役務を履行した

すでに締結されたか、または将来締結される特別の協定（に別段の定め）〔英〕がない限り、次に掲げる規定が二以上の当事国の国籍を有する者に適用される。

a　この条約の前条第3項c号は、兵役義務を免除されたか、または代替的役務を履行した者に適用する。

b　徴兵制のない当事国の国籍を有する者が、その当事国の領域内に常居所を有するときは、兵役義務を終えたものとみなす。ただし、関係する各当事国が署名の時または批准書、受諾書もしくは加入書の寄託の時に通告する一定の年齢まで、その常居所が維持されなかったときは、その者が共に国籍を有しかつ兵役義務を定めている当事国との関係では、兵役義務を終えなかったものとみなす。

c　徴兵制のない当事国の国籍を有する者は、その者が共に国籍を有する他の当事国の現役の兵役義務期間と同等以上の通算の実働期間について、前者の当事国の軍隊に志願して入隊したときは、どこに常居所を有するかを問わず、兵役義務を終えたものとみなす。

第8章　当事国間の協力

第23条（当事国間の協力）

① 当事国の主務官庁は、当事国間の協力を容易にするために、次に掲げる義務を負う。

a　無国籍および重国籍の状況を含む国籍に関する国内法についての情報ならびにこの条約の適用に関する進展についての情報をヨーロッパ評議会の事務総長に提供すること[63]。

　　者は、他の国籍国での兵役義務を終えたものとみなされる。またb号によれば、重国籍者が徴兵制のない国籍国に常居所を有する場合には、徴兵制のある他の国籍国との関係でも、兵役義務を終えたものとみなされる（報告書52頁）。

63)　この規定によれば、当事国の主務官庁は、ヨーロッパ評議会の事務総長に対し、無国籍、重国籍などのあらゆる国籍に関する情報、および本条約の適用状況に関

b 国籍に関する国内法についての情報およびこの条約の適用に関する進展についての情報を、請求にもとづき互いに提供すること。

② 当事国は、あらゆる関連問題を処理し、かつ国籍および関連事項に関する法的原則ならびに慣行の漸進的発展を促進するため、ヨーロッパ評議会の所轄の政府間組織の枠組みにおいて、当事国間ならびに他のヨーロッパ評議会構成国との間で協力しなければならない[64]。

第24条（情報の交換）[65]

する情報を提供する義務を負う。これにもとづき、事務総長は、すべての関連情報を全当事国に提供することになっている（32条参照）。すでに多数の情報が寄せられ、ヨーロッパ国籍文書センター（EURODOC）に保管されている。このセンターは、ほとんどすべてのヨーロッパ諸国の国籍法情報および文書を管理しており、これらの国籍法の概要をまとめた"European Bulletin on Nationality"を発行している（報告書53頁）。

64) この規定は、当事国がヨーロッパ評議会の適当な政府間組織の枠組みの中で互いに協力すべきことを定めている。現に、本条約の準備を担当した国籍専門家委員会は、この分野に関するヨーロッパ評議会の専門機関であり、ほとんどすべてのヨーロッパ諸国がメンバーまたはオブザーバーを派遣している（報告書53頁）。

65) この規定は、ある当事国の国民が他の当事国の国籍を任意に取得した場合の情報交換について定めている。かような情報は、とりわけ重国籍防止政策を採用する国にとって重要である。当事国は、かような情報を提供する義務はないが、いつでも情報提供をしたい旨の宣言をすることができる（報告書53頁）。

この宣言がなされてから実際に情報が提供されるまでには、さらに幾つかの要件を満たさなければならない。第1に、情報は、相互主義にもとづき、同じ宣言をした当事国にのみ提供される。第2に、情報提供国が宣言において定めた要件を充足しなければならない。第3に、情報提供国のデータ保護に関する法令を遵守しなければならない。第2および第3の要件には、とりわけ個人データの自動処理、個人のプライバシーや人権の保護に関する国内法が含まれる。本条は、情報受取国がさらに詳細な情報を求めることを妨げないが、かような要求に応えるか否かは、情報提供国の裁量に任されている（報告書53-54頁）。

この規定との関連では、1963年条約の追加議定書および1964年の国籍取得についての情報交換に関する国際戸籍委員会条約が考慮された。追加議定書および1964年条約は、まさにある国の国民が他の国の国籍を取得した場合の当事国間

各当事国は、情報保護に関する法令が許す限りで、同じ宣言をした他の当事国に対し、その当事国の国民による国籍の任意取得を通知する旨をいつでも宣言することができる。この宣言は、当事国がかかる情報を提供するための条件を定めることができる。この宣言は、いつでも撤回することができる。

第9章　条約の適用

第25条（条約の適用に関する宣言）[66]

① 各国は、署名の時または批准書、受諾書、承認書もしくは加入書の寄託の時に、この条約の第7章を適用しない旨を宣言することができる。

② 第7章の規定は、それが効力を有する当事国間の関係においてのみ適用する。

③ 各当事国は、署名の時または批准書、受諾書、承認書もしくは加入書において適用を除外した第7章の規定を適用する旨を、後にいつでも、ヨーロッパ評議会の事務総長に通告することができる。この通告は、それを受領した日から効力を生じる。

第26条（条約の効力）

① すでに発効したか、または発効するであろう国内法および拘束力ある国際的文書の規定は、国籍の分野において、より有利な〔英〕＝多くの〔仏〕権利を個人に与えるか、もしくは与えるであろうときは、この条約の規定により、その適用を妨げられない[67]。

　　の情報交換について規定している。追加議定書は標準書式を定め、これを国籍取得の日から6か月を超えない期間内に作成し送付するとしている。1964年条約も標準書式を定めており、これを国籍取得の日から3か月以内に送付するとしている。しかし、これらの条約があまり利用されていないため、本条約に情報交換に関する規定が置かれたのである（報告書54頁）。

66)　この規定は、当事国に対し、第7章の適用を排除する宣言を認めている。かような宣言をしなかった国は、幾つかの留保は可能であるにせよ、本条約全体の適用に同意したことが暗黙の了解となる。第7章は、相互主義により、これを受け入れた国の間でのみ適用される（報告書54-55頁）。

② この条約は、次に掲げる文書に拘束された当事国間の関係においては、これらの文書の適用を妨げない[68]。
 a 重国籍の場合の減少および重国籍の場合における兵役義務に関する1963年の条約ならびにその議定書
 b この条約に反しない限り、その他の拘束力ある国際的文書

第10章　最終条項

第27条（署名および効力発生）
① この条約は、ヨーロッパ評議会の構成国、およびこの条約の作成に参加した非構成国による署名のため開放しておく。これらの国は、次のいずれかの署名に拘束される旨の同意を表明することができる。
 a 批准、受諾または承認を条件としない署名
 b 批准、受諾または承認が後にあることを条件とした署名
　批准書、受諾書または承認書は、ヨーロッパ評議会の事務総長に寄託される。
② この条約は、ヨーロッパ評議会構成国のうち3か国が前項の規定によりこの条約に拘束される旨の同意を表明した日から、3か月の期間が経過した日

---

67) この規定によれば、国籍に関して本条約よりも多くの権利を個人に認めた国内法や国際的文書の適用は妨げられない。すなわち、本条約は、これらの権利を制限するように解釈されてはならない。「より有利な権利」とは、個人が本条約によるよりも有利な地位に置かれる可能性を意味する。たとえば、当事国の国籍取得に関する規定による場合などである（報告書55頁）。

68) この規定によれば、本条約は、1963年条約および同議定書の当事国間では、これらの適用を妨げない。各国は、いずれの条約の当事国になることもできる。1963年条約と本条約は矛盾しないが、これらの条約と当事国の国内法の関係は、とりわけ重国籍に関して異なりうる。たとえば、本条約14条や1963年条約に規定された場合以外にも重国籍を認める国内法を有する国は、1963年条約第1章に拘束されることは望まないかもしれないが、本条約は受け入れるであろう（報告書55頁）。

の翌月の最初の日に、この条約に拘束される旨の同意を表明したすべての国について、効力を生じる。

③ 後にこの条約に拘束される旨の同意を表明した国については、この条約は、署名の日または批准書、受諾書もしくは承認書の寄託の日から3か月の期間が経過した日の翌月の最初の日に、効力を生じる。

第28条（加入）

① この条約の効力発生後、ヨーロッパ評議会の閣僚委員会は、この条約の作成に参加しなかったヨーロッパ評議会非構成国に対し、この条約への加入を呼びかけることができる。

② 加入国については、この条約は、ヨーロッパ評議会の事務総長に加入書を寄託した日から3か月の期間が経過した日の翌月の最初の日に、効力を生じる。

第29条（留保）

① この条約の第1章、第2章および第6章の規定については、一切の留保を認めない。その他の規定については、国家は、この条約の趣旨および目的に反しない限り、署名の時または批准書、受諾書、承認書もしくは加入書の寄託の時に、一または複数の留保を付することができる[69]。

---

69) この規定によれば、本条約の核である第1章、第2章、第6章については、留保が許されないが、その他の規定に関する留保は、本条約の趣旨および目的に反しない限りで許される（後者の点については、ウィーン条約法条約19条c号も参照）。本条約の趣旨は、第1条に規定されている。また目的としては、無国籍の防止、国籍に関する適正手続の保障、当事国と真正な結合関係を有する者がその国籍を取得できること、国籍の喪失を正当な場合にのみ限定すること、重国籍者が1つの国においてのみ兵役義務を履行すれば足りることなどが含まれるが、これらに限定されない。さらに条約の前文も参照すべきである（報告書56頁）。

ところで、諮問会議は、かつてヨーロッパ評議会の条約に対する構成国による留保に関する勧告1223(1993)を出したことがある。そこでは、留保により条約への参加が容易になる一方で、条約の一体性・一貫性・効力が損なわれることが指摘されていた。すなわち、当事国は、もはや同一の文書によって拘束されていないのであるから、結局のところ、「法の調和および統一という目的は達成され

② 一または複数の留保を付する国は、ヨーロッパ評議会の事務総長に対し、関連する国内法の内容またはその他の関連情報を通告しなければならない。

③ 第1項により一または複数の留保を付した国は、事情が許す限り速やかに留保の全部もしくは一部の撤回を検討しなければならない。この撤回は、ヨーロッパ評議会の事務総長への通告によってなされ、その受領の日に効力を生じる。

④ 次条第2項にいう宣言において指定された領域に対し、この条約の適用を及ぼす国は、当該領域について、前三項の規定により一または複数の留保を付することができる。

⑤ この条約の第7章のいずれかの規定について留保を付した当事国は、他の当事国が自らこれらの規定を受容した範囲内でのみ、その当事国がこれらの規定を適用することを求めることができる。

第30条（領域的適用）[70]

① 国家は、署名の時または批准書、受諾書、承認書もしくは加入書の寄託の時に、この条約が適用される領域を指定することができる。

② 国家は、後にいつでも、ヨーロッパ評議会の事務総長への宣言により、その外交関係について責任を負うか、またはそれに代わって条約を締結する権限のある他の領域を指定し、この条約の適用を当該領域に及ぼすことができ

ない」おそれがあった。そこで、諮問会議は、「ヨーロッパ評議会の条約に関する留保の数は、かなり減らすことが望ましく、必要でさえある」と考え、とりわけ「留保の有効期間を最大10年に制限すること」を勧告していた（Fogašレポート12-13頁）。これに対して、本条約の草案は、留保を極めて緩やかに認めており、「この条約の趣旨および目的に反しない限り、…一または複数の留保を付する」ことができるとしていた。そこで改めて、諮問会議は、留保の余地が広すぎること、できるだけ多くの批准を集めたいからといって、条約の目的および有効性を犠牲にしていることを指摘した。そして、留保の有効期間を最大10年とすることを提案していた（Fogašレポート13頁。同3頁も参照）。

70) この規定は、本条約の適用領域の指定について定めているが、念頭に置いているのは、主に海外領土である。当事国が本国の領域の一部を条約の適用範囲から除外することは、本条約の趣旨に反するからである（報告書57頁）。

る。

　かかる領域については、この条約は、事務総長による宣言受領の日から3か月の期間が経過した日の翌月の最初の日に、効力を生じる。

③　前二項によりなされた宣言は、事務総長への通告により、その宣言において指定された領域について撤回することができる。この撤回は、事務総長による通告受領の日から3か月の期間が経過した日の翌月の最初の日に、効力を生じる。

第31条（廃棄）

①　当事国は、いつでもヨーロッパ評議会の事務総長への通告により、この条約の全部または第7章のみを廃棄することができる。

②　この廃棄は、事務総長による通告受領の日から3か月の期間が経過した日の翌月の最初の日に、効力を生じる。

第32条（事務総長による通告）

　ヨーロッパ評議会の事務総長は、ヨーロッパ評議会構成国、署名国、当事国およびこの条約に加入したその他の国に対し、次に掲げる事項を通告しなければならない。

　a　署名
　b　批准書、受諾書、承認書または加入書の寄託
　c　この条約の第27条または第28条によりこの条約が効力を生じた日
　d　この条約の第29条の規定により付された留保および留保の撤回
　e　この条約の第23条ないし第25条および第27条ないし第31条の規定によりなされた通告または宣言
　f　この条約に関するその他のあらゆる行為、通告または通知

　以上の証拠として、この件について正当な権限を有する下記の者は、この条約に署名した。

　1997年11月6日にストラスブールにおいて、等しく正文である英語およびフランス語により、ヨーロッパ評議会の公文書館に寄託されるべき1通を作成

した。ヨーロッパ評議会の事務総長は、各ヨーロッパ評議会構成国、この条約の作成に参加した非構成国、およびこの条約への加入を呼びかけられた国に対し、その認証謄本を送付する。

2 ソ連邦崩壊後の国籍および外人法に関する二国間条約

奥 田 安 弘
伊 藤 知 義
佐 藤 守 男

　以下に訳出するのは、1991年末にソ連邦が崩壊した後の国籍問題および外人法に関する諸問題を規律するために、ロシアが他の共和国との間で締結した条約である。

　もともと旧ソ連邦の領域には、120以上の民族が住んでおり、民族問題が深刻であったが、ソ連邦崩壊後は、ロシア以外の共和国に取り残された「残留ロシア人」の法的地位が極めて深刻な問題となった。その数は、ウクライナの1200万人を筆頭に約2500万人にのぼる[1]。またウクライナ以外でも、エストニアにはソ連邦崩壊時に60万人の外国人が居住し、そのほとんどがロシア人であったし、ラトビアはロシア人などの外国人の割合が約33パーセントを占めていた[2]。

　そこでロシアは、すでにソ連邦崩壊前の1990年から、残留ロシア人の国籍などの問題を解決するため、他の共和国との間で条約を締結し続けてきた。む

---

1) ユーラシア研究所編『情報総覧・現代のロシア』(1998年・大空社) 81頁。
2) H. Hecker, Verträge über Staatsangehörigkeitsfragen vor Gründung (1918-1922) und nach Zerfall der Sowjetunion (ab 1990), 35 *Archiv des Völkerrechts* 1997, S. 86, 89.

ろん二国間条約の性質上、相互主義にもとづき、ロシアも相手国の国民の国籍など法的地位を保障する義務を負っている。以下では、これらの条約のうち、ロシア語の正文が入手できた14件の条約を翻訳した[3]。これらの条約の概要は、次のとおりである。

まず1990年末から1993年中頃までは、とくにテーマを決めない条約（I・II）、二国間関係の原則に関する条約（III・IV）、友好協力条約（V～IX）の中に、国籍および外人法に関する規定が見られる。そこで以下では、国籍および外人法に関する規定のみを翻訳した。

これらの条約では、国籍取得、民族問題および移民問題に関する一般原則だけが定められ、詳細は個別の条約に委ねられている。第1に国籍取得については、居住国の国籍を保障するもの（I）、居住国または他方当事国の国籍取得を保障するもの（II）、国籍選択権を保障するもの（III・IV・VI・IX）、二重国籍まで保障しようとするもの（V・VII・VIII）に分類できる。第2に民族問題については、初期の条約は自国民の平等原則を規定しているものが見られるが（III～VI）、おおむね居住者全般に対し、平等に一定の権利を保障している（III～IX）。第3に移民問題については、政策の調整および祖先の出身地への帰還の援助を定めるものがある（III・IV）。

つぎに1993年末以降は、国籍および外国人問題だけを規律した条約が締結されている。これらの条約については、末文および署名以外の全文を翻訳した。ただし、そこで扱われているテーマは様々である。

第1に、二重国籍問題に関するトルクメンとの条約（X）は、現在および将来における二重国籍を保障するだけでなく、それに伴う差別の禁止、社会保障、兵役などの問題を規律している。

---

3) 以下の脚注では、読者の便宜のために、一部の条約の原文を掲載したウェブサイトを紹介したが、翻訳作業は、あくまで紙媒体の資料に基づいている。ウェブサイトの内容の正確性については、訳者は責任を負わないので、ご了承頂きたい。

第2に、一方当事国の領域内に常住する他方当事国の国民の法的地位を定めたカザフスタンおよびトルクメンとの条約（XI・XII）がある。これらの条約の適用を受ける者は、一定の参政権および公務員職を制限されるほかは、常住地国の国民と同一の権利を有し、義務を負うとされている。また財産権の保障（XIのみ）、国有財産の私有化への参加、国境通過権、兵役に関する規定だけでなく、権利能力・行為能力、養子縁組、後見・保佐、損害賠償債務の準拠法に関する規定も置かれている。

　第3に、トルクメンにおけるロシア人少数派およびロシアにおけるトルクメン人少数派の権利保障に関する条約（XIII）がある。この条約は、常住地国の国籍を有するが、民族的に少数派に属する者の権利を保障している。とりわけ民族的・言語的・文化的・宗教的な独自性を表明する権利、社会生活および国家生活に参加する権利、少数派同士の接触を保つ権利、母語を使用する権利、宗教活動を行う権利などが保障されている。また当事国は、少数派の独自性を維持するために、様々な協力を行うとしている。

　最後に、移住手続および移住者の権利保護に関するベラルーシとの条約（XIV）がある。この条約は、一方当事国から他方当事国へ移住する者の移住手続および権利の保障を定めている。とりわけ移住者は、財産の持ち出しや処分、残した財産に対する権利の行使などが保障され、移住先の情報取得や移住先での住居などの援助を受けるとされている。

　これらの条約の翻訳作業は、次の手順で行った。まず奥田がドイツ語の文献により[4]、10件の条約をドイツ語訳から日本語へ翻訳した。奥田と佐藤は、これらの条約について、北海道大学の中央図書館で調査を行ったが、ロシア語の正文が入手できたのは、Ⅰ・Ⅱ・Ⅹの条約だけであった。Ⅲ・Ⅳの条約は、北海道大学大学院博士後期課程(当時)のラズモフスキー・イーゴリーさんのご協力により、条約の相手国の在モスクワ大使館からファックスでロシア語の正文

---

4)　Dokumente: Verträge über Staatsangehörigkeitsfragen nach Zerfall der Sowjetunion (ab 1990), 35 *Archiv des Völkerrechts* 1997, S. 104 ff.

を送ってもらった。これらの 5 件の条約について、佐藤は、奥田のドイツ語からの訳文との照合作業を行った。

続いて奥田は、英語の文献により V から IX までの条約[5]、および別のドイツの文献により XI から XIV までの条約を検索した[6]。奥田と佐藤は、前者の 5 件の条約については、北海道大学の中央図書館において、また後者の 4 件の条約については、北海道大学のスラブ研究センター図書室において、ロシア語の正文を入手した。そして、V から IX および XI の条約については、佐藤が翻訳を行い、XII から XIV までの条約については、伊藤が翻訳を行った。

むろん、奥田は国際私法および国籍法の研究者として、伊藤はロシア・中東欧法の研究者として、また佐藤はロシア外交史の研究者としての立場から、互いに意見交換を行い、すべての条約について訳語の調整を行った。その意味では、以下の訳文は、単なる分担作業ではなく、共同研究の成果であると言える。

I　1990 年 11 月 21 日のロシア・ソビエト連邦社会主義共和国とカザフ・ソビエト社会主義共和国との間の条約[7]

第 2 条第 2 項

締約国は、ロシア・ソビエト連邦社会主義共和国およびカザフ・ソビエト社会主義共和国の領域内に居住するソ連邦国民に対し、締約国による国籍に関する法律の採択後、彼らが居住する国の国籍を保持する権利を保障する。

---

5) George Ginsburgs, Citizenship and State Succession in Russia's Treaty and Domestic Repertory, 21 *Review of Central and East European Law* 1995, pp. 459-461, 467.

6) Internationale Abkommen: Rußland, 40 *WGO Monatshefte für Osteuropäisches Recht* 1998, S. 66; 41 *WGO Monatshefte für Osteuropäisches Recht* 1999, S. 67.

7) Договор между Российской Советской Федеративной Социалистической Республикой и Казахской Советской Социалистической Республикой, *Ведомости Съезда народных депутатов РСФСР и Верховного Совета РСФСР*, 1991, №7, ст. 107.

II　1990年12月18日のロシア・ソビエト連邦社会主義共和国とベラルーシ・ソビエト社会主義共和国[8]との間の条約[9]

第3条

　当事国は、ロシア・ソビエト連邦社会主義共和国およびベラルーシ・ソビエト社会主義共和国の領域内に居住するすべてのソ連邦国民に対し、当事国による国籍に関する法律の採択後、居住国の国籍を保持するか、または他方当事国の国籍を取得する権利を保障する。

　一方当事国の領域内に居住する者による他方当事国の国籍取得の問題は、国籍に関する両国の法令を基礎とした関連の条約により規律される。

III　1991年1月12日のロシア・ソビエト連邦社会主義共和国とエストニア共和国との間の二国間関係の原則に関する条約[10]

第3条

　ロシア・ソビエト連邦社会主義共和国およびエストニア共和国は、この条約の署名の時にロシア・ソビエト連邦社会主義共和国およびエストニア共和国の領域内に居住し、現在ソ連邦国民である者に対し、自由な意思表示により、ロシア・ソビエト連邦社会主義共和国の国籍またはエストニア共和国の国籍を保持し、もしくは取得する権利を保障する義務を相互に負う。

　締約国は、自国民に対し、民族またはその他の違いにかかわらず、同一の権利および自由を保障する。

---

8) 当時はベロルシアと呼んでいたが、ここでは、現在の表記にしたがってベラルーシとした。

9) Договор между Российской Советской Федеративной Социалистической Республикой и Белорусской Советской Социалистической Республикой, *Ведомости Съезда народных депутатов РСФСР и Верховного Совета РСФСР,* 1991, №7, ст. 105.

10) Договор об основах межгосударственных отношений Российской Советской Федеративной Социалистической Республики и Эстонской Республики. <http://www.antropotok.archipelag.ru/text/d22.htm>.

双方の利益に関わる具体的な国籍問題は、国際法規範の原則にもとづく個別の二国間条約の中で取り決める。

第4条

各締約国は、その領域内に居住する他の締約国の国民および無国籍者に対し、民族のいかんにかかわらず、次のことを承認する。

1　人権について一般に承認された国際法の規範による市民的および政治的な権利および自由ならびに社会的、経済的および文化的な権利

2　自由な民族的・文化的発展

3　居住国の法令およびロシア・ソビエト連邦社会主義共和国とエストニア共和国との間で締結された国籍問題に関する条約による国籍選択

他方当事国の領域内に居住する自国民の権利保護のため、当事国は、個別の二国間条約を締結する。

第5条

ロシア・ソビエト連邦社会主義共和国およびエストニア共和国は、締約国が政治的、経済的、社会的、人口動態的および文化的利益を守るために独自の移民政策（いわゆる振子移民の規制を含む。）を実施する際に生じる諸問題を解決する手続については、個別の条約により定める。

ロシア・ソビエト連邦社会主義共和国およびエストニア共和国は、当事国の領域内の歴史的または種族的な出身地に自由意思により移住する者およびその家族に対する費用の補償ならびにその他の援助を行い、かつ移住者の統合の分野において二国間の協力を行う相互の義務について、個別の条約により定める。

IV　1991年1月13日のロシア・ソビエト連邦社会主義共和国とラトビア共和国との間の二国間関係の原則に関する条約[11]

第3条

---

11)　Договор об основах межгосударственных отношений Российской Советской

ロシア・ソビエト連邦社会主義共和国およびラトビア共和国は、この条約の署名の時にロシア・ソビエト連邦社会主義共和国およびラトビア共和国の領域内に居住し、かつ現在ソ連邦国民である者に対し、自由な意思表示により、ロシア・ソビエト連邦社会主義共和国の国籍またはラトビア共和国の国籍を保持し、もしくは取得する権利を保障する義務を相互に負う。

締約国は、自国の国民に対し、民族またはその他の違いにかかわらず、同一の権利および自由を保障する。

双方の利益に関わる具体的な国籍問題は、国際法規範の原則にもとづく個別の二国間条約の中で取り決める。

第4条

各締約国は、その領域内に居住する他の締約国の国民および無国籍者に対し、民族のいかんにかかわらず、次のことを承認する。

1　人権について一般に承認された国際法の規範による市民的および政治的な権利および自由ならびに社会的、経済的および文化的な権利

2　自由な民族的・文化的発展

3　居住国の法令およびロシア・ソビエト連邦社会主義共和国とラトビア共和国との間で締結された国籍問題に関する条約による国籍選択

他方当事国の領域内に居住する自国民の権利保護のため、当事国は、個別の二国間条約を締結する。

第5条

ロシア・ソビエト連邦社会主義共和国およびラトビア共和国は、締約国が政治的、経済的、社会的、人口動態的および文化的利益を守るために独自の移民政策（いわゆる振子移民の規制を含む。）を実施する際に生じる諸問題を解決する手続については、個別の条約により定める。

ロシア・ソビエト連邦社会主義共和国およびラトビア共和国は、当事国の領

Федеративной Социалистической Республики и Латвийской Республики. <http://www.antropotok.archipelag.ru/text/d24.htm>.

域内の歴史的または種族的な出身地に自由意思により移住する者およびその家族に対する費用の補償ならびにその他の援助を行い、かつ移住者の統合の分野において二国間の協力を行う相互の義務について、個別の条約により定める。

V　1991年12月29日のロシア連邦とアルメニア共和国との間の友好、協力および相互安全保障に関する条約[12]

第7条

　締約国は、自国民に対し、民族、性別、言語、宗教、政治的またはその他の信条ならびにその他の違いにかかわらず、同一の権利および自由を保障する。

　各締約国は、その領域内に居住するすべての者に対し、一般に承認された国際法の規範および自国の法令にしたがって、市民的、政治的、社会的、経済的および文化的な権利ならびに基本的自由を保障する。

　各締約国は、その領域内に居住する者に対し、自由な意思表示により、居住国の国籍を保持し、または他方当事国の国籍を取得すること、および国籍に関する当事国の法令にしたがって両当事国の国籍を保有することを妨げない義務を負う。

　締約国は、他の締約国の領域内に居住する自国民の権利を保障し保護するための個別の条約および二重国籍に関する条約を締結する。

　締約国は、アルメニア共和国におけるロシア人少数派およびロシア連邦におけるアルメニア人少数派の権利の保障に関する諸問題を、同様に個別の条約により規律する。

VI　1992年5月25日のロシア連邦とカザフスタン共和国との間の友好、協力および相互援助に関する条約[13]

第11条

---

12) Договор о дружбе, сотрудничестве и взаимной безопасности между Российской Федерацией и Республикой Армения, *Дипломатический вестник*, 1992, № 2-3, C. 18.

13) Договор о дружбе, сотрудничестве и взаимной помощи между Российской

締約国は、自国民および無国籍者に対し、民族またはその他の違いにかかわらず、同一の権利および自由を保障する。各当事国は、その領域内に居住する他方当事国の国民に対しても、人権について一般に承認された国際的規範にしたがって、当事国の法令を考慮して、民族、信仰またはその他の違いにかかわらず、市民的、政治的、社会的、経済的および文化的な権利ならびに自由を保障する。

締約国は、その領域内に居住する者に対し、自由な意思表示により、国籍に関する当事国の法令にもとづき、居住国の国籍を選択するか、または他方当事国の国籍を取得する権利を保障する。

VII　1992年5月30日のロシア連邦とウズベキスタン共和国との間の二国間関係の原則、友好および協力に関する条約[14]

第6条第1項

各締約国は、その領域内に居住する者に対し、一般に承認された国際法の規範にしたがって、民族、性別、言語、宗教、政治的またはその他の信条にかかわらず、政治的、社会的、経済的および文化的な権利ならびに自由を保障する。

第8条

締約国は、その領域内に居住する者に対し、自由な意思表示により、居住国の国籍を保持するか、または他方当事国の国籍を取得する権利を保障する。

当事国の領域内に居住する者が両当事国の国籍を保有する可能性に関する諸問題については、締約国の法令を考慮して、関連の条約により規律する。

Федерацией и Республикой Казахстан, *Дипломатический вестник,* 1992, № 15-16, C. 36. <http://www.altaiinter.org/legislation/920525_ru-kz/>.

14)　Договор об основах межгосударственных отношений, дружбе и сотрудничестве между Российской Федерацией и Республикой Узбекистан, *Ведомости Съезда народных депутатов Российской Федерации и Верховного Совета Российской Федерации,* 1992, № 42, ст. 2339.

VIII 1992年6月10日のロシア連邦とキルギスタン共和国との間の友好、協力および相互援助に関する条約[15]

第8条

　締約国は、その領域内に居住する者に対し、自由な意思表示により、居住国の国籍または他方の締約国の国籍を選択する権利を保障する。

　当事国の領域内に居住する者が二重国籍を保有する可能性に関する諸問題については、締約国の法令を考慮して、個別の条約により規律する。

第9条第1項

　各締約国は、その領域内に居住する者に対し、民族、性別、言語、宗教、政治的およびその他の違いにかかわらず、一般に承認された市民的、政治的、社会的、経済的および文化的な権利ならびに自由を保障する。

IX 1993年5月25日のロシア連邦とタジキスタン共和国との間の友好、協力および相互援助に関する条約[16]

第8条

　締約国は、その領域内に居住する者に対し、自由な意思表示により、居住国の国籍または他方の締約国の国籍を選択する権利を保障する。

　国籍問題は、締約国の法令を考慮して、個別の条約により規律する。

第9条第1項

　締約国は、その領域内に居住する者に対し、民族、性別、言語、宗教、政治的およびその他の違いにかかわらず、一般に承認された市民的、政治的、社会

---

15) Договор о дружбе, сотрудничестве и взаимной помощи между Российской Федерацией и Республикой Кыргызстан, *Ведомости Съезда народных депутатов Российской Федерации и Верховного Совета Российской Федерации,* 1992, № 42, ст. 2340.

16) Договор о дружбе, сотрудничестве и взаимной помощи между Российской Федерацией и Республикой Таджикистан, *Дипломатический вестник,* 1993, № 11-12, С. 27.

的、経済的および文化的な権利ならびに自由を保障する。

X 1993年12月23日の二重国籍問題の規律に関するロシア連邦とトルクメンとの間の条約[17]

以下で当事国というロシア連邦およびトルクメンは、

両国間の友好関係を一層発展させるため、

二重国籍に関する諸問題の公正かつ人道的な規律を希求し、

次のことを合意した。

第1条

① 各当事国は、自国民に対し、その国籍を失うことなく、他方当事国の国籍を取得する権利を認める。

② 一方当事国の国民による他方当事国の国籍取得は、当該国民の自由な意思表示にもとづき、国籍付与国の法令により定められた要件および手続にしたがって行われる。

第2条

この条約の発効前に、自己の申請により、従前の国籍を失うことなく、他方当事国の国籍を取得した一方当事国の国民は、両当事国の国籍を保持する。

第3条

① 子は、出生の時に父母のいずれかが両当事国の国籍を有していたときは、その出生の時から両当事国の国籍を取得する。これらの子が18歳に達するまでに、その父母は、子のために、共同の書面による届出の方式で、一方当事国の国籍を放棄することにより、他方当事国の国籍を選択することができる。

　子が18歳に達するまでに、一方の親が死亡するか、または親権を喪失し

---

[17] Соглашение между Российской Федерацией и Туркменистаном об урегулировании вопросов двойного гражданства, *Дипломатический вестник*, 1994, № 1-2, С. 27. <http://www.antropotok.archipelag.ru/text/d15.htm>.

たときは、子の国籍選択権は、他方の親が保持する。

　父母がともに両当事国の国籍を取得するか、または両当事国の国籍を失うときは、18歳未満の子の国籍も、それに伴い変更される。

　父母が共に一方当事国の（同一）国籍を失い、他方当事国の（同一）国籍を保持しているときは、18歳未満の子の国籍も、それに伴い変更される。

　両当事国の国籍を有する親が一方当事国の国籍を失ったときは、18歳未満の子が有する当該国籍については、父母の書面による合意によって定める。

　14歳から18歳までの子の国籍変更は、本人の書面による同意があった場合に限り行われる。

② 18歳に達した後、両当事国の国籍を有する者は、両方の国籍を保有し続けるか、または18歳に達した後1年以内になされる書面による国籍放棄の届出の方式で、一方の国籍を放棄することにより、他方の国籍を選択することができる。

③ 前二項の規定は、出生の時に一方の親が両当事国の国籍を有し、他方の親が無国籍であるか、または不明である子、および養子縁組の時に両当事国の国籍を取得したか、またはその国籍を失った養子にも適用する。

④ 本条第1項および第2項による一方当事国の国籍放棄に関する届出は、当該当事国の管轄機関に対し行われる。この管轄機関とは、子の常住地に応じて、当該当事国の国籍問題担当の内務機関または外交代表部もしくは領事館とする。

第4条

　両当事国の国籍を有する者のいずれかの当事国の国籍喪失は、当該当事国の法令にしたがって行われる。

　両当事国の国籍を有する者のいかなる職業またはその他の活動も、いずれかの当事国の国籍を失う事由とすることはできない。

第5条

　両当事国の国籍を有する者は、完全な形において、常住当事国の国民として

の権利および自由を享受し、義務を負う。

　両当事国の国籍を有する者の社会保障は、常住当事国の法令により給付される。ただし、両当事国が関連の条約において別段の定めを行う場合は、この限りでない。

　両当事国の国籍を有する者は、徴集の際に常住する当事国の義務兵役に服する。両当事国の国籍を有し、かつ一方当事国において義務兵役を終えた者は、他方当事国における兵役徴集を免除される。

第6条

　両当事国の国籍を有する者は、各当事国の保護および庇護を享受する権利を有する。かかる者の第三国における保護および庇護は、常住当事国によってなされるか、または本人の申請により、同じく国籍国である他方当事国によってなされる。

第7条

　この条約の解釈および適用に関する当事国間の紛争は、外交経路によって解決される。

第8条

　この条約は批准を要し、批准書の交換の日に発効して、5年間有効である。それは5年毎に自動的に更新される。ただし、その期間が満了する6か月前までに、当事国の一方が条約終了の意思を通知した場合は、この限りでない。

> XI　1995年1月20日のロシア連邦とカザフスタン共和国との間のカザフスタン共和国の領域内に常住するロシア連邦国民およびロシア連邦の領域内に常住するカザフスタン共和国国民の法的地位に関する条約[18]

以下で当事国というロシア連邦およびカザフスタン共和国は、

---

18)　Договор между Российской Федерацией и Республикой Казахстан о правовом статусе граждан Российской Федерации, постоянно проживающих на территории

両国間の友好関係を一層発展させるため、

一方の国の領域内に常住する他方の国の国民の法的地位に関する諸問題の規律の必要性を承認し、

両当事国の領域内における同一の居住条件を自国民のために保障することを希求し、またこれに関連して、一方当事国の領域内に常住する他方当事国の国民に対し、とりわけ市民的、政治的、社会的、経済的、労働的、文化的およびその他の権利について、前者の当事国の国民の法的地位に最大限近接した法的地位を付与することを望み、

1993年1月22日にミンスク市において署名された民事・家事・刑事についての裁判援助および法律関係に関する条約の規定を考慮し、

一般に承認され署名した人権に関する国際的文書から生じる自国の義務を確認し、

1992年5月22日のロシア連邦とカザフスタン共和国との間の友好、協力および相互援助に関する条約を指針として、

1994年3月28日のカザフスタン共和国の領域内に常住するロシア連邦国民ならびにロシア連邦の領域内に常住するカザフスタン共和国国民の国籍および法的地位に関する諸問題の解決の基本原則についての覚書を実施するために、

次のことを合意した。

第1条

① この条約において、一方当事国の国民が他方当事国の領域内に常住しているとみなされるのは、他方当事国によって発行された許可にもとづき、後者の領域内に常住し、国籍国の領域内に常住していない場合をいう。

② この条約において、

a) 「国籍当事国」とは、一方当事国の領域内に常住する他方当事国の国民の本国をいう。

Республики Казахстан, и граждан Республики Казахстан, постоянно проживающих на территории Российской Федерации, *Дипломатический вестник*, 1995, № 2, C. 42.

b）「常住当事国」とは、その領域内に他方当事国の国民が常住する国をいう。

第 2 条

① この条約において、一方当事国の領域内に常住する他方当事国の国民の地位に関する証明書で、当事国が承認するものとは、常住当事国の管轄機関が発行する文書、または国籍当事国の法令にしたがって上記の者の身元もしくは国籍を証明する文書もしくは外交旅券および公用旅券以外の国境通過権を付与する文書に常住当事国の管轄機関がなした記載をいう。

② 当事国は、前項にいう文書および記載の書式、ならびにこの条約によりいかなる者に一方当事国の領域内に常住する他方当事国の国民としての地位を付与するのかという事項に関する情報を交換する。かかる書式および情報の交換は、当事国の領事部を通じて行う。

③ 一方当事国の領域内に常住する他方当事国の国民の留学、労働、出張、兵役は、この条約により定められたその国民の法的地位に影響しない。

第 3 条

① 一方当事国の領域内に常住する他方当事国の国民は、常住当事国の憲法および法令を遵守し、その伝統および習慣を尊重しなければならない。

② 一方当事国の領域内に常住する他方当事国の国民は、国籍当事国との法的紐帯を失わず、両当事国の庇護および保護を享受する。

第 4 条

① 一方当事国の領域内に常住する他方当事国の国民は、常住当事国の国民と同一の権利および自由を享受し、同一の義務を負う。ただし、この条約の定める適用除外事項を除く。

② 一方当事国の領域内に常住する他方当事国の国民は、次の権利を享受しない。
　a） 常住当事国の最高国家職および代表権力機関の選挙権ならびに被選挙権
　b） 常住当事国が実施する国民投票に参加する権利
　c） 常住当事国の外交、安全保障機関および内務機関の職に就く権利

d) 常住当事国における中央執行権力機関の職、裁判官職、検察官職に就く権利
   e) 州、地区、市、村、集落の行政府の長およびその代理の職に就く権利
③ 一方当事国の領域内に常住する他方当事国の国民は、当事国によって合意された手続にしたがって、州、地区、市、村、集落の行政府の内部単位の長および代理の職、ならびに部、局、委員会、その他の地方執行権力機関に含まれる組織の長および代理の職に就くことができる。

第5条

① 一方当事国の領域内に常住する他方当事国の国民に対し、国籍当事国の教育機関において発行された教育に関する文書は、発行日にかかわりなく、常住当事国の領域内において承認される。
② 前項の文書は、一方当事国の領域内に常住する他方当事国の国民に対し、両当事国の領域内に設置された教育機関に入学する権利を付与し、かつ文書に記載された職種で採用される際に効力を有する。

第6条

① 当事国は、自国の法令にしたがって、一方当事国の領域内に常住する他方当事国の国民に対し、その国民に帰属する財産の占有、使用および処分に対する権利を保障する。

　一方当事国の領域内に常住する他方当事国の国民による財産取得は、常住当事国の法令により規律される。
② 一方当事国の領域内に常住する他方当事国の国民は、常住当事国の現行法にしたがって、その国民と同様に、常住当事国の国有財産の私有化に参加する。ただし、当事国間の他の条約に別段の定めがある場合は、この限りでない。
③ 一方当事国の領域内に常住する他方当事国の国民は、この条約の発効の時に当事国の一方の国有財産の私有化に参加する自己の権利を行使したときは、他方当事国の国有財産の私有化に参加する権利を有しない。

第7条

第三国との国境を含め、当事国の国境を通過する権利を付与する文書は、常住当事国の関係機関との合意にもとづき、常住当事国に駐在する国籍当事国の領事部により、1か月以内に発行される。

第 8 条

一方当事国の領域内に常住する他方当事国の国民による兵役義務の履行手続に関する諸問題については、個別の条約により規律する。

第 9 条

① 一方当事国の領域内に常住する他方当事国の国民の権利能力および行為能力は、常住当事国の法令により定める。

② 一方当事国の領域内に常住する他方当事国の国民の行為能力の制限または回復に関する事件、一方当事国の領域内に常住する他方当事国の国民の失踪宣告または死亡宣告に関する事件、および一方当事国の領域内に常住する他方当事国の国民の死亡時の確認に関する事件については、一方当事国の管轄機関が他方当事国の管轄機関に通知する。

第 10 条

① 養子縁組またはその取消し、後見または保佐の開始もしくは取消しは、養親、後見人または保佐人が一方当事国の領域内に常住する他方当事国の国民であり、養子、被後見人または被保佐人が常住当事国の国民であるときは、常住当事国の法令により規律される。

② 一方当事国の領域内に常住する他方当事国の国民について、養子縁組またはその取消し、後見または保佐の開始もしくは取消しがなされるときは、国籍当事国の法令が適用される。

第 11 条

損害賠償債務は、加害者および被害者が同一の当事国の国民であり、かつ他方当事国の領域内に常住する者であるときは、常住当事国の法令により定める。ただし、国籍当事国において発生した損害賠償請求権の原因となる行為またはその他の状況が、国籍当事国の法令により決定される場合は、この限りでない。

第 12 条

常住当事国内の外国人に対し現に定められているか、または定められることのある権利制限もしくは追加的な義務は、一方当事国の領域内に常住する他方当事国の国民には適用しない。

第 13 条

この条約の適用または解釈について生じる当事国間の紛争は、当事国間の協議および交渉により解決する。

第 14 条

両当事国は、一方当事国の領域内に常住する他方当事国の国民に関する法原則の発展に向けた措置を取る。

第 15 条

この条約は批准を要し、かつ批准書の交換の日から 30 日後に発効する。

第 16 条

この条約は、発効の日から 5 年間有効であり、かつ 5 年毎に自動的に更新される。ただし、当事国の一方がその期間満了の 6 か月前までに反対の意思を表示した場合は、この限りでない。

XII 1995 年 5 月 18 日のロシア連邦とトルクメンとの間のトルクメンの領域内に常住するロシア連邦国民およびロシア連邦の領域内に常住するトルクメン国民の法的地位に関する条約[19]

以下で当事国というロシア連邦およびトルクメンは、

両国の友好関係を一層発展させるため、

自国民のために両当事国内における平等な生活条件を保障することを希求

---

19) Договор между Российской Федерацией и Туркменистаном о правовом статусе граждан Российской Федерации, постоянно проживающих на территории Туркменистана, и граждан Туркменистана, постоянно проживающих на территории Российской Федерации, *Дипломатический вестник*, 1995, №6, С. 37. <http://www.antropotok.archipelag.ru/text/d19.htm>.

し、またこれに関連して、一方当事国に常住する他方当事国の国民に対し、前者の当事国の国民の法的地位に最大限近接した法的地位を付与することを望み、

1993年1月22日にミンスク市において署名された民事・家事・刑事についての裁判援助および法律関係に関する条約の規定を考慮して、

次のことを合意した。

第1条
① この条約は、一方当事国の国籍を有し、かつ他方当事国に常住する者に適用する。
② この条約の規定は、両国の国籍を有する者（二重国籍者）には適用しない。二重国籍者の法的地位は、「二重国籍問題の規律」に関する1993年12月23日のロシア連邦とトルクメンとの間の条約により定める[20]。

第2条
① この条約において、一方当事国の国民が他方当事国の領域内に常住しているとみなされるのは、他方当事国によって発行された許可にもとづき、後者の領域内に常住し、国籍国の法令により前者の領域内に常住していない場合をいう。
② この条約において、
　a) 「常住者」とは、前項の規定にいう一方当事国の領域内に常住する他方当事国の国民をいう。
　b) 「国籍当事国」とは、常住者が国籍を有する国をいう。
　c) 「常住当事国」とは、常住者が引き続き居住する国をいう。

第3条
① この条約において、常住者の地位に関する証明書で当事国が承認するものとは、常住国の管轄機関が発行する文書、または国籍国の法令にしたがって常住者の身元および国籍を証明する文書もしくは外交旅券および公用旅券以

---

20) ここでいう1993年の条約とは、Xの条約のことである。

外の国境通過権を付与する文書に常住国の管轄機関がなした記載をいう。
② 当事国は、前項にいう文書および記載の書式、ならびにこの条約によりいかなる者に常住者としての地位を付与するのかという事項に関する情報を交換する。かかる書式および情報の交換は、当事国の領事部を通じて行う。
③ 常住者が留学、労働、出張、兵役、治療滞在その他の目的で常住国外に一時的に滞在した場合といえども、それだけでは、この条約の定める常住者の法的地位には影響しない。

第4条
① 常住者は、常住国の憲法および法令を遵守し、その伝統および習慣を尊重しなければならない。
② 常住者は、国籍国との法的紐帯を失わず、その庇護および保護を享受する。

第5条
① 常住者は、常住国の領域内に常住する国民と同一の権利および自由を享受し、同一の義務を負う。ただし、この条約の定める適用除外事項を除く。
② 常住者は、次の権利を享受しない。
　a) 常住国の最高国家職および最高国家権力機関の選挙権ならびに被選挙権
　b) 常住国が実施する国民投票に参加する権利
　c) 常住国の国家権力機関の幹部職、外交・安全保障・内務機関の職、裁判官職、検察官職に就く権利
③ 当事国は、この条約が常住者の法的地位について定める適用除外事項を、国内法により減らすことができる。

第6条
常住国内の外国人に対し現に定められているか、または定められることのある権利制限もしくは追加的な義務は、入国、滞在、国外追放および出国に関する条件ならびに手続を含め、常住者には適用しない。

第7条
① 教育に関する文書または職業訓練を受けたことを証明する文書で、国籍国

の教育機関その他の施設が常住者に発行したものは、その発行日にかかわりなく、常住国の領域内において承認される。
② 前項の文書は、常住者に対し、両当事国内に設置された教育機関に入学する権利を付与し、かつ文書に記載された職種で採用される際に効力を有する。

第8条
　常住者は、常住国の国民と同様に、常住国の国有財産の私有化に参加する。ただし、当事国間の他の条約に別段の定めがある場合は、この限りでない。

第9条
① 第三国との国境を含め、国境を通過する権利を付与する文書は、常住国に駐在する国籍国の領事部によって発行される。
② 常住国の法令により定められた常住国の国民に対する出国制限は、常住者にも適用する。

第10条
① 常住者は、国籍国において兵役または代替役務に就く。国籍国の同意があるときは、常住国において兵役または代替兵役に就くことができる。
② 一方当事国において兵役または代替役務を終えた常住者は、他方当事国における兵役または代替役務を免除される。

第11条
① 常住者の権利能力および行為能力は、常住国の法令により定める。
② 常住者の行為能力の制限または回復、常住者の失踪宣告または死亡宣告および常住者の死亡事実の確認に関する裁判については、その裁判が確定した後、一方当事国の管轄機関が他方当事国の領事部に遅滞なく通知する。

第12条
① 養子縁組またはその取消し、後見または保佐の開始もしくは取消しは、養親、後見人または保佐人が常住者であり、養子、被後見人または被保佐人が常住国の国民であるときは、常住国の法令により規律される。
② 常住者について、養子縁組またはその取消し、後見または保佐の開始もし

くは取消しがなされるときは、国籍国の法令が適用される。
第13条
　損害賠償債務は、加害者および被害者がともに常住者であり、かつ同一の当事国の国民であるときは、常住国の法令により定める。
第14条
　当事国は、この条約の規定の実施について、立法措置および行政措置を含むすべての必要な措置を取る。
第15条
　この条約の適用または解釈について生じる当事国間の紛争は、当事国間の協議または交渉により解決する。
第16条
　この条約により規律されない民事および家族関係については、当事国は、1993年1月22日の民事・家事・刑事についての裁判援助および法律関係に関する条約の規定を適用する。
第17条
　この条約は批准を要し、批准書の交換の日に発効する。この条約は、発効の日から10年間有効である。10年を経過した後、この条約は、5年毎に自動的に更新される。ただし、当事国の一方がその期間満了の6か月前までに反対の意思を表示した場合は、この限りでない。

XIII　1995年5月18日のロシア連邦とトルクメンとの間のトルクメンにおけるロシア人少数派およびロシア連邦におけるトルクメン人少数派の権利保障のための協力に関する条約[21]

以下で当事国というロシア連邦およびトルクメンは、

---

21)　Договор между Российской Федерацией и Туркменистаном о сотрудничестве в целях обеспечения прав российского меньшинства в Туркменистане, и туркменского — в Российской Федерации, *Дипломатический вестник*, 1995, № 6, С. 40.

両国の友好関係をさらに発展させるため、

人権分野における国際法の規範、とりわけ世界人権宣言、人権に関する諸条約、民族的、種族的、宗教的および言語的少数派に属する者の権利宣言において承認されたものを遵守するという信念を確認し、

領域内に居住するロシア人少数派およびトルクメン人少数派の権利を保障し、そのための適切な協力体制を築くことを希求し、

1992年7月31日のロシア連邦とトルクメンとの間の友好協力条約を指針として、

次のことを合意した。

第1条

この条約は、トルクメンに常住するロシア人少数派に属する国民、およびロシアに常住するトルクメン人少数派に属する国民（以下では「少数派」という。）に適用する。

第2条

当事国は、少数派に属する者に対し、人権分野において一般に承認された国際法の規範にしたがって、市民的、政治的、社会的、経済的および文化的な権利ならびに自由を保障する。

第3条

① 当事国は、少数派に属する者に対し、自己の民族的、言語的、文化的、宗教的な独自性を、個人でまたは自己の集団の仲間とともに妨害なく表明し、維持し、発展させる権利を保障し、かつ自国の政策上これらの法益に配慮する義務を負う。

② 当事国は、少数派の権利を実現し、その強制的な同化の試みまたは民族的違いによる差別を禁止するのに適切な状況を自国の領域内に作り出すために、必要な立法的、行政的、その他の措置を取る。その際に取られる措置は、社会全体の利益に合致することを要し、他の市民の権利を制限することは許されない。

第4条

① 当事国は、少数派に対し、社会生活および国家生活に参加する権利、とりわけ少数派の利益保護に関わり、その居住地域に影響を与える問題の解決に参加する権利を保障する。
② 当事国は、少数派に属する者に対し、その常住国の法令にしたがって、民族的、種族的、言語的、文化的、宗教的な独自性を維持し発展させるために、啓蒙、文化、宗教、その他の社会団体（協会、同郷人会）を設立する権利を承認する。
　　上記の団体は、他の類似の社会団体に与えられるのと同一の権利を享受する。
③ 当事国は、少数派の利益に影響を与える立法、行政、その他の措置を取る際には、その代表と協議する。

第5条

① 当事国は、少数派に属する者に対し、常住国の領域内において妨害なく相互に接触を保つ権利、ならびに共通の民族的・種族的出自、文化、言語または宗教的信条によって結ばれた国の市民および団体との関係を保持する権利を承認する。
② 各当事国は、自国の領域内における他方当事国の情報文化センターの活動を奨励する。

第6条

　当事国は、少数派に属する者に対し、個人でまたは自己の集団の仲間とともに、公文書などにおいて自己の姓名を母語と同様に称する権利、ならびに個人生活・社会生活において書面および口頭で母語を妨害なく使用する権利、母語により情報にアクセスする権利、母語によるマスコミ媒体をもつ権利など、母語による情報を広め交換する権利を承認する。

第7条

　当事国は、少数派に属する者に対し、個人でまたは自己の集団の仲間とともに、自己の信仰にしたがって宗教的儀式を行い、礼拝のための建物を保有し、礼拝に必要な物品を取得して使用し、母語による宗教的啓蒙活動を行う権利を

承認する。

第 8 条

　この条約の第 4 条にいう社会団体は、金銭その他の物の任意の出資によって資金を調達し、かつ所在地国の法令によりその国の援助を受けることができる。この社会団体は、所在地国の法令の定める要件にしたがって、他方当事国の国家団体、社会団体および私人の援助を受けることもできる。

第 9 条

　当事国は、少数派の民族的、種族的、言語的、文化的、宗教的な独自性の維持に協力するため、とりわけ次のことを行う。

- a) 少数派が集中的に住む地域における母語の研究および母語による教育のための適切な環境を整備すること。これには、国家予算、地方予算、その他の資金源から資金を調達した教育施設の開設および維持を含む。
- b) 少数派の言語を使って、その言語の学習プログラム・教科書・教材で授業がなされる教育施設の維持のために、教育問題を管轄する当事国の国家機関の間の協力を促進し、これらの教育施設における業務の専門家を育成するために協力すること。
- c) 少数派が集中的に住む地域における当局との接触に際して、少数派の言語を使うための環境を整備すること。
- d) 少数派の史跡および文化財の保護を含む文化遺産の維持ならびに研究のための措置を取ること。
- e) 教育施設および啓蒙機関における歴史・文化研究の際に、少数派の歴史および文化に配慮すること。
- f) 少数派の民族手工業の維持および発展を援助すること。

第 10 条

① 当事国は、多面的なレベルにおける少数派の権利の法典化を促進し、この分野において国連および全欧安全保障協力会議でなされている努力を支持する。

② 当事国は、自国の法令をこの条約に合致させるために必要な措置を取る。

第 11 条

①　この条約の実施に関する活動の調整を行うのは、ロシア側はロシア連邦民族問題・地域政策省であり、トルクメン側はトルクメン司法省である。

この条約の規定を実施するため、上記の各機関は、相互に直接連絡を取り合うことができる。

②　当事国は、この条約が規定する問題を検討するために、両国の代表からなる合同委員会を設置することもできる。

第 12 条

この条約は、当事国が加盟する他の国際条約から生じる当事国の義務に影響しない。

第 13 条

この条約は批准を要する。この条約は、批准書の交換の日に発効し、5 年間有効である。この条約は、5 年毎に自動的に更新される。ただし、その期間が満了する 6 か月前までに、当事国の一方が条約終了の意思を書面で他方当事国に通知した場合は、この限りでない。

XIV　1996 年 10 月 30 日のロシア連邦政府とベラルーシ共和国政府との間の移住手続および移住者の権利保護についての規則に関する条約[22]

以下で当事国というロシア連邦政府およびベラルーシ共和国政府は、

人権に関する国連の基本文書に定められた諸原則およびヘルシンキ最終議定書を指針として、

移住の手続および条件ならびに移住に際して移住者を援助する当事国の相互

---

22) Соглашение между Правительством Российской Федерации и Правительством Республики Беларусь о регулировании процесса переселения и защите прав переселенцев, *Собрание законодательства Российской Федерации*, 1998, № 39, ст. 4858. <http://npa-gov.garweb.ru:8080/public/default.asp?no=2441488>.

の義務を定めたいという希望にもとづき、

次のことを合意した。

第1条

この条約は、ロシア連邦からベラルーシ共和国へ移住する者、およびベラルーシ共和国からロシア連邦へ移住する者に適用する。

この条約の各該当者への適用は、1回限りとする。

当事国は、いかなる強制移住も許されないことを承認する。

第2条

この条約で使われる用語は、次の意味を有する。

「移住者」とは、常居所を有する国を任意に去り、他の国の領域内に常居所を移す者をいう。

「移住者の家族」とは、配偶者、就労能力のない親、未成年の子、および移住者と同居し共同の生計を維持している親族をいう。

「出発国」とは、従前の常居所地国をいう。

「到達国」とは、新たな常居所地国をいう。

第3条

この条約は、次の者には適用されない。

a) 難民

b) 移住労働者

c) 有罪判決の言渡しを受けた者、および自由剥奪施設に収容されている者

d) 出発国の安全保障上の利益を出国により害するおそれがある者。ただし、出国を妨げる事情が消滅した場合は、この限りでない。

e) 国家、協同組合、社会団体、その他の機関・施設および私人に対する財産的義務を履行しない限り、出国できない者

f) 留学、私用および商用により、一時的にその国に滞在する者

g) 軍人および徴兵年齢に達した者。ただし、後者は、出発国の管轄機関により徴兵義務に関する徴集の決定がなされている場合に限る。

第4条

移住の許可は、到達国が国際法および到達国の法令にしたがって移住者に与える。

第5条

移住者およびその家族は、当事国の移民局から、次の情報を自由に無料で取得する権利を有する。

a) この条約の内容

b) 移住の条件

c) 到達国における移住者の権利義務

d) 到達国における就職状況、教育、職業訓練、職業再訓練、職業指導の便宜、その他の居住環境（自然環境、気候、住宅、日常生活、社会、文化など）

第6条

移住者およびその家族は、次のことをする権利を有する。

a) 個人所有に属する動産で出国までに申告したものをすべて出発国から持ち出すこと。ただし、出発国の法令により国家財産とされる文化財は、この限りでない。

b) 個人所有に属する財産を売却その他の方法で処分すること。

c) ロシア連邦中央銀行およびベラルーシ共和国銀行の定める手続にしたがって、出発国の銀行にある預金その他の金融資産を到達国の銀行に移すこと。

d) 個人所有に属する動産、不動産、預金、その他の金融資産を出発国に残し、それらについて占有、使用および処分の権利を行使すること。

動産および不動産は、その所有者が国外に常居所を有していること、または出発国の国民でないことを理由として、出発国政府が没取することはできない。

第7条

当事国は、移住者が住宅・住宅建設・別荘・車庫建設の協同組合、園芸菜園組合、その他の協同組合の組合員であり、住戸、別荘、園芸小屋、車庫、その

他の使用のために供与される建物の組合持分について、支払を完了しているときは、所定の手続により所有権が設定された時から、当該財産に対する所有権を移住者に認める。

住宅、別荘、園芸小屋、その他の建物が自然人または法人に譲渡されたときは、それが出発国の法令により定められたいかなる形態であっても、敷地の占有権は完全に新たな占有者に移転する。

移住者は、使用のために供与されている財産の持分について、期限前に支払を完了することができ、その財産の所有権を取得する権利を有する。

当事国は、公有(国家)住宅基金住宅の私有化について、移住許可を得た移住者に協力する。

第8条

移住者は、その所有する財産の占有、使用および処分を完全に行うことができる。

出発国に所在する財産に関する民事上の紛争で、移住者およびその家族を一方当事者とし、利害関係人を他方当事者とするものは、出発国の法令およびこの条約にしたがって、出発国の裁判手続により審理する。

到達国の管轄当局は、前項の訴訟およびその他の訴訟について、出発国の裁判所の確定判決をとりわけ到達国の領域内における執行のために承認する。

第9条

当事国は、その領域内において、公務員、私人、集団、社会団体、その他の団体による暴力、脅迫、威迫、ならびに性、民族、言語、宗教および信条、政治的その他の意見、民族的・種族的・社会的出自、経済・財産・家族状況に起因するその他の行為から、移住者およびその家族を守ることを保障する。

第10条

当事国は、相互主義にもとづき、個人財産の持込み・持出しの制限、関税、租税およびこれらに関する課徴金などを移住者およびその家族に免除する。ただし、商品として大量に持ち出される物は、この限りでない。

金銭の持出しおよび預金その他の金融資産の送金に対する課徴金ならびに関

税などは、免除する。ただし、送金手数料はこの限りでない。
第 11 条
　出発国は、移住者およびその家族が所有する住居その他の建物を、売却その他の方法で処分する際に、これを援助する。
　出発国は、移住者およびその家族が航空機および列車の切符を入手すること、ならびに到達国へ個人財産を輸送するためにコンテナを手配することを援助する。
　到達国は、移住者およびその家族が住居を賃借・購入・建築することを援助する。
　当事国は、両国の法令の定める手続にしたがって行われる移住者間の住居交換を妨げない。
第 12 条
　到達国は、移住割当数を毎年決定する権利を有し、移住者およびその家族は、その割当にしたがって、常住のために選んだ国への移住許可を与えられる。割当数は、到達国が独自に決定する。
　当事国は、移住割当の枠外において、個人が他方の国へ独自に移住する権利を認める。独自に移住した者には、この条約の規定を適用しない。
第 13 条
　当事国は、移住に関する業務の調整およびこの条約の遵守に対する監督を、ロシア連邦移民局およびベラルーシ共和国労働省国家移民局にそれぞれ委ねる。
第 14 条
　当事国は、ロシア連邦およびベラルーシ共和国に移民局代表部をそれぞれ置くことができる。必要があるときは、両国に国家移民局の全権代表部の連絡事務所を置くことができる。
　移民局代表部は、次の業務を行うことができる。
　a）　移住プログラムの実施
　b）　当事国の毎年の移住者受入枠の決定および調整

c) 情報交換および相互協議
d) この条約の第5条に定める情報の移住者およびその家族に対する提供
e) 登録ならびに出発および移動に必要な書式および手続についての移住者およびその家族に対する援助

第15条

移住者およびその家族の社会保障に関する権利を実現する手続は、個別の条約により定める。

第16条

この条約の第13条および第14条にいう機関によって解決されない問題は、当事国の外交経路での解決に委ねる。

当事国は、この条約の不可分の一部を構成する関係文書に調印することにより、この条約の規定を補足または修正することができる。

ロシア連邦およびベラルーシ共和国の法令に別段の定めがある場合といえども、この条約の規定は有効である。

第17条

この条約は批准を要し、批准書の交換の日に発効し、5年間有効である。

当事国は、相互の合意にもとづき、この条約の有効期間を延長することができる。

この条約は、発効した後に、公布される。

3 ロシア連邦国籍法 (2002 年)

奥 田 安 弘
伊 藤 知 義
佐 藤 守 男

　以下に訳出するのは、2002 年 5 月 31 日の連邦的法律第 62-FZ 号として制定公布された「ロシア連邦国籍の件 (О гражданстве Российской Федерации)」(以下では「新法」という) である。原文は、「ロシア新聞 (Российская газета)」のウェブサイトによった[1]。

　新法以前は、ソ連邦崩壊直後の 1991 年 11 月 28 日に制定公布された「ロシア連邦国籍の件」(以下では「旧法」という) が施行されていたが、この旧法は、とくにソ連邦崩壊を反映した規定を置いていた。ひとつは、旧法の施行日にロシア連邦領域内に常住していた旧ソ連邦国民などをロシア連邦国民として承認する 13 条であり、もうひとつは、ロシア連邦外の共和国に取り残された民族的なロシア人を念頭に置いて、父母またはその他の直系尊属がロシア連邦国民である者などを登録のみでロシア連邦国民とする 18 条である[2]。

　これに対して、新法は、国籍の承認および登録の規定を削除し、従来からの国籍の許可を 2 種類に分けた。すなわち、一般的手続によるロシア連邦国籍の

---

1) <http://www.rg.ru/oficial/doc/federal_zak/62-fz.shtm>「ロシア新聞」とは、ロシア連邦の法律、大統領令など様々な公的文書を掲載する官報である。<http://www.nisso.net/perio/2001teikan/02DAIHYO.htm> 参照。

2) 旧法のドイツ語訳として、Bergmann/Ferid/Henrich, Internationales Ehe- und Kindschaftsrecht, 141. Lieferung, 2001, Russische Föderation, S. 15 ff. 参照。

許可に関する 13 条、および簡易手続によるロシア連邦国籍の許可に関する 14 条である。ただし、国籍の許可に関する旧法 19 条とは異なり、新法では、原則として生計条件、重国籍防止条件、ロシア語能力条件などを具備することが明文で求められている。

　法案の審議では、これらの点において、新法がいわゆる「残留ロシア人」を切り捨てるものであり、また将来の労働力不足に備えた外国人労働者の受入れを困難にするものであると批判された。しかし、大統領府の側は、とくに残留ロシア人について、すでに 10 年間の国籍登録制度によって十分に救済され、また新法でも、旧ソ連邦国民には簡易手続による国籍の許可が認められていると反論した。そして、結局のところ、旧法を全面改正した新法が制定公布され、2002 年 7 月 1 日から施行されたのである[3]。

　ここでは、もちろん原文に忠実に翻訳することを心がけたが、同時に日本の法令の体裁を参考にしたり、日本語としての読みやすさに配慮したため、必ずしも原文どおりではない箇所がある。しかし、これらは、決して原文の意味を損なうものではない。以下では、翻訳の方針および訳注を記しておく。

1．原文において、「国籍問題（вопросы гражданства）」および「国籍に関する事項（дела о гражданстве）」となっている箇所は、すべて単に「国籍」とした。たとえば、条文や章の見出しに限っても、4 条・第 4 章・22 条・23 条・第 6 章・28 条・第 7 章・32 条・33 条・35 条・36 条・38 条・第 8 章・39 条・40 条・43 条がこれに該当する。
2．基本概念に関する 3 条のうち、他国籍・重国籍・外国人の定義について、

---

3)　以上の制定経緯については、土岐康子「短信：ロシア―国籍法全面改正」外国の立法 213 号 199 頁以下参照。さらに「2002 年 5 月 31 日のロシア連邦の連邦的法律第 62-FZ 号『ロシア連邦国籍の件』の解説」<http://www.akdi.ru/pravo/news/kom_grasd.htm> も参照。なお、残留ロシア人の法的地位について、ロシアは、すでにソ連邦崩壊前の 1990 年から、他の共和国との間で二国間条約を締結し続けてきた。これらの条約の翻訳については、本書第 II 章 2 参照。

原文が「外国国家の国籍（臣民籍）（гражданство［подданство］)」となっている箇所があるが、これらも単に「外国国家の国籍」とした。

3．在外ロシア連邦国民の保護に関する7条2項にいう「連邦憲法的法律（федеральные конституционные законы）」とは、「連邦的法律（федеральные законы）」よりも上位にあるが、「ロシア連邦憲法（Конституция Российской Федерации）」よりも下位にある法律を意味する[4]。

4．「片親（единственный родитель)」という原語（12条1項a)、14条2項b)、19条3項、24条1項・2項）は、訳文では「父子関係が確認されていない子の母」とした。なぜなら、1995年のロシア連邦家族法48条4項・5項、49条、50条によれば、婚姻関係にない父母から生まれた子の父子関係は、父母の共同の申立てまたは裁判により確認されることになっているので[5]、非嫡出父子関係の成立について、ロシア法は、日本法と同様に認知主義を採用しており、認知がなされていない子の父は法律上存在しないと解されるからである。

5．ロシア連邦国籍と婚姻に関する8条3項、および養子縁組に伴う子の国籍に関する26条において、原文が「養子縁組（養女）（усыновление［удочерение］)」となっている箇所は、単に「養子縁組」とした。

　最後に、翻訳の手順および訳者3名の役割分担を記しておく。新法の翻訳としては、すでに『ロシア月報』に掲載されたものがあり[6]、訳文の作成に際しても、これを参照した。しかし、佐藤が原文と照合したところ、明らかな誤訳および不適切な訳が多数見つかったため、これを添削し、さらに奥田が日本の

　　4）　竹森正孝＝樹神成「ロシア法の調べ方」『社会主義法のうごき別冊：ロシア法・ポーランド法・中国法の調べ方』（1997年・ナウカ）12頁参照。

　　5）　森下敏男「邦訳：ロシア連邦新家族法典（1995年）」神戸法学雑誌46巻2号330頁以下参照。

　　6）　「ロシア連邦国籍に関する連邦法（ロシア連邦国籍法）（全文）」ロシア月報708号1-21頁。全く同じ内容の訳文は、ロシア政策動向421号17-30頁にも掲載されている。

法令にならって用語を整えた。続いて、奥田・佐藤の両名が意見交換をしながら、逐条的に訳語を検討し、初出時の訳文を完成させた。旧法との比較および新法成立の経緯などについては、佐藤がロシア語の解説を読み、奥田が旧法のドイツ語訳およびその他の日本語文献を調査したうえで、奥田が執筆した。さらに、初出原稿を本書に収録するにあたり、伊藤が原文を再度確認し、奥田と協議のうえ訳文を加筆修正した。

ロシア連邦の連邦的法律
2002 年 5 月 31 日第 62-FZ 号
ロシア連邦国籍の件

2002 年 4 月 19 日　下院採択
2002 年 5 月 15 日　上院承認

第 1 章　総則

第 1 条（この連邦的法律の規律対象）

　この連邦的法律は、ロシア連邦国籍の諸原則およびロシア連邦国籍を規律する規則を定め、ロシア連邦国籍の取得ならびに喪失の事由、要件および手続を定める。

第 2 条（ロシア連邦国籍に関する法令）

　ロシア連邦国籍を規律するのは、ロシア連邦憲法、ロシア連邦が締結した国際条約、この連邦的法律、ならびにこれらの憲法、条約および連邦的法律にもとづき採択されたロシア連邦の他の規範的法的文書である。

第 3 条（基本概念）

　この連邦的法律では、次の基本概念を用いる。

　ロシア連邦国籍とは、ロシア連邦と個人の安定的法的関係で、双方の権利義務の総体に表れたものをいう。

　他国籍とは、外国国家の国籍をいう。

重国籍とは、ロシア連邦の国民が外国国家の国籍を有することをいう。

外国人とは、ロシア連邦の国民でなく、かつ外国国家の国籍を有するものをいう。

無国籍者とは、ロシア連邦の国民でなく、かつ外国国家の国籍を有する証拠がないものをいう。

子とは、18歳未満のものをいう。

居住とは、個人がロシア連邦の領域内または領域外に合法的に居住することをいう。

ロシア連邦の領域とは、この連邦的法律によるロシア連邦国籍の取得または喪失の事由が生じた時におけるロシア連邦の国境内のその領域またはロシア・ソビエト連邦社会主義共和国の行政区画内のその領域をいう。

ロシア連邦国籍の取得または喪失の一般的手続とは、この連邦的法律に定められた一般的要件を満たす者について、ロシア連邦大統領が国籍を審査し、ロシア連邦国籍に関する決定を下すための手続をいう。

ロシア連邦国籍の取得または喪失の簡易手続とは、この連邦的法律に定められた特恵的な要件を満たす者について、ロシア連邦大統領が国籍を審査し、ロシア連邦国籍に関する決定を下すための手続をいう。

国籍変動とは、ロシア連邦国籍の取得または喪失をいう。

居住証明書とは、無国籍者または外国人について、その身分、ロシア連邦の領域における常住許可、ならびにロシア連邦からの自由な出国およびロシア連邦への帰国の権利を証明する文書をいう。

第4条（ロシア連邦国籍の諸原則およびロシア連邦国籍を規律する規則）

① ロシア連邦国籍の諸原則およびロシア連邦国籍を規律する規則は、社会的身分、人種、民族、言語または宗教を理由として、市民的権利を制限する規定を置くことはできない。

② ロシア連邦国籍は、その取得の事由にかかわらず、共通かつ均等なものとする。

③ ロシア連邦国民は、ロシア連邦の領域外における居住により、そのロシア

連邦国籍を失わない。
④　ロシア連邦国民は、ロシア連邦国籍またはこれを変更する権利を奪われない。
⑤　ロシア連邦国民は、ロシア連邦の領域外に追放し、または外国に引き渡すことができない。
⑥　ロシア連邦は、その領域内に居住する無国籍者がロシア連邦国籍を取得することを奨励する。
⑦　ロシア連邦国籍を有すること、またはかつてソ連邦国籍を有していたことは、当該国籍の保有に関係する事実が生じた時に施行されていたロシア連邦、ロシア・ソビエト連邦社会主義共和国もしくはソ連邦の法的文書、またはこれらの締結した国際条約により認定する。

第5条（ロシア連邦国民）
ロシア連邦国民とは、次の者をいう。
a)　この連邦的法律の施行日にロシア連邦国籍を有する者
b)　この連邦的法律によりロシア連邦国籍を取得した者

第6条（重国籍）
①　他国籍を有するロシア連邦国民は、ロシア連邦の締結した国際条約または連邦的法律に別段の旨が規定された場合を除き、ロシア連邦においては、専らロシア連邦国民とみなされる。
②　ロシア連邦国民による他国籍の取得は、ロシア連邦国籍の喪失をもたらさない。

第7条（ロシア連邦の領域外に在るロシア連邦国民の保護および庇護の付与）
①　ロシア連邦の領域外に在るロシア連邦国民は、ロシア連邦の保護および庇護を受ける。
②　ロシア連邦の国家機関、ロシア連邦の領域外に駐在するロシア連邦の外交代表部および領事機関、ならびにこれらの外交代表部および領事機関の職員は、ロシア連邦憲法、連邦憲法的法律、連邦的法律、一般に承認された国際法の諸原則および準則、ロシア連邦の締結した国際条約、ロシア連邦国民が

居住または滞在する国の法律および規則に定められたあらゆる権利を、ロシア連邦国民が完全に行使する機会、ならびにこれらの権利および法により守られるべき利益を保護される機会を保障するよう援助する義務を負う。

第8条（ロシア連邦国籍と婚姻）

① ロシア連邦国民とロシア連邦国籍を有しない者との婚姻の挙行または解消は、これらの者の国籍を変動させない。

② 一方配偶者の国籍の変動は、他方配偶者の国籍を変動させない。

③ 婚姻の解消は、かかる婚姻から生まれた子、または夫婦と養子縁組をした子の国籍を変動させない。

第9条（子の国籍）

① 子の国籍は、父母の一方または双方がロシア連邦国籍を取得もしくは喪失するときは、この連邦的法律により保持または変動する。

② 14歳以上18歳未満の子のロシア連邦国籍の取得または喪失は、子の同意を要する。

③ ロシア連邦国籍の喪失に伴って、子が無国籍となるときは、子はロシア連邦国籍を失わない。

④ 親権を剥奪された父母の国籍が変動するときは、子の国籍は変動しない。子の国籍が変動するときは、親権を剥奪された父母の同意を要しない。

第10条（ロシア連邦国籍を証明する文書）

ロシア連邦国籍を証明する文書とは、ロシア連邦国民としての旅券、またはその者の国籍を記載したその他の基本的文書をいう。いかなる基本的文書がロシア連邦国民としての身分を証明するのかは、連邦的法律により定める。

第2章　ロシア連邦国籍の取得

第11条（ロシア連邦国籍の取得事由）

ロシア連邦国籍は、次の事由により取得する。

a) 出生

b) ロシア連邦国籍の許可

c) ロシア連邦国籍の回復
　　d) この連邦的法律またはロシア連邦の締結した国際条約に規定されたその他の事由

第12条（出生によるロシア連邦国籍の取得）
① 子は、出生の時に次の要件を満たすときは、出生によりロシア連邦国籍を取得する。
　　a) 父母の双方または父子関係が確認されていない子の母がロシア連邦国籍を有すること（子の出生地を問わない）。
　　b) 父母の一方がロシア連邦国籍を有し、他方が無国籍者であるか、失踪宣告を受けたか、または現にその所在が不明であること（子の出生地を問わない）。
　　c) 父母の一方がロシア連邦国籍を有し、他方が外国人であるときは、子がロシア連邦の領域内で生まれたか、またはロシア連邦国籍を取得しなければ、無国籍者となること。
　　d) ロシア連邦の領域内に居住する父母が外国人または無国籍者である場合において、ロシア連邦の領域内で生まれた子に対し、父母の本国が国籍を付与しないこと。
② ロシア連邦の領域内に在り、父母がともに知れない子は、その発見の日から6か月以内に父母が申し出ないときは、ロシア連邦国民とする。

第13条（一般的手続によるロシア連邦国籍の許可）
① 外国人および無国籍者で18歳に達し、かつ行為能力を有するものは、次の要件を満たすときは、一般的手続によりロシア連邦国籍の許可申請書を提出する権利を有する。
　　a) 次項に規定された場合を除き、居住証明書の取得日からロシア連邦国籍の許可申請書の提出日まで、引き続き5年間、ロシア連邦の領域内に居住していること。ロシア連邦の領域内における居住期間は、その者が1年間に3か月を超えない範囲内でロシア連邦の領域から出たときは、中断しなかったものとみなす。

b) ロシア連邦の憲法および法令の遵守を宣誓したこと。
c) 合法的な生計手段を有すること。
d) 現に有する他国籍の放棄をその国の所轄機関に届け出ること。ただし、ロシア連邦の締結した国際条約もしくはこの連邦的法律に別段の旨が定められているか、またはその者と関連しない事由により他国籍の放棄が不可能であるときは、他国籍の放棄を要しない。
e) ロシア語に堪能であること。ロシア語能力の判定手続は、ロシア連邦国籍の審査手続に関する規則により定める。

② 前項a)にいうロシア連邦の領域内における居住期間は、次のいずれかの事由に該当するときは、1年で足りる。
a) ロシア・ソビエト連邦社会主義国の領域内で生まれ、かつてソ連邦国籍を有していたこと。
b) ロシア連邦国民との婚姻が3年以上続いていること。
c) 就労不能者のもとに、18歳に達し、ロシア連邦国籍を有し、かつ行為能力を有する息子または娘がいること。
d) 科学、技術および文化の分野において顕著な業績があるか、またはロシア連邦の利益を代表する職業もしくは資格を有すること。
e) ロシア連邦の領域内への政治的亡命が認められたこと。
f) 連邦的法律に定められた手続により難民と認定されたこと。

③ ロシア連邦に対し特別な功績を有する者については、第1項に定められた要件を満たさない場合といえども、ロシア連邦国籍を許可することができる。

第14条（簡易手続によるロシア連邦国籍の許可）
① 外国人および無国籍者で18歳に達し、かつ行為能力を有するものは、この連邦的法律の前条第1項a)に定められた要件を満たさない場合といえども、次の要件を満たすときは、簡易手続によりロシア連邦国籍の許可申請書を提出する権利を有する。
a) 少なくとも父母の一方が就労不能であり、かつロシア連邦国籍を有する

こと。
　b）　かつてソ連邦国籍を有し、ソ連邦の構成国に居住していたか、または居住しているが、かかる国の国籍を取得しなかったために、無国籍者となっていること。
② 外国人または無国籍者である子および行為無能力者は、この連邦的法律の前条第1項に定められた要件を満たさない場合といえども、次の要件を満たすときは、簡易手続によりロシア連邦国籍を許可される。
　a）　父母の一方がロシア連邦国籍を有する子について、当該親が子のロシア連邦国籍の許可を申請し、他方の親が同意すること。ただし、子がロシア連邦の領域内に居住するときは、かかる同意を要しない。
　b）　父子関係が確認されていない子の母がロシア連邦国籍を有する場合において、母の申請があること。
　c）　後見もしくは保佐に服する子または行為無能力者については、ロシア連邦国籍を有する後見人または保佐人の申請があること。

第15条（ロシア連邦国籍の回復）

　かつてロシア連邦国籍を有していた外国人および無国籍者は、この連邦的法律の第13条第1項によりロシア連邦国籍を回復することができる。ただし、これらの者のロシア連邦領域内における居住期間は、3年で足りる。

第16条（ロシア連邦国籍の許可および回復に関する申請の却下事由）

　ロシア連邦国籍の許可および回復に関する申請は、次の者によりなされたときは却下される。
　a）　ロシア連邦の体制基盤の暴力的変更を主張するか、またはその他の行為によりロシア連邦の安全を脅かす者
　b）　ロシア連邦国籍の許可または回復に関する申請日より前の5年間に、連邦的法律によりロシア連邦の領域外に退去させられた者
　c）　偽造文書を行使したか、または故意に虚偽の情報を申述した者
　d）　ロシア連邦の締結した国際条約に別段の定めがない限り、外国の軍務に就くか、または外国の安全保障機関もしくは公安機関に勤務した者

e) 連邦的法律により故意犯とされる行為をロシア連邦の領域内または領域外において実行したことにより、いまだ取消しまたは撤回がなされていない前科がある者
f) 連邦的法律により訴追されるべき犯罪について、ロシア連邦または外国の所轄機関によって訴追されている者（裁判所の判決または決定の前）
g) 連邦的法律により訴追されるべき行為について、有罪判決が下され、自由剥奪刑に服する者（刑期満了前）
h) ロシア連邦国籍の許可申請の日、またはロシア連邦の領域内に引き続き居住した5年間に、合法的な生計手段を有しなかった者。ただし、ロシア連邦国籍の許可の要件としてのロシア連邦の領域内における居住期間について、この連邦的法律に別段の定めがある場合は、この期間内とする。

第17条（ロシア連邦の領域変更に伴う国籍の選択）

　ロシア連邦の締結した国際条約により、ロシア連邦の領域が変更されるときは、帰属先の国家が変更された領域の居住者は、かかる国際条約により定められた手続および期間にしたがって、国籍を選択する権利を有する。

第3章　ロシア連邦国籍の喪失

第18条（ロシア連邦国籍の喪失事由）

　ロシア連邦国籍は、次の事由により喪失する。

a) ロシア連邦国籍の離脱
b) この連邦的法律またはロシア連邦の締結した国際条約に定められたその他の事由

第19条（ロシア連邦国籍の離脱）

① ロシア連邦の領域内に居住する者によるロシア連邦国籍の離脱は、この連邦的法律の次条に定められた場合を除き、その者の自由な意思表示により一般的手続にもとづき行われる。

② 外国の領域内に居住する者によるロシア連邦国籍の離脱は、この連邦的法律の次条に定められた場合を除き、その者の自由な意思表示により簡易手続

にもとづき行われる。
③　父母の一方がロシア連邦国籍を有し、かつ他方が外国人である場合、または父子関係が確認されていない子の母が外国人である場合における子のロシア連邦国籍の離脱は、それぞれ父母ないし母の申請により簡易手続にもとづき行われる。

第20条（ロシア連邦国籍の離脱の拒否事由）
　ロシア連邦国民が次の事由に該当するときは、ロシア連邦国籍の離脱は認められない。
　　a)　連邦的法律に定められたロシア連邦に対する義務の不履行があること。
　　b)　ロシア連邦の所轄機関により被疑者ないし被告人として刑事手続にかけられているか、または確定し執行されるべき有罪判決があること。
　　c)　現に他国籍を有しないで、かつそれを取得する保証もないこと。

第21条（ロシア連邦の領域変更に伴う他国籍の選択〔国籍選択権〕）
　ロシア連邦の締結した国際条約により、ロシア連邦の領域が変更されるときは、帰属先の国家が変更される領域に居住するロシア連邦国民は、かかる国際条約により定められた要件にしたがって、国籍を保持するか、または変更する権利を有する。

第4章　ロシア連邦国籍に関する決定の取消し

第22条（ロシア連邦国籍に関する決定の取消事由）
　ロシア連邦国籍の取得または喪失に関する決定は、申請者が提出した偽造の文書または故意の虚偽情報に基づくものであると認定されたときは、取り消さなければならない。偽造の文書の行使または故意の虚偽情報の申述があったという事実は、裁判によって認定される。

第23条（ロシア連邦国籍に関する決定の取消手続および取消しの効力）
①　ロシア連邦国籍に関する決定の取消しは、ロシア連邦国籍を所轄しかつ当該決定をなしたロシア連邦大統領またはその他の所轄機関によって行われる。

② ロシア連邦国籍に関する決定は、この連邦的法律の前条により取り消されたときは、当該決定がなされた日から無効であったとみなす。

第5章　父母、後見人または保佐人の国籍変動に伴う子および行為無能力者の国籍

第24条（父母のロシア連邦国籍の取得または喪失に伴う子の国籍の変動）

① 父母の双方または父子関係が確認されていない子の母がロシア連邦国籍を取得したときは、子はロシア連邦国籍を取得する。

② 父母の双方または父子関係が確認されていない子の母がロシア連邦国籍を失うときは、子は、自己が無国籍者とならない限り、ロシア連邦国籍を失う。

第25条（父母の一方のロシア連邦国籍の取得または喪失に伴う子の国籍）

① 他国籍を有する父母の一方がロシア連邦国籍を取得するときは、ロシア連邦の領域内に居住する子は、ロシア連邦国籍を取得する親の申請により、ロシア連邦国籍を取得することができる。

② 他国籍を有する父母の一方がロシア連邦国籍を取得するときは、ロシア連邦の領域外に居住する子は、父母の双方の申請により、ロシア連邦国籍を取得することができる。

③ 他国籍を有する父母の一方がロシア連邦国籍を取得する場合において、他方が無国籍者であるときは、子は、ロシア連邦国籍を取得する親の申請により、ロシア連邦国籍を取得することができる。

④ 無国籍者である父母の一方がロシア連邦国籍を取得する場合において、他方が他国籍を有するときは、子は、父母の双方の申請により、ロシア連邦国籍を取得することができる。

⑤ 父母の一方がロシア連邦国籍を失う場合において、他方がロシア連邦国民であるときは、子は、ロシア連邦国籍を保持する。子のロシア連邦国籍は、ロシア連邦国民である親が書面で同意するときは、子が無国籍者とならない限り、父母の一方のロシア連邦国籍の喪失に伴って喪失させることができ

る。

第26条（養子縁組に伴う子の国籍）

① ロシア連邦国民である子は、外国人の夫婦または単身者との養子縁組があっても、ロシア連邦国籍を保持する。外国人の夫婦または単身者の養子となった子のロシア連邦国籍は、自己が無国籍者とならない限り、養父母または単身の養親の申請により、一般的手続にもとづき喪失させることができる。

② 単身のロシア連邦国民、ともにロシア連邦国民である夫婦、または一方がロシア連邦国民であり、他方が無国籍者である夫婦の養子となった子は、子の居住地を問わず、ロシア連邦国民である養親の申請により、養子縁組の日からロシア連邦国籍を取得する。

③ 一方がロシア連邦国民であり、他方が他国籍を有する夫婦の養子となった子は、子の居住地を問わず、養父母の双方の申請により、簡易手続にもとづきロシア連邦国籍を取得することができる。

④ 前項の場合において、養子縁組の日から1年以内に養父母の申請がないが、子および養父母がロシア連邦の領域内に居住しているときは、子は、養子縁組の日からロシア連邦国籍を取得する。

第27条（後見または保佐に服する子および行為無能力者の国籍）

① ロシア連邦国民の後見または保佐に服する子および行為無能力者は、後見人または保佐人の申請により、簡易手続にもとづきロシア連邦国籍を取得する。

② ロシア連邦の養育施設、治療施設、住民社会保護施設もしくはその他同様の施設において国家の完全な保護に服する子または行為無能力者は、その施設の長の申請により、簡易手続にもとづきロシア連邦国籍を取得する。

③ ロシア連邦国籍を取得する外国人の後見もしくは保佐に服する子または行為無能力者は、かかる外国人とともに、その申請によりロシア連邦国籍を取得することができる。

④ ロシア連邦国民であり、かつ外国人の後見もしくは保佐に服する子または行為無能力者は、ロシア連邦国籍を保持する。

第6章 ロシア連邦国籍を所轄する機関

第28条（ロシア連邦国籍を所轄する機関）

① ロシア連邦国籍を所轄する機関は、次のとおりである。

ロシア連邦大統領

内政を所轄する連邦の行政機関およびその地方機関

外交を所轄する連邦の行政機関、ならびにロシア連邦の領域外に駐在するロシア連邦の外交代表部および領事機関

② ロシア連邦国籍を所轄する機関の権限は、この連邦的法律により定める。

第29条（ロシア連邦大統領の権限）

① ロシア連邦大統領は、次の事項を決定する。

a) この連邦的法律の第13条による一般的手続にもとづくロシア連邦国籍の許可

b) この連邦的法律の第15条による一般的手続にもとづくロシア連邦国籍の回復

c) この連邦的法律の第19条第1項および第26条第1項による一般的手続にもとづくロシア連邦国籍の離脱

d) この連邦的法律の第23条によるロシア連邦国籍に関する決定の取消し

② ロシア連邦大統領は、ロシア連邦国籍の審査手続に関する規則を承認する。

③ ロシア連邦大統領は、この連邦的法律の施行について、ロシア連邦国籍を所轄する機関相互の機能の調和および連携を確保する。

④ ロシア連邦大統領は、ロシア連邦国籍に関する大統領令を公布する。

⑤ この連邦的法律の第16条b)ないしg)に定められた事由があるときは、ロシア連邦大統領は、この連邦的法律の第13条ないし第15条により、例外的に外国人または無国籍者に対するロシア連邦国籍の許可または回復を審査する権限を有する。

第30条（内政を所轄する連邦の行政機関およびその地方機関の権限）

内政を所轄する連邦の行政機関およびその地方機関は、次の権限を行使する。

a) ロシア連邦の領域内に居住する者がロシア連邦国籍を有することの認定
b) ロシア連邦の領域内に居住する者からのロシア連邦国籍に関する申請書の受理
c) ロシア連邦国籍に関する事実および申請を裏付けるために提出された書類を審査し、かつ必要があるときは、関係の国家機関に対し補足の資料を請求すること。
d) この連邦的法律の前条第1項に定められた事項に該当するときは、ロシア連邦国籍に関する申請書、申請を裏付けるために提出された書類およびその他の資料、ならびにこれらの申請書、書類および資料に関する意見書をロシア連邦大統領に提出すること。
e) ロシア連邦の領域内に居住する者のロシア連邦国籍について、ロシア連邦大統領が下した決定を実施すること。
f) ロシア連邦の領域内に居住する者が提出したロシア連邦国籍に関する申請書を審査し、かつこの連邦的法律の第14条、第19条第3項および第26条第3項により簡易手続にもとづくロシア連邦国籍の許可に関する決定を下すこと。
g) 内政を所轄する連邦の行政機関またはその地方機関によって、国籍の変動に関する決定を下された者の登録をすること。
h) この連邦的法律の第12条第2項、第26条第2項および第4項によるロシア連邦国籍を認定すること。
i) この連邦的法律の第23条によりロシア連邦国籍に関する決定の取消しをすること。

第31条（外交を所轄する連邦の行政機関、ならびにロシア連邦の領域外に駐在するロシア連邦の外交代表部および領事機関の権限）

外交を所轄する連邦の行政機関、ならびにロシア連邦の領域外に駐在するロシア連邦の外交代表部および領事機関の権限は、次のとおりである。

a) ロシア連邦の領域外に居住する者がロシア連邦国籍を有することの認定
b) ロシア連邦の領域外に居住する者からのロシア連邦国籍に関する申請書

の受理

c) ロシア連邦国籍に関する事実および申請を裏付けるために提出された書類を審査し、かつ必要があるときは、関係の国家機関に対し補足の資料を請求すること。

d) この連邦的法律の第29条第1項に定められた事項に該当するときは、ロシア連邦国籍に関する申請書、申請を裏付けるために提出された書類およびその他の資料、ならびにこれらの申請書、書類および資料に関する意見書をロシア連邦大統領に提出すること。

e) ロシア連邦の領域外に居住する者のロシア連邦国籍について、ロシア連邦大統領が下した決定を実施すること。

f) ロシア連邦の領域外に居住する者が提出したロシア連邦国籍に関する申請書を審査し、かつこの連邦的法律の第14条、第19条第2項および第3項ならびに第26条第3項により簡易手続にもとづくロシア連邦国籍の許可に関する決定を下すこと。

g) ロシア連邦の領域外に駐在するロシア連邦の外交代表部および領事機関によって、国籍の変動に関する決定を下された者の登録をすること。

h) この連邦的法律の第26条第2項によるロシア連邦国籍を認定すること。

i) この連邦的法律の第23条によりロシア連邦国籍に関する決定の取消しをすること。

第7章　ロシア連邦国籍に関する手続

第32条（ロシア連邦国籍に関する申請手続）

① ロシア連邦国籍に関する申請書は、申請者の居住地に応じて、次の機関に提出する。

a) ロシア連邦の領域内に居住する者については、内政を所轄する連邦の行政機関の地方機関

b) ロシア連邦の領域外に居住し、ロシア連邦の領域内に住所を有しない者

については、ロシア連邦の領域外に駐在するロシア連邦の外交代表部または領事機関
② 申請書は、申請者が自ら持参する。
③ 文書で証明された例外的事情により、申請者が申請書を自ら持参できないときは、申請書および必要書類は、審査のために第三者または郵便により送付することができる。この場合、申請書の署名が真正であること、および申請書の添付書類が原本と一致することは、公正証書により認証される。
④ 子または行為無能力者の国籍変動に関する申請書は、父母またはその他の法定代理人によって提出される。

第33条（ロシア連邦国籍に関する申請書の作成）
① ロシア連邦国籍に関する申請は、所定の様式にしたがって書面で行われる。申請者本人が署名したことは、申請書を受理したロシア連邦国籍を所轄する機関の担当職員によって認証される。
② 申請者が文盲または身体的欠陥のために申請書に署名できないときは、申請書の署名は、申請者の依頼を受けた他の者によってなされ、その署名が真正であることは、公正証書により認証される。ロシア連邦の領域外においては、ロシア連邦の領域外に駐在するロシア連邦の外交代表部または領事機関の担当職員が申請書にその旨を記載する。
③ この連邦的法律に規定されたロシア連邦国籍の取得または喪失に対する利害関係者の同意は、書面でなされ、かかる者の署名が真正であることは、公正証書により認証される。ロシア連邦の領域外に居住する者の署名が真正であることは、ロシア連邦の領域外に駐在するロシア連邦の外交代表部または領事機関の担当職員によって認証される。
④ 申請書の様式、申請書の記載事項および必要書類は、ロシア連邦国籍の取得または喪失の事由に応じて、ロシア連邦大統領により承認されたロシア連邦国籍の審査手続に関する規則によって定められる。

第34条（国家手数料および領事手数料の徴収）
① ロシア連邦国籍の許可、回復または離脱に関する申請書の提出、およびロ

シア連邦の領域内に在る利害関係者の申請によるロシア連邦国籍の認定の際には、ロシア連邦の法令に定められた手続により、国家手数料が徴収され、ロシア連邦の領域外では、領事手数料が徴収される。
② この連邦的法律の第16条および第20条に規定された事由により、ロシア連邦国籍に関する申請が却下された場合といえども、国家手数料および領事手数料は返還されない。

第35条（ロシア連邦国籍に関する決定の手続および期限）
① ロシア連邦国籍に関する一般的手続による決定は、ロシア連邦大統領によって下される。
② 一般的手続によるロシア連邦国籍に関する申請書の審査およびロシア連邦国籍の許可に関する決定は、所定の様式で作成された申請書およびすべての必要書類の提出日から1年以内になされる。
③ ロシア連邦国籍に関する簡易手続による決定は、次の機関によって下される。
　内政を所轄する連邦の行政機関およびその地方機関
　外交を所轄する連邦の行政機関、ならびにロシア連邦の領域外に駐在するロシア連邦の外交代表部および領事機関
④ 簡易手続によるロシア連邦国籍に関する申請書の審査およびロシア連邦国籍の許可に関する決定は、所定の様式で作成された申請書およびすべての必要書類の提出日から6か月以内になされる。
⑤ ロシア連邦国籍に関する決定は、かかる決定が下された理由を記載した書面によりなされる。

第36条（ロシア連邦国籍に関する再申請の受理）
① ロシア連邦国籍に関する決定が下された者は、かかる決定が下された日から1年を経過したときは、再びロシア連邦国籍に関する申請書を提出する権利を有する。
② 申請者が現に知らなかったか、または知りえなかった事実があるときは、前項に定められた期間の前といえども、再申請を受理することができる。

第37条（ロシア連邦国籍の取得日ないし喪失日）
① ロシア連邦国籍は、次の日から取得される。
　この連邦的法律の第12条によるときは、子の出生の日
　この連邦的法律の第26条第2項および第4項によるときは、子の養子縁組の日
　その他の場合は、ロシア連邦国籍を所轄する機関が当該決定を下した日
② ロシア連邦国籍の喪失は、ロシア連邦国籍を所轄する機関が当該決定を下した日から、その効力を生じる。

第38条（ロシア連邦国籍に関する決定の実施）
① ロシア連邦国籍を所轄し、かつロシア連邦国籍に関する申請書を受理した機関は、その決定を利害関係者に通知し、かつ決定書を交付する。
② 内政を所轄する連邦の行政機関および外交を所轄する連邦の行政機関は、ロシア連邦国籍に関する決定の実施を監督し、かつロシア連邦大統領により承認されたロシア連邦国籍の審査手続に関する規則に定められた期間内に、ロシア連邦大統領に対し、当該実施について報告する。

第8章　ロシア連邦国籍を所轄する機関の決定およびその職員の行為に対する不服の申立てならびにロシア連邦国籍に関する紛争の解決

第39条（ロシア連邦国籍に関する決定に対する不服の申立て）
　ロシア連邦国籍に関する申請について、ロシア連邦国籍を所轄する機関の行った却下の決定に対しては、ロシア連邦の法令に定められた手続により、裁判所に不服の申立てをすることができる。

第40条（ロシア連邦国籍を所轄する機関の職員の行為に対する不服の申立て）
　ロシア連邦国籍に関する申請書の審査の拒否、ならびにロシア連邦国籍を所轄する機関の職員によるその他の行為で、ロシア連邦国籍に関する審査およびロシア連邦国籍の決定の実施に関する手続に違反するものに対しては、かかる職員の上司または裁判所に不服の申立てをすることができる。

第41条（子および行為無能力者の国籍に関する紛争の解決）

子または行為無能力者の国籍に関する父母の間および親と後見人または保佐人との間の紛争は、子または行為無能力者の利益を考慮し、裁判手続により解決される。

第9章　最終規定

第42条（ロシア連邦国籍に関する従前の法令にもとづき交付された文書の効力）

ロシア連邦国籍に関する従前の法令にもとづき交付された文書は、それらが適切に作成されているときは、法的効力を維持し、かつこの連邦的法律の施行日において有効とみなされる。

第43条（この連邦的法律の施行前に審査のため受理されたロシア連邦国籍に関する申請書の審査手続）

① この連邦的法律の施行前に審査のため受理されたロシア連邦国籍に関する申請書の審査、およびかかる申請書に関する決定は、次項に規定された場合を除き、この連邦的法律にしたがって行われる。

② この連邦的法律よりも有利なロシア連邦国籍の取得または喪失の手続がロシア連邦の法律「ロシア連邦国籍の件」により定められているときは、前項に規定された申請書の審査および申請書に関する決定は、かかるロシア連邦の法律に定められた手続にしたがって行われる。

第44条（この連邦的法律と他の規範的法的文書の調整）

① 次の規範的法的文書は、この連邦的法律の施行日に廃止されたものとみなす。

　　1981年6月29日のロシア・ソビエト連邦社会主義共和国最高会議幹部会令「ロシア・ソビエト連邦社会主義共和国国籍の許可手続の件」（ロシア・ソビエト連邦社会主義共和国最高会議官報1981年第26号903頁）

　　1981年6月29日のロシア・ソビエト連邦社会主義共和国最高会議幹部会令「ロシア・ソビエト連邦社会主義共和国国籍の許可に関する問題のロ

シア・ソビエト連邦社会主義共和国最高会議幹部会における審査手続に関する規則の承認の件」

1981 年 7 月 8 日のロシア・ソビエト連邦社会主義共和国法「ロシア・ソビエト連邦社会主義共和国最高会議幹部会令『ロシア・ソビエト連邦社会主義共和国国籍の許可手続の件』の承認の件」（ロシア・ソビエト連邦社会主義共和国最高会議官報 1981 年第 28 号 982 頁）

1991 年 11 月 28 日のロシア連邦の法律第 1948-I 号「ロシア連邦国籍の件」（ロシア連邦人民代議員大会およびロシア連邦最高会議官報 1992 年第 6 号 243 頁）。ただし、ロシア連邦国籍に関する申請書がこの連邦的法律の施行前に審査のため受理された者については、この連邦的法律よりも有利なロシア連邦国籍の取得または喪失の手続を規定した同法第 18 条 a) ないし c)、第 19 条第 3 項、第 20 条および第 41 条を除く。

1993 年 6 月 17 日のロシア連邦の法律第 5206-I 号「ロシア・ソビエト連邦社会主義共和国法『ロシア・ソビエト連邦社会主義共和国国籍の件』の改正追加の件」（ロシア連邦人民代議員大会およびロシア連邦最高会議官報 1993 年第 29 号 1112 頁）の第 2 項ないし第 4 項、第 7 項ないし第 18 項

1995 年 2 月 6 日の連邦的法律第 13-FZ 号「ロシア連邦法『ロシア連邦国籍の件』の改正の件」（ロシア連邦法令集 1995 年第 7 号 496 頁）

1999 年 5 月 24 日の連邦的法律第 99-FZ 号「在外同胞に関するロシア連邦の国家政策の件」（ロシア連邦法令集 1999 年第 22 号 2670 頁）の第 11 条

② ロシア連邦大統領およびロシア連邦政府に対し、この連邦的法律の施行日から 6 か月以内に、自己の規範的法的文書をこの連邦的法律に一致させることを提案する。

第 45 条（この連邦的法律の施行期日）

この連邦的法律は、2002 年 7 月 1 日から施行する。

大統領
ロシア連邦
V. プーチン

4 韓国の国籍法

奥 田 安 弘
岡　　克　彦

　以下に訳出するのは、韓国国籍法ならびにその施行令および施行規則である。韓国国籍法は、1997年12月13日の法律第5431号によって全面改正され、改正法は翌98年6月14日から施行された。最も重要な改正点は、父系血統主義を父母両系血統主義に変更したことであるが、その他のほとんどの規定も修正が加えられ、まさに全面改正の名にふさわしいものであった。その詳細は、奥田安弘＝岡克彦『在日のための韓国国籍法入門』(1999年・明石書店) に譲り、以下では、主な改正点のみを列挙しておく。

　第1に、改正前は父系血統主義を採用していたので、韓国人夫と外国人妻から生まれた子は韓国国籍を取得したが、韓国人妻と外国人夫から生まれた子は韓国国籍を取得しなかった。これに対して、改正後は父母両系血統主義を採用したので (2条1項1号)、夫婦のいずれか一方が韓国人であれば、子は韓国国籍を取得する。

　第2に、父母両系血統主義の採用に伴って、二重国籍者が増えることになったので、新たに国籍選択制度が設けられた。たとえば、韓国人と外国人の夫婦から生まれた子が父母双方の国籍を取得し、二重国籍になったときは、22歳になるまでに、いずれかの国籍を選択しなければならない (12条1項)。かような国籍選択制度は、わが国の国籍法にならったものであるが、日本法では、国籍選択を怠った者は、法務大臣の催告を受け、なお1か月以内に日本国籍を選択しない場合にのみ日本国籍を失うのに対して、韓国法では、選択期限の経

過とともに自動的に韓国国籍を失う（12条2項）。

　第3に、改正前は、韓国人父の認知を受けた外国人の子は、自動的に韓国国籍を取得したが、改正後は、法務部長官への届出が必要となった（3条）。また改正前は、韓国人男と婚姻した外国人女も、自動的に韓国国籍を取得したが、改正後は、帰化手続が必要となった（6条2項）。

　第4に、改正前は、外国人男が韓国国籍を取得した時に、妻子も自動的に韓国国籍を取得したが、改正後は、未成年の子が申請した場合に限り、かような随伴取得が認められることになった（8条）。

　第5に、改正前は、外国人が認知や帰化などによって韓国国籍を取得した場合は、6か月以内に外国国籍を失わなければ、自動的に韓国国籍を失ったが、改正後は、外国国籍の喪失が困難である場合には、6か月の猶予期間が延長されることになった（10条2項但書）。

　第6に、改正前は、自己の意思で外国国籍を取得した者だけでなく、婚姻や養子縁組などの結果として外国国籍を取得した者も、自動的に韓国国籍を失ったが、改正後は、自己の意思によらないで外国国籍を取得した場合は、国籍保有届を提出できることになった（15条2項）。

　最後に全体についていえば、法令の内容が極めて詳細になった。条文数では、改正前の16か条から、改正後は20か条になっただけであるが、個々の規定が詳しくなっただけでなく、施行令の改正や施行規則の制定なども行われた。

　以下の訳文は、奥田＝岡・前掲書に掲載されたものを見直すとともに、1997年以降の改正を踏まえたものである[1]。なお、奥田＝岡・前掲書の出版直後に、趙均錫＝石東炫＝崔喜圭『大韓民国新国籍法解説』（1999年・日本加除出版）が出ているが、同書には幾つかの疑問点や明らかな誤りが見られるので、脚注に

---

1)　改正後の法令の原文については、韓国法制処のウェブサイトを参照して頂きたい。<http://www.moleg.go.kr/>. さらに親子関係などの準拠法を定めた「渉外私法」が廃止され、2001年4月7日法律第6465号によって新たに「国際私法」が制定されたことにも注意を要する。国際私法の日本語訳については、青木清「改正韓国国際私法」国際私法年報5号288頁以下参照。

おいて指摘した[2]。

(1) 国籍法

国　籍　法

制　　定　1948年12月20日法律第16号
全文改正　1997年12月13日法律第5431号
最終改正　2005年 5 月24日法律第7499号

第1条（目的）
　この法律は、大韓民国の国民となる要件を定めることを目的とする。
第2条（出生による国籍取得）
① 次の各号の一に該当する者は、出生と同時に大韓民国の国籍を取得する。
　1　出生の時に父または母が大韓民国の国民である者[3]
　2　出生前に父が死亡したときは、父がその死亡の時に大韓民国の国民であった者
　3　父母がともに知れないとき、または国籍を有しないときは、大韓民国で生まれた者
② 大韓民国で発見された棄児は、大韓民国で生まれたものと推定する。
第3条（認知による国籍取得）

---

[2] 該当箇所を引用する際は、簡略化のために、奥田＝岡および趙＝石＝崔と表記する。なお、趙＝石＝崔166頁以下・214頁・322頁以下で紹介されている1997年12月10日の「中国同胞国籍業務処理指針」については、奥田・岡両名も、前掲書を出版する際に、その存在を知っていたが、立法資料を提供してくれた韓国法務部より、翻訳ないし紹介を控えるよう要請があったので、これに従った。

[3] 奥田＝岡53頁では、本号にいう「父または母」とは、渉外私法の指定する準拠法によって決定されると解説したが、とくに嫡出親子関係の成立の準拠法は、母の夫の本国法（渉外私法19条）から夫婦の一方の本国法（国際私法40条）に変更されたことに注意を要する。

① 大韓民国の国民でない者(以下では「外国人」という。)で、大韓民国の国民である父または母によって認知されたものは[4]、次の要件を備えるときは、法務部長官に届け出ることによって[5]、大韓民国の国籍を取得することができる。
1 大韓民国の民法により未成年であること[6]。

---

[4] 奥田=岡60頁以下では、本条にいう認知の成立については、当時の渉外私法20条が適用され、父の側の要件は父の本国法により、子の側の要件は子の本国法によると解説したが、現在では、国際私法41条が適用され、出生の時の父の本国法もしくは母の本国法または認知の時の父の本国法もしくは子の常居所地法によるので、認知の成立は極めて容易になった。なお、趙=石=崔108頁は、「渉外認知の要件および効力に関して、大韓民国の渉外私法は、第20条第1項において、認知した父又は母の本国法によりこれを定めると規定しているので、その認知行為が有効かどうかは大韓民国の民法と戸籍法によって判断すればよい」と述べているが、これは明らかな誤りである。当時の渉外私法20条では、認知の効力は、「父または母の本国法による」とされていたが、認知の要件は、「その父または母については、認知した時の父または母の本国法によってこれを定め、その子については、認知する時の子の本国法によってこれを定める」とされていた。

[5] 認知による国籍取得の要件として法務部長官への届出を追加した理由は、『国籍法改正法律(案)及び関連資料』(1997年・法務部法務課)43頁注3に書かれている。それによれば、改正前は、韓国人父の認知によって外国人子は自動的に韓国国籍を取得し、直ちに韓国戸籍に登載されていたが、戸籍の監督官庁は家庭法院であるため、法務部は認知による国籍取得を把握していなかった。これは、国籍事務が法務部の管轄に属することからみて、望ましい状態ではない。そこで、法務部が国籍の変動を把握するために、法務部長官への届出を要件としたのである(奥田=岡61頁)。しかるに、趙=石=崔109頁以下は、かような理由以外に、「国籍付与の前提となる外国人認知の適正さの担保という趣旨も内包している」とする。これは、あたかも法務部長官が認知の有効性を再審査するかのような誤解を招き、極めて不適切である。上記の『資料』43頁注4は、「法務部長官がその認知の有効性に関する私法的な要件までも審査する趣旨ではない」として、認知の再審査を明確に否定している。

[6] 趙=石=崔108頁は、「未成年の要件は、法務部長官に申告する時点ではなく、認知があった時点で充足されていれば足りるとみるのが相当である」と述べてい

2　出生の時に父または母が大韓民国の国民であったこと。

② 前項の規定による届出をした者は、その届出の時に大韓民国の国籍を取得する。

③ 第1項の規定による届出の手続などの必要事項は、大統領令によって定める。

第4条（帰化による国籍取得）

① 大韓民国の国籍を取得したことのない外国人は、法務部長官の帰化許可を得て、大韓民国の国籍を取得することができる。

② 法務部長官は、帰化許可を申請した者について、次条ないし第7条の規定により帰化条件を満たすか否かを審査した後、その条件を備えるものだけに帰化を許可する。

③ 第1項の規定により帰化許可を受けた者は、法務部長官がその許可をした時に大韓民国の国籍を取得する。

④ 第1項および第2項の規定による申請手続ならびに審査などの必要事項は、大統領令によって定める。

第5条（一般帰化の要件）

　外国人が帰化許可を受けるためには、次条および第7条の場合を除き、次の各号の要件を備えなければならない。

1　引き続き5年以上大韓民国に住所を有すること。

2　大韓民国の民法により成年であること。

3　品行方正であること。

るが、かような解釈は疑問である。この規定の目的は、未成年の間に国籍を確定させることにあるので、届出の時に子が未成年でなければ、その目的を達成することはできない（奥田＝岡62頁）。たとえば、日本人女の未成年の非嫡出子が韓国人男によって認知されたが、その後、韓国の法務部長官に国籍取得届をしないまま成年に達し、韓国人父も日本に帰化したとする。それにもかかわらず、未成年の間に認知されたことだけを理由として、数10年後に届出のみで韓国国籍を取得させるのは、国籍法3条の立法趣旨に反するであろう。したがって、認知を受けた子は、届出の時にも未成年でなければならないと解される。

4 　自己の資産もしくは技能により、または生計を同じくする家族に依存して、生計を維持する能力を有すること。
5 　国語能力および大韓民国の風習に対する理解など大韓民国の国民としての基本的な素養を備えていること。

第6条（簡易帰化の要件）

① 　次の各号の一に該当する外国人で引き続き3年以上大韓民国に住所を有するものは、前条第1号の要件を備えないときでも、帰化許可を受けることができる。
1 　父または母が大韓民国の国民であった者
2 　大韓民国で生まれた者で父または母も大韓民国で生まれたもの
3 　大韓民国の国民の養子で縁組の時に大韓民国の民法により成年であったもの

② 　大韓民国の国民たる配偶者をもつ外国人で次の各号の一に該当するものは、前条第1号の要件を備えないときでも、帰化許可を受けることができる。
1 　その配偶者と婚姻した状態で引き続き2年以上大韓民国に住所を有する者
2 　その配偶者と婚姻した日から3年を経過し、かつ婚姻した状態で引き続き1年以上大韓民国に住所を有する者
3 　第1号または前号の期間を満たすことができなかった場合といえども、その配偶者と婚姻した状態で大韓民国に住所を有していた間に、配偶者の死亡、失踪およびその他自己の責めに帰することができない事由によって、正常な婚姻生活を営むことができなかった者で、第1号または前号の残りの期間を満たし、かつ法務部長官が相当と認めるもの
4 　第1号または第2号の要件を満たすことができかった場合といえども、その配偶者との婚姻から生まれた未成年の子を養育しているか、または養育すべき者で、第1号または前号の期間を満たし、かつ法務部長官が相当と認めるもの

〔2004年1月20日の法律第7075号により第3号および第4号追加〕

第7条（特別帰化の要件）

① 次の各号の一に該当する外国人で大韓民国に住所を有するものは、第5条第1号、第2号または第4号の要件を備えないときでも、帰化許可を受けることができる。

　1　父または母が大韓民国の国民である者。ただし、養子で大韓民国の民法により成年となった後に縁組をしたものを除く。

　2　大韓民国に特別の功労のある者

② 法務部長官は、前項第2号に該当する者について帰化を許可しようとするときは、大統領の承認を得なければならない。

第8条（随伴取得）

① 外国人の子で大韓民国の民法により未成年であるものは、その父または母が帰化許可を申請する時に、国籍取得を申請することができる。

② 前項の規定により国籍取得を申請した者は、その父または母が法務部長官によって帰化を許可されるのと同時に、大韓民国の国籍を取得する。

③ 第1項の規定による申請の手続などの必要事項は、大統領令によって定める。

第9条（国籍回復による国籍取得）

① 大韓民国の国民であった外国人は、法務部長官の国籍回復の許可を得て、大韓民国の国籍を取得することができる。

② 法務部長官は、国籍回復の許可を申請した者について審査を行い、次の各号の一に該当するものには、国籍回復を許可しないものとする。

　1　国家または社会に危害を及ぼしたことがある者

　2　品行方正でない者

　3　兵役を忌避する目的で大韓民国の国籍を喪失または離脱した者

　4　国家安全保障、秩序維持または公共の福祉のため、法務部長官が国籍回復の許可を不適当と認めた者

③ 第1項の規定により国籍回復許可を受けた者は、法務部長官がその許可を

した時に大韓民国の国籍を取得する。
④　第1項および第2項の規定による申請手続ならびに審査などの必要事項は、大統領令によって定める。
⑤　前条の規定は、国籍回復許可の場合に準用する。
第10条（国籍取得者の外国国籍放棄義務）
①　大韓民国の国籍を取得した外国人でなお外国の国籍を有するものは[7]、大

---

7)　本条は、韓国国籍を取得した「外国人」を対象とするのであるから、認知による国籍取得、帰化による国籍取得、随伴取得、国籍回復による国籍取得（3条～9条）など、伝来的な国籍取得の場合にのみ適用されるが、これらの国籍取得は、すべて届出や許可申請などの行為を必要としている。一方、日本の国籍法11条1項によれば、日本人が自己の志望によって外国国籍を取得したときは、自動的に日本国籍を失うのであるから、帰化や届出によって韓国国籍を取得したとしても、本条にいう「なお外国の国籍を有するもの」には該当しないはずである。

　しかるに、趙＝石＝崔151頁は、次のように述べている。「日本を含めて相当数の国家が、自国民が自ら進んで外国国籍を取得したときには、自国国籍を自動的に喪失すると規定しているのが実情であるが、そのような法制を設けている国家の国民が、帰化などによって大韓民国国籍を取得する場合は、その者は本国法によってその国籍が自動的に喪失されるので、別途に原国籍放棄手続を履行しなくてもよいのではないかと考えられる。しかし、その場合でも、大韓民国の国籍法が要求する原国籍放棄手続を履行する義務があるとみなければならない。」

　かような解釈は、明らかに本条の文言に反するだけでなく、実際上も不都合を生じる。なぜなら、日本の国籍法には、かような場合における国籍放棄手続など存在せず、当事者は不可能を強いられることになるからである。また、日本の戸籍法103条には、国籍喪失届が規定されているが、この届出は、すでに日本国籍を失っていることを報告するためのものであるから、これをもって国籍放棄手続ということはできない。仮に日本の戸籍に国籍喪失届をしていなかったことが、原国籍放棄義務違反となり、韓国国籍の喪失を招くとしたら、かような者は無国籍になってしまう。なぜなら、韓国国籍の喪失は、6か月の期間が経過した時から将来に向かって効力を生じるので、韓国国籍を取得したという事実が残ってしまい（奥田＝岡98頁）、日本国籍は、自動的には回復されないからである。日本国籍を回復するためには、日本への帰化手続を要する。韓国国籍法10条は、重国籍を防止するためのものであり、かような無国籍の発生は、規定の趣旨に反する。

韓民国の国籍を取得した日から6か月のうちに、その外国の国籍を放棄しなければならない。

② 前項の規定を履行しなかった者は、その期間が経過した時に大韓民国の国籍を失う。ただし、本人の意思にかかわらず、前項の義務の履行が困難な者で、大統領令の定める事由に該当するものは、この限りでない。

第11条（国籍の再取得）

① 前条第2項の規定により大韓民国の国籍を失った者は、その後1年のうちに外国の国籍を放棄したときは、法務部長官に届け出ることによって、大韓民国の国籍を再取得することができる。

② 前項の規定による届出をした者は、その届出の時に大韓民国の国籍を取得する。

③ 第1項の規定による届出手続などの必要事項は、大統領令によって定める。

第12条（二重国籍者の国籍選択義務）

① 出生その他この法律の規定により、満20歳になる前に大韓民国の国籍と外国の国籍をともに有することとなった者（以下では「二重国籍者」という。）は、満22歳になるまでに、また満20歳になった後に二重国籍者となったものは、その時から2年のうちに、次条および第14条の規定により、ひとつの国籍を選択しなければならない。ただし、兵役法第8条の規定により第一国民役に編入された者は、編入の時から3か月以内、または本条第3項各号の一に該当した時から2年以内に、ひとつの国籍を選択しなければならない[8]。

---

8) 兵役法（最終改正2005年5月31日）によれば、すべての韓国国民男子は、18歳から第一国民役に編入され（8条1項）、原則として19歳になる年に徴兵検査を受けた後（11条）、①現役・補充役・第二国民役・兵役免除のいずれかの処分を受ける（14条）。また、現役兵として服務し、予備役に編入された後も、常勤予備役として召集されることがある（21条以下）。したがって、国籍法12条1項但書の趣旨は、これらの兵役義務を逃れるための国籍選択を防止することにあ

② 前項の規定による国籍選択をしなかった者は、前項にいう満22歳ないし2年を経過した時に大韓民国の国籍を失う。
③ 直系尊属が外国において永住する目的なく在留した状態で生まれた者は、兵役義務の履行に関連する次の各号の一に該当する場合に限り、第14条の規定による国籍離脱を届け出ることができる。
　1　現役、常勤予備役もしくは補充役としての服務を終了し、または終了したとみなされるとき。
　2　兵役免除処分を受けたとき。
　3　第二国民役に編入されたとき。
〔2005年5月24日の法律第7499号により第1項および第2項改正ならびに第3項追加〕

第13条（大韓民国の国籍選択手続）
① 二重国籍者で大韓民国の国籍を選択しようとするものは、前条第1項に規定された期間内に外国の国籍を放棄した後、法務部長官に大韓民国の国籍を選択する旨を届け出なければならない。
② 前項の規定による届出の受理要件、届出手続などの必要事項は、大統領令によって定める。

第14条（大韓民国の国籍離脱手続）
① 二重国籍者で外国の国籍を選択しようとするものは、第12条第1項に規定された期間内に、法務部長官に大韓民国の国籍を離脱する旨を届け出ることができる。ただし、同条同項但書または同条第3項に規定された者は、その期間内またはその事由が生じた時から届け出ることができる。
② 前項の規定により国籍離脱の届出をした者は、その届出の時に大韓民国の国籍を失う。

　　る。大韓民国・国会法制司法委員会『国籍法中改正法律案審査報告書』（2005年5月2日）2頁参照。<http://search.assembly.go.kr/bill/doc_20/17/pdf/170849_200.HWP.PDF>.

③　第1項の規定による届出手続などの必要事項は、大統領令によって定める。

〔2005年5月24日の法律第7499号により第1項改正〕

第15条（外国国籍取得による国籍喪失）

① 　大韓民国の国民で自ら進んで外国の国籍を取得したものは、その外国の国籍を取得した時に大韓民国の国籍を失う。

② 　大韓民国の国民で次の各号の一に該当するものは、外国の国籍を取得した時から6か月のうちに、法務部長官に対し、大韓民国の国籍を保有する意思がある旨を届け出なければ、その外国の国籍を取得した時にさかのぼって大韓民国の国籍を失う。

　　1　外国人との婚姻によりその配偶者の国籍を取得した者
　　2　外国人との養子縁組によりその養父または養母の国籍を取得した者
　　3　外国人である父または母によって認知され、その父または母の国籍を取得した者
　　4　外国の国籍を取得し大韓民国の国籍を失った者の配偶者または未成年の子で、外国の法律によりその外国の国籍を取得したもの

③ 　外国の国籍の取得によって大韓民国の国籍を失った者について、その外国の国籍を取得した日が不明であるときは、その者の使用する外国旅券の最初の発給日に外国の国籍を取得したものと推定する。

④ 　第2項の規定による届出手続などの必要事項は、大統領令によって定める。

第16条（国籍喪失者の処理）

① 　大韓民国の国籍を失った者（第14条の規定により国籍離脱の届出をした者を除く。）は、法務部長官に国籍喪失の届出をしなければならない。

② 　公務員は、大韓民国の国籍を失った者をその職務上発見したときは、遅滞なく法務部長官に国籍喪失の通報をしなければならない。

③ 　法務部長官は、大韓民国の国籍を失った者をその職務上発見したとき、または前二項の規定により国籍喪失の届出もしくは通報を受けたときは、戸籍

官署および住民登録官署に通報しなければならない。
④　前三項の規定による届出および通報手続などの必要事項は、大統領令によって定める。

第17条（官報告示）
①　法務部長官は、大韓民国の国籍の取得および喪失に関する事由が生じたときは、その旨を官報に告示しなければならない。
②　前項の規定により官報に告示すべき事項は、大統領令によって定める。

第18条（国籍喪失者の権利変動）
①　大韓民国の国籍を失った者は、その国籍喪失の時から、大韓民国の国民のみが享有できる権利を享有することができなくなる。
②　前項に規定された権利のうち、大韓民国の国民であった時に取得し譲渡可能であるものは、その権利に関連する法令に別段の定めがない限り、3年のうちに、これを大韓民国の国民に譲渡しなければならない。

第19条（法定代理人の届出等）
　この法律に規定する申請または届出は、その申請または届出をしようとする者が15歳未満であるときは、法定代理人が代わってする。

第20条（国籍判定）
①　法務部長官は、大韓民国の国籍の取得または保有の有無が明らかでない者については、これを審査した後に判定することができる。
②　前項の規定による審査、判定手続などの必要事項は、大統領令によって定める。

　　　附則（1997年12月13日法律第5431号）
第1条（施行期日）
　この法律は、公布の後6か月を経過した日から施行する。
第2条（帰化許可申請等に関する経過措置）
　この法律の施行前に従前の規定により帰化許可の申請、国籍回復許可の申請および国籍離脱許可の申請をした者については、従前の規定を適用する。

第3条（国籍の回復および再取得に関する経過措置）

① 第9条の改正規定は、この法律の施行前に大韓民国の国籍を喪失または離脱した者が大韓民国の国籍を回復する手続についても適用する。

② 第11条の改正規定は、前項に該当する者のうち、大韓民国の国籍を取得した後6か月のうちに外国の国籍を放棄しないことにより大韓民国の国籍を失ったものについても適用する。

第4条（国籍取得者の外国国籍放棄義務に関する経過措置）

第10条の改正規定は、この法律の施行前に大韓民国の国籍を取得し、その時からこの法律の施行日まで6か月を経過しない者についても適用する。

第5条（二重国籍者の国籍選択義務および手続に関する経過措置）

第12条ないし第14条の改正規定は、この法律の施行前に大韓民国の国籍と外国の国籍をともに有することとなった者（すでに国籍離脱許可を受けた者を除く。）についても適用する。ただし、この法律の施行日において満20歳以上の者は、この法律の施行日をもって第12条第1項の改正規定に定める国籍選択期間の起算日とみなす。

第6条（国籍喪失者の処理および権利変動に関する経過措置）

第16条および第18条の改正規定は、この法律の施行前に大韓民国の国籍を失った者についても適用する。

第7条（父母両系血統主義の採用による母系出生者の国籍取得の特例）

① 1978年6月14日から1998年6月13日までの間に大韓民国の国民を母として出生した者で、次の各号の一に該当するものは、2004年12月31日までに、大統領令の定めるところにより、法務部長官に届け出ることによって、大韓民国の国籍を取得することができる。

　1　母が現に大韓民国の国民である者
　2　母が死亡したときは、母がその死亡の時に大韓民国の国民であった者

② 前項の規定による届出は、国籍を取得しようとする者が15歳未満であるときは、法定代理人が代わってする。

③ 天災その他の不可抗力の事由によって第1項に規定する期間内に届出をす

ることができない者は、その事由が消滅した時から3か月のうちに、法務部長官に届け出ることによって、大韓民国の国籍を取得することができる。

④　第1項または前項の規定による届出をした者は、その届出の時に大韓民国の国籍を取得する。

〔2001年12月19日の法律第6523号により第1項および第2項改正〕

第8条（他の法律の改正）

民法を次のとおり改正する。

第781条第1項に次の但書を設ける。

ただし、父が外国人であるときは、母の姓および本を継ぐことができ、母の家に入籍する。

附則（2001年12月19日法律第6523号）

この法律は、公布の日から施行する。

附則（2004年1月20日法律第7075号）

①　（施行期日）

この法律は、公布の日から施行する。

②　（適用例）

第6条第2項第3号および第4号の改正規定は、1998年6月14日からこの法律の施行前までに大韓民国の国民と婚姻した外国人にも適用する。

附則（2005年5月24日法律第7499号）

①　（施行期日）

この法律は、公布の日から施行する。

②　（二重国籍者の国籍離脱届に関する適用例）

第12条第1項但書および第3項ならびに第14条第1項但書の改正規定は、この法律の施行後、最初に国籍離脱の届出をした者から適用する。

(2) **施行令**

国籍法施行令

制　　定　1951年11月18日大統領令第567号

第Ⅱ章　国　籍　法

全文改正　1998年6月5日大統領令第15807号

第1条（目的）
　この大統領令は、国籍法によって委任された事項、およびその施行について必要な事項を規定することを目的とする。

第2条（認知による国籍取得の届出手続等）
① 国籍法（以下では「法」という。）第3条第1項の規定により大韓民国の国籍を取得しようとする者は、法務部令の定める国籍取得届書を作成し、法務部長官に提出しなければならない。
② 法務部長官は、前項の規定による国籍取得届を受理したときは、遅滞なく本人にその旨を通知し、官報に告示しなければならない。

第3条（帰化許可の申請）
　法第4条第1項の規定により帰化許可を得ようとする者は、法務部令の定める帰化許可申請書を作成し、法務部長官に提出しなければならない。

第4条（帰化許可申請に関する審査）
① 法務部長官は、法第4条第2項の規定により帰化許可申請者の帰化要件を審査するときは、関係機関の長に対し、帰化許可申請者の身元照会、犯罪歴照会および在留動向調査を依頼し、またはその他の必要事項について意見を求めることができる。
② 法務部長官は、帰化許可申請者のうち、法第6条第2項各号の一に該当するものが配偶者と正常な婚姻関係を維持しているか否かについて、法務部令の定める証明書類を提出させ、または居住地を実地調査するなどの適当な方法によって確認しなければならない。
③ 法務部長官は、前二項の規定による照会、調査および確認をした後、帰化要件（法第5条第3号および第5号の要件を除く。）を備えていると判断した者についてのみ、法第5条第3号および第5号の要件を備えているか否かに関する審査（以下では「帰化適格審査」という。）を実施する。
④ 帰化適格審査は、筆記試験および面接審査に分けて実施する。ただし、法

務部令の定める者については、筆記試験を免除することができる。
⑤　筆記試験の出題方法など帰化適格審査の実施について必要な事項は、法務部令によって定める。
⑥　法務部長官は、帰化適格審査の対象者のうち、筆記試験において100点満点で60点以上を獲得し、かつ面接審査において適合評価を受けたものを帰化適格者と判定する。

第5条（帰化許可）
①　法務部長官は、帰化適格審査の結果、帰化適格者と判定された者にのみ、帰化を許可する。
②　法務部長官は、帰化を許可したときは、遅滞なく本人にその旨を通知し、官報に告示しなければならない。

第6条（特別帰化の対象者）
　法第7条第1項第2号にいう「大韓民国に特別の功労のある者」とは、次の各号の一に該当するものをいう。
　1　本人、配偶者または直系の尊属もしくは卑属が独立功労または国家功労によって関係の法律により大韓民国の政府から勲章、褒章または表彰を受けたことがある者
　2　国家安保、社会、経済、教育または文化などの分野において、大韓民国の国益に寄与した功労がある者
　3　その他前二号に準ずる功労があると法務部長官が判断した者

第7条（随伴取得の申請手続等）
①　法第8条第1項の規定による国籍取得（以下では「随伴取得」という。）をしようとする者は、その父または母が第3条の規定により法務部長官に提出する帰化許可申請書において、随伴取得をする意思を表示しなければならない。
②　前項の規定による申請をする場合において、父母が離婚しているときは、書面によって、父または母が随伴取得申請者に対する親権もしくは養育権を有していることを証明しなければならない。

③　法務部長官は、法第8条第1項に規定された要件に該当する者が前二項の手続により随伴取得を申請した場合において、その父または母の帰化を許可したときは、随伴取得に関する事項を同時に通知し、官報に告示しなければならない。

第8条（国籍回復許可の申請）

　法第9条第1項の規定により国籍回復許可を受けようとする者は、法務部令の定める国籍回復許可申請書を作成し、法務部長官に提出しなければならない。

第9条（国籍回復許可申請に関する審査）

①　法務部長官は、法第9条第2項の規定により国籍回復許可申請者の国籍回復要件を審査するときは、関係機関の長に対し、国籍回復許可申請者の身元照会、犯罪歴照会、兵籍照会もしくは在留動向調査を依頼し、またはその他の必要事項について意見を求めることができる。

②　法務部長官は、必要があるときは、国籍回復許可申請者に意見を陳述させ、または補完資料の提出を求めることができる。

第10条（国籍回復許可）

①　法務部長官は、国籍回復許可申請者に国籍回復を許可したときは、遅滞なく本人にその旨を通知し、官報に告示しなければならない。

②　第7条の規定は、国籍回復許可の場合に準用する。この場合において、「帰化許可申請書」とあるのは、「国籍回復許可申請書」と読み替える。

第11条（外国国籍放棄の方式等）

①　法第10条第1項に該当する者（同条第2項但書に該当する者を除く。）は、同条同項の期間内に外国の法律および制度によりその外国の国籍を放棄または喪失する手続をした後、その外国の領事その他の関連する公務員が発給した国籍放棄（喪失）証明書、その他これに準ずる書類（以下では「国籍放棄証明書等」という。）を遅滞なく法務部長官に提出しなければならない。ただし、その外国の法律および制度により国籍の放棄が不可能であり、またはこれに準ずる特段の事由がある者は、同条同項の期間内に法務部令の定める外

国国籍放棄覚書を作成し、法務部長官に提出することができる。この場合には、外国国籍放棄覚書を提出した時に、その外国の国籍を放棄したものとみなす。
② 法務部長官は、前項の規定により国籍放棄証明書等を提出し、または外国国籍放棄覚書を提出した者に対し、外国国籍放棄確認書を発給しなければならない。
③ 前項に規定された外国国籍放棄確認書の書式および発給手続などの必要事項は、法務部令によって定める。

第12条（外国国籍放棄事実の証明の要求）
① 法務部長官は、法第10条第1項に該当する者（同条第2項但書に該当する者、および前条第1項の規定により国籍放棄証明書等を提出し、または外国国籍放棄覚書を提出した者を除く。）に対し、同条同項の期間が経過した後、外国の国籍を放棄したか否かを確認する必要があるときは、その放棄事実の証明を書面によって要求することができる。
② 前項に該当する者の所在が知れず、またはその他のやむを得ない事情によって書面による要求ができないときは、官報への掲載によって、前項の規定の要求をすることができる。この場合には、その要求の意思表示は、官報に掲載された日の翌日に到達したものとみなす。
③ 前二項のいずれかの規定による要求を受けた者は、要求を受けた時から1か月のうちに、外国の領事その他の関連する公務員が発給した国籍放棄証明書等によって、外国の国籍を放棄した事実を証明しなければならない。これを履行しなかったときは、外国の国籍を放棄しなかったものとみなす。
④ 前項に該当する者で、天災その他の不可抗力の事由によって期間内に要求事項を履行することができなかったものは、その事由が消滅した時から10日のうちに、外国の国籍を放棄した事実を証明することができる。

第13条（外国国籍放棄義務の留保）
① 法第10条第2項但書にいう「本人の意思にかかわらず、前項の義務の履行が困難な者で、大統領令の定める事由に該当するもの」とは、次の各号の

一に該当するものをいう。

1 大韓民国の国籍を取得した時に、大韓民国の民法により未成年であった者

2 当該外国の法律により定められた手続などによって、法第10条第1項に規定された期間内に、外国の国籍を放棄する手続を完了することができなかったが、その期間内に外国の領事その他の関連する公務員に対する国籍放棄の届出または宣誓など国籍放棄の手続を開始し、法務部長官にその事実を証明する書類を提出した者

3 外国に住所を有し、または永住帰国の準備をしていたことなど、法務部長官が認定した特段の事由によって、法第10条第1項に規定された期間内に、外国の国籍を放棄することができなかった者で、その期間内に法務部長官にその事由を疎明する書類を提出したもの

② 法務部長官は、前項第2号または第3号に該当する者に対し、外国国籍放棄留保確認書を発給しなければならない。

③ 前項の外国国籍放棄留保確認書の書式および発給手続などの必要事項は、法務部令によって定める。

第14条（外国国籍未放棄者の処遇の制限）

　法第10条第1項に規定された者で、国籍放棄証明書等によって国籍放棄事実を証明することができなかったもの、または前条第1項各号の一に該当することを証明することができなかったものに対しては、関係する法令の定めるところにより、出入国、在留、住民登録または旅券の発給などについて、大韓民国の国民としての処遇を制限することができる。

第15条（国籍再取得の届出手続等）

① 法第11条第1項の規定により大韓民国の国籍を再取得しようとする者は、法務部令の定める国籍取得届書を作成し、法務部長官に提出しなければならない。

② 法務部長官は、前項の国籍取得届書を受理したときは、遅滞なく本人にその旨を通知し、官報に告示しなければならない。

第 16 条（二重国籍者の意義等）9)

　法第 12 条第 1 項にいう「その他この法律の規定により、満 20 歳になる前に大韓民国の国籍と外国の国籍をともに有することとなった者」とは、次の各号の一に該当するものをいう。
　1　満 20 歳になる前に、法第 3 条、法第 4 条、法第 8 条、法第 9 条または法律第 5431 号国籍法改正法律附則第 7 条の規定により、大韓民国の国籍を取得した外国人で、法第 10 条第 2 項但書の規定により、外国の国籍の放棄が留保されたもの
　2　大韓民国の国民で、満 20 歳になる前に、外国の国籍を取得した後、法第 15 条第 2 項の規定により、大韓民国の国籍を保有する意思がある旨を法務部長官に届け出たもの
②　法第 12 条第 1 項にいう「満 20 歳になった後に二重国籍になった者」とは、次の各号の一に該当するものをいう。
　1　満 20 歳になった後、法第 4 条または第 9 条の規定により大韓民国の国籍を取得した外国人で、法第 10 条第 2 項但書の規定により、外国の国籍の放棄が留保されたもの
　2　満 20 歳以上の大韓民国の国民で、外国の国籍を取得した後、法第 15 条第 2 項の規定により、大韓民国の国籍を保有する意思がある旨を法務部長官に届け出たもの
③　法第 12 条第 1 項但書にいう「大統領令が定めた事由に該当する者」とは、二重国籍者のうち、大韓民国の戸籍に入籍されている男子で、兵役法の規定により第一国民役に編入された後、兵役を終了していないか、または免除を受けていないものをいう。
④　法第 12 条第 1 項但書にいう「その事由が消滅した時」とは、兵役法の規

---

9)　本条 3 項および 4 項は、2005 年改正前の法 12 条 1 項但書が「ただし、兵役義務の履行に関連して大統領令が定めた事由に該当する者は、その事由が消滅した時から 2 年のうちに、ひとつの国籍を選択しなければならない」と規定していたことを前提とするが、改正により死文となってしまった。

定により次の各号の一に該当することとなった時をいう。ただし、満 20 歳になる前に、次の各号の一に該当することとなった者は、満 20 歳になった時にその事由が消滅したものとみなす。

1　現役、常勤予備役もしくは補充役としての服務を終了し、または終了したとみなされる時。
2　兵役免除処分を受けた時。
3　第二国民役に編入された時。

第 17 条（国籍選択の届出手続等）

①　法第 13 条第 1 項の規定により二重国籍者で大韓民国の国籍を選択する旨の届出をしようとするものは、法第 12 条第 1 項に規定された期間内に、外国の法律および制度によりその外国の国籍を放棄または喪失する手続を終了した後、法務部令の定める国籍選択届書を作成し、法務部長官に提出しなければならない。

②　第 11 条第 1 項但書に該当する者は、前項の国籍選択届のために外国の国籍を放棄するときは、外国国籍放棄（喪失）証明書に代えて外国国籍放棄覚書を提出することができる。この場合には、外国国籍放棄覚書を国籍選択届書とともに提出することができる。

③　法務部長官は、第 1 項の規定による国籍選択届を受理したときは、遅滞なく本人にその旨を通知し、本籍地の戸籍官署の長に通報しなければならない。

第 18 条（国籍離脱の届出手続等）

①　二重国籍者で法第 14 条第 1 項の規定により大韓民国の国籍を離脱する旨の届出をしようとするものは、法務部令の定める国籍離脱届書を作成し、法務部長官に提出しなければならない。

②　法務部長官は、前項の規定による国籍離脱届を受理したときは、遅滞なく本人にその旨を通知し、官報に告示し、本籍地の戸籍官署の長に通報しなければならない。

③　法務部長官は、前項の場合において、国籍離脱者が住民登録されているこ

とを知ったときは、住民登録官署の長にも通報しなければならない。
④　前二項の規定により、本籍地の戸籍官署の長または住民登録官署の長に通報する書類には、次の各号に掲げる事項を記載し、大韓民国の国籍の喪失を証明する書類を添付しなければならない。
　1　国籍喪失者の姓名、生年月日、性別および本籍
　2　国籍喪失の原因および年月日
　3　外国国籍を取得したときは、その国籍
第19条（国籍保有意思の届出手続等）
①　法第15条第2項の規定により大韓民国の国籍を保有する意思がある旨の届出をしようとする者は、法務部令の定める国籍保有届書を作成し、法務部長官に提出しなければならない。
②　法務部長官は、前項の規定による国籍保有届を受理したときは、遅滞なく本人にその旨を通知し、本籍地の戸籍官署の長に通報しなければならない。
③　前項の規定により、本籍地の戸籍官署の長に通報する書類には、次の各号に掲げる事項を記載しなければならない。
　1　国籍保有届をした者の姓名、生年月日、性別および本籍
　2　外国国籍取得の原因および年月日
第20条（国籍喪失の届出・通報手続等）
①　法第16条第1項の規定により国籍喪失の届出をしようとする者は、法務部令の定める国籍喪失届書を作成し、法務部長官に提出しなければならない。
②　法第16条第2項の規定により国籍喪失の通報をするときは、国籍喪失者の姓名、生年月日、性別、本籍などの人的事項を記載し、その者が大韓民国の国籍を失った原因および年月日を証明する書類、またはその者が所持していた外国旅券の写しを添付しなければならない。
第21条（国籍喪失者の処理）
①　法務部長官は、大韓民国の国籍を失ったにもかかわらず戸籍から除籍されていない者をその職務上発見し、または前条の規定による国籍喪失の届出も

しくは通報を受理したときは、遅滞なく官報にその旨を告示し、かつ法第16条第3項の規定により本籍地の戸籍官署の長に通報しなければならない。

② 第18条第3項および第4項の規定は、前項の場合にこれを準用する。

第22条（法定代理人がする申請・届出等）

法第19条の規定により法定代理人が申請または届出をするときは、申請書または届書に法定代理人の姓名、住所および申請者（届出人）との関係を記載し、その関係を証明する書類を添付しなければならない。

第23条（国籍判定の申請）

法第20条の規定により国籍判定を受けようとする者は、法務部令の定める国籍判定申請書を作成し、法務部長官に提出しなければならない。

第24条（国籍判定の審査・判定手続等）

① 法務部長官は、国籍判定をする場合において、必要があるときは、関係機関の長に対し、国籍判定申請者の身元照会、犯罪歴照会もしくは在留動向調査を依頼し、または審査の際に参考となるその他の事項について意見を求めることができる。

② 法務部長官は、必要があるときは、国籍判定申請者に意見陳述をさせ、または補完資料の提出を求めることができる。

③ 法務部長官は、国籍判定申請者の血縁関係、国外移住の経緯、大韓民国の国籍を取得した事実の有無、およびその者が大韓民国の国籍を取得した後に自ら進んで外国の国籍を取得することによって大韓民国の国籍を失った事実の有無などを審査した後、現に大韓民国の国籍を保有しているか否かを判定する。

④ 法務部長官は、国籍判定申請者が現に大韓民国の国籍を保有していると判定したときは、遅滞なく本人にその旨を通知し、官報に告示しなければならない。

⑤ 前項の判定を受けた者は、別段の国籍取得手続を取らないでも、戸籍法の定めるところにより就籍をすることができる。

第25条（外国に住所を有する者の申請または届出）

① 法第3条第1項、法第9条第1項、法第11条第1項、法第13条第1項、法第14条第1項、法第15条第2項および法第16条第1項の規定による届出または申請は、その届出または申請をしようとする者が外国に住所を有するときは、住所地を管轄する在外公館の長に届書または申請書を提出することができる。ただし、外国に住所を有する者が大韓民国に居所を有するときは、直接に法務部長官に届書または申請書を提出することができる。

② 前項の規定により届書または申請書の提出を受け付けた在外公館の長は、遅滞なく、外交通商部長官を経由して法務部長官に送付しなければならない。

③ 法務部長官は、在外公館の長を経由して提出された届出または申請を受理したときは、外交通商部長官を経由して在外公館の長にその旨を通報する。

第26条（官報に告示すべき事項）

法第17条第2項の規定により官報に告示すべき事項は、次のとおりである。

1　認知による国籍取得届を受理したときは、国籍取得者の人的事項（姓名、生年月日、性別、従前の国籍、本籍の予定地および戸主の姓名をいう。以下の第2号ないし第4号においても同様とする。）、および届出を受理した日

2　帰化を許可したときは、帰化をした者の人的事項、および帰化を許可した日（随伴取得者があるときは、随伴取得者の人的事項を含む。）

3　国籍回復を許可したときは、国籍回復をした者の人的事項、国籍喪失の原因および年月日、ならびに国籍回復を許可した日（随伴取得者があるときは、随伴取得者の人的事項を含む。）

4　国籍再取得による国籍取得届を受理したときは、国籍取得者の人的事項、および届出を受理した日

5　国籍離脱届を受理したときは、国籍を離脱した者の人的事項（姓名、生年月日、性別、外国の国籍、本籍地および戸主の姓名）、および届出を受理した日

6　国籍喪失者について国籍喪失の処理をしたときは、国籍喪失者の人的事

項（姓名、生年月日、性別、本籍地および戸主の姓名）、ならびに国籍喪失の原因および年月日（外国国籍を取得したときは、その国籍を含む。）
7 国籍判定の申請において国籍保有者と判定したときは、国籍保有の判定を受けた者の人的事項（姓名、生年月日、性別、本籍地または本籍の予定地および戸主の姓名）、および国籍保有の判定をした日

附則（1998年6月5日大統領令第15807号）
第1条（施行期日）
この施行令は、1998年6月14日から施行する。
第2条（母系出生者の国籍取得特例の届出手続等）
① 法附則第7条第1項または第3項の規定により大韓民国の国籍を取得しようとする者は、法務部令の定める国籍取得届書を作成し、法務部長官に提出しなければならない。
② 法務部長官は、前項の規定による国籍取得届を受理したときは、遅滞なく本人にその旨を通知し、官報に告示しなければならない。
③ 第25条の規定は、外国に住所を有する者が第1項の規定により国籍取得届をする場合に準用する。

(3) **施行規則**

国籍法施行規則

制　　定　1998年6月12日法務部令第461号
最終改正　2004年6月10日法務部令第553号

第1条（目的）
この規則は、国籍法および国籍法施行令によって委任された事項、ならびにそれらの施行に必要な事項を規定することを目的とする。
第2条（国籍取得届書の書式および添付書類）
① 国籍法施行令（以下では「令」という。）第2条第1項に規定された国籍

取得届書は、別紙第1号書式による。
② 前項の国籍取得届書に添付すべき書類は、次の各号のとおりである。
1　外国人であることを証明する書類
2　大韓民国の国民である父または母によって認知された事実を証明する書類
3　出生の時に父または母が大韓民国の国民であったことを証明する書類

第3条（帰化許可申請書の書式および添付書類）
① 令第3条に規定された帰化許可申請書は、別紙第2号書式による。
② 前項の帰化許可申請書に添付すべき書類は、次の各号のとおりである。
1　外国人であることを証明する書類
2　外国人登録証の写し。ただし、国籍法（以下では「法」という。）第7条第1項第2号に該当する者を除く。
3　出入国の事実の証明
4　3000万ウォン以上の預金残高証明書、3000万ウォン以上に相当する不動産登記簿の謄本もしくは不動産伝貰契約書の写し、在職証明書もしくは就業予定事実証明書、または法務部長官がこれに相当すると認めるその他の書類で、本人もしくは生計をともにする家族が生計維持能力を有することを証明するもの。ただし、法第7条第1項第2号に該当する者を除く。
5　随伴取得を申請する子があるときは、親子関係を証明する書類
6　次項の規定による推薦書およびその作成者の身分を証明する書類（法第6条および法第7条第1項第1号に該当する者を除く。）
7　父または母の戸籍(除籍)謄本（法第6条第1項第1号に該当する者に限る。）
8　本人および父または母が大韓民国で生まれた事実を証明する書類（法第6条第1項第2号に該当する者に限る。）
9　養子縁組の事実が記載された養父または養母の戸籍謄本（法第6条第1項第3号に該当する者に限る。）
10　韓国人配偶者の戸籍謄本および住民登録謄本（法第6条第2項第1号ま

たは第2号に該当する者に限る。)。ただし、外国で婚姻し、韓国人配偶者の戸籍に婚姻の事実が記載されていないときは、婚姻した事実を証明する書類をもって代える。

11　韓国人配偶者の戸籍(除籍)謄本、またはその配偶者の死亡もしくは失踪、その他本人の責めに帰することができない事由によって、正常な婚姻生活を営むことができなかった事実を証明する書類(法第6条第2項第3号に該当する者に限る。)

12　韓国人配偶者の戸籍(除籍)謄本、またはその配偶者との間に生まれた未成年の子がある事実を証明する出生証明書もしくはこれに準ずる書類、および本人が未成年の子を養育し、もしくは養育すべき者である事実を証明する書類(法第6条第2項第4号に該当する者に限る。)

13　父または母の戸籍謄本および住民登録謄本(法第7条第1項第1号に該当する者に限る。)

14　令第6条各号の一に該当する事実を証明する書類(法第7条第1項第2号に該当する者に限る。)

③　前項第6号に規定された推薦書は、次の各号の一に該当する者のうち2人以上によって作成されたものでなければならない。

1　国会議員
2　地方自治体の長、地方議会議員、教育委員または教育監
3　判事、検事または弁護士
4　高等教育法の規定による教員
5　初・中等教育法の規定による教員のうち校長または教頭
6　5級以上もしくは5級相当以上の国家公務員または地方公務員
7　次のいずれかに該当する者のうち、法務部長官が定めた基準以上の職にあるもの
　　カ　銀行法第8条の規定により銀行業の認可を受けた金融機関に勤務する者
　　ナ　公務員年金法第47条第2号および第3号に該当する機関のうち、法

務部長官が指定した機関に勤務する者
　タ　定期刊行物の登録等に関する法律の規定による一般日刊新聞社に勤務する者
　ラ　放送法の規定による放送局に勤務する者
　マ　カないしラに相当すると法務部長官が判断した機関、団体などに勤務する者
〔2004年6月10日の法務部令第553号により第2項第10号改正ならびに同項第11号および第12号追加、以下号番号繰り下げ〕

第4条（帰化適格審査）
　令第4条第4項但書の規定により筆記試験の免除を受けることができる者は、次の各号のとおりである。
　1　夫婦がともに帰化許可申請をした場合における一方の配偶者
　2　未成年者
　3　60歳以上の者
　4　法第7条第1項第2号に該当する者
　5　その他法務部長官が認めた特段の事由のある者
②　筆記試験では、大韓民国の歴史、政治、文化、国語および風習に関する理解など、大韓民国の国民になるために備えておくべき基本的な素養に関する事項を審査し、論述式または択一式で10問ないし20問を出題する。
③　面接審査では、国語能力、大韓民国の国民としての姿勢および自由民主的な基本秩序への信念など、大韓民国の国民として備えておくべき基本的な要件を審査する。

第5条（帰化申請者の国内居住要件）
　法第5条第1号および法第6条に規定された期間は、外国人が適法に入国して外国人登録を済ませ国内で継続して滞在した期間とする。次の各号の一に該当する場合は、国内で継続して滞在したものとみなし、前後の滞在期間を通算する。
　1　国内に滞在しており、滞在期間の満了前に再入国許可を取得して出国し

た後、その許可期間内に再入国したとき。
 2 　国内に滞在しており、滞在期間の延長が不可能であることなどの理由により一時的に出国したが、1か月以内に入国査証を取得して再入国したとき。
 3 　前二号に準ずる事由があり、法務部長官が前後の滞在期間を通算することが相当であると判断したとき。

第6条（国籍回復許可申請書の書式および添付書類）
① 　令第8条に規定された国籍回復許可申請書は、別紙第3号書式による。
② 　前項の国籍回復許可申請書に添付すべき書類は、次の各号のとおりである。
 1 　戸籍謄本、除籍謄本、その他本人が大韓民国の国民であった事実を証明する書類
 2 　国籍喪失の原因および年月日を証明する書類（外国の国籍を取得したときは、その国籍を取得した原因および年月日を証明する書類）
 3 　随伴取得を申請する子があるときは、親子関係を証明する書類
 4 　身元の申述書4通
③ 　外国に住所を有する者は、その住所地を管轄する在外公館の長に国籍回復許可申請書を提出するときは、次の各号の書類を添付しなければならない。
 1 　前項第1号ないし第3号に規定された書類
 2 　国内に住所を有しないときは、その理由書
 3 　住所地を管轄する在外公館の領事が作成し、または確認した外国居住事実証明書

第7条（外国国籍放棄覚書の書式および添付書類）
① 　令第11条第1項但書に規定された外国国籍放棄覚書は、別紙第4号書式による。
② 　前項の外国国籍放棄覚書に添付すべき書類は、次の各号のとおりである。
 1 　当該外国の旅券の原本
 2 　当該外国の国籍にもとづき所持する身分に関するその他の書類の原本

第8条（外国国籍放棄確認書の書式および発給の手続）
① 令第11条第2項に規定された外国国籍放棄確認書は、別紙第5号書式による。
② 法務部長官は、令第11条第1項本文の規定により外国の国籍を放棄または喪失する手続をした後、その外国の領事その他の関連する公務員が発給した国籍放棄（喪失）証明書またはこれに準ずる書類を提出した者に対し、前項の外国国籍放棄確認書を発給する。
③ 法務部長官は、令第11条第1項但書の規定により外国国籍放棄覚書を提出した者に対し、これを受理した時に前項の外国国籍放棄確認書を発給する。

第9条（外国国籍放棄留保確認書の書式）
令第13条第2項に規定された外国国籍放棄留保確認書は、別紙第6号書式による。

第10条（国籍再取得届の届書の書式および添付書類）
① 令第15条第1項に規定された国籍取得届書は、別紙第1号書式による。
② 前項の国籍取得届書に添付すべき書類は、次の各号のとおりである。
　1　戸籍謄本または大韓民国の国籍を取得した事実を証明する書類
　2　外国の国籍を放棄した事実および年月日を証明する書類

第11条（国籍選択届書の書式および添付書類）
① 令第17条第1項に規定された国籍選択届書は、別紙第7号書式による。
② 前項の国籍選択届書に添付すべき書類は、次の各号のとおりである。
　1　戸籍謄本
　2　外国の国籍を放棄した事実および年月日を証明する書類

第12条（国籍離脱届書の書式および添付書類）
① 令第18条第1項に規定された国籍離脱届書は、別紙第8号書式による。
② 前項の国籍離脱届書に添付すべき書類は、次の各号のとおりである。
　1　戸籍謄本
　2　外国の国籍を取得し、またはこれを有している事実を証明する書類

3　男子で満18歳になる年の1月1日以後に国籍離脱届をしようとするものについては、兵籍証明書または兵役義務の履行に関連して定められた令第16条第4項各号の一に該当する事実を証明する書類

第13条（国籍保有届書の書式および添付書類）
①　令第19条第1項に規定された国籍保有届書は、別紙第9号書式による。
②　前項の国籍保有届書に添付すべき書類は、次の各号のとおりである。
　1　戸籍謄本
　2　外国の国籍を取得した原因および年月日を証明する書類

第14条（国籍喪失届書の書式および添付書類）
①　令第20条第1項に規定された国籍喪失届書は、別紙第10号書式による。
②　前項の国籍喪失届書に添付すべき書類は、次の各号のとおりである。
　1　戸籍謄本
　2　国籍喪失の原因および年月日を証明する書類（外国の国籍を取得したときは、その国籍を取得した原因および年月日を証明する書類）
③　外国の国籍を取得することによって大韓民国の国籍を失った者のうち、その外国の国籍を取得した年月日を証明する書類を提出することができないものは、前項第2号の書類に代えてその外国の旅券の写しを提出することができる。

第15条（国籍判定申請書の書式および添付書類）
①　令第23条に規定された国籍判定申請書は、別紙第11号書式による。
②　前項の国籍判定申請書に添付すべき書類は、次の各号のとおりである。
　1　本人または国内に居住する親族の戸籍謄本、その他出生の時の血縁関係を疎明することができる書類
　2　外国の国籍を取得したことがあるときは、その事実を証明する書類（その外国の旅券の写しをもって代えることができる。）、およびその外国の国籍を取得した経緯に関する申述書
　3　外国に居住した後、大韓民国に入国して住所または居所を置いている者については、入国の時に使用した外国の旅券、旅行証明書または入国許可

書の写し
4　国籍判定の参考になるその他の資料

第16条（訳文の添付）
　令およびこの規則の規定による申請または届出に関連して法務部長官に提出する書類は、外国語によって作成されているときは、訳文を添付し、かつその訳文には翻訳者の姓名および連絡先を記載しなければならない。

第17条（証明書の発給）
① 法務部長官は、大韓民国の国籍を失った者、およびこの規則の規定により申請書または届書を提出した者の申請があったときは、その事実に関する証明書を発給することができる。
② 前項の規定による証明書の発給は、別紙第12号書式による。

第18条（手数料）
① 国籍業務に関連した各種の許可申請、届出および証明書などの発給の手数料は、次の各号のとおりである。
　1　帰化許可の申請（1人あたりであり、随伴取得者を除く。）　　　　　　　　　　　　　　　　　　　　　　　　　　10万ウォン
　2　国籍回復許可の申請（1人あたりであり、随伴取得者を除く。）　　　　　　　　　　　　　　　　　　　　　　　　　　5万ウォン
　3　国籍取得の届出（1人あたり）　　　　　　　1万ウォン
　4　国籍再取得の届出（1人あたり）　　　　　　1万ウォン
　5　国籍離脱の届出（1人あたり）　　　　　　　1万ウォン
　6　国籍保有の届出（1人あたり）　　　　　　　1万ウォン
　7　外国国籍放棄確認書の発給（1通あたり）　　1000ウォン
　8　外国国籍放棄留保確認書の発給（1通あたり）1000ウォン
　9　前条の規定による証明書の発給（1通あたり）1000ウォン
② 前項に規定された手数料は、その金額に相当する政府収入印紙によって納付する。ただし、在外公館では、現金、当該金額に相当する外国の貨幣または納付を証明する証票などをもって、これに代えることができる。

附則（1998 年 6 月 12 日法務部令第 461 号）

第 1 条（施行期日）

この規則は、1998 年 6 月 14 日から施行する。

第 2 条（母系出生者の国籍取得届書の書式および添付書類）

① 令附則第 2 条第 1 項に規定された国籍取得届書は、別紙第 1 号書式による。

② 前項の国籍取得届書に添付すべき書類は、次の各号のとおりである。

　1　外国人であることを証明する書類

　2　母との親子関係があることを証明する書類

　3　母の戸籍謄本または除籍謄本

　4　母の住民登録謄本または大韓民国の旅券の写し

③ 法附則第 7 条第 3 項の規定により国籍取得届書を提出する者は、前項各号に規定された書類、および天災その他不可抗力の事由があったことを証明する書類を添付しなければならない。

附則（2004 年 6 月 10 日法務部令第 553 号）

この規則は、公布の日から施行する。

書式（略）

追　記

　韓国政府の国籍業務は、これまで法務部法務室が担当していたが、2006 年 2 月 3 日より出入国管理局に移管された。法務部およびその所属機関の職制（大統領令第 19316 号）13 条 2 項。これは、外国国籍同胞の国籍業務と難民認定業務を 1 部局において体系的に処理するためである。これに伴って、帰化許可申請書に添付すべき書類のうち、「外国人登録証の写し」および「出入国の事実の証明」は、担当部局で直接確認することが可能となったので、国籍法施行規則 3 条 2 項 2 号および 3 号の削除が予定されている。法務部長官「国籍法施行規則一部改正（案）の立法予告」（法務部公告第 2006-19 号）大韓民国政府官報第 16203 号（2006 年 3 月 2 日）135 頁。<http://gwanbo.korea.go.kr/>.

第 III 章
家　族　法

1　扶養料の取立て

奥　田　安　弘

(1)　1956年の外国における扶養料の取立てに関する国連条約

　以下に訳出するのは、1956年6月20日に国連で採択された「外国における扶養料の取立てに関する条約（Convention on the Recovery Abroad of Maintenance）」である[1]。その前史は1920年代にまでさかのぼるが、当初は、現在のような行政機関などの援助による取立システムが考えられていたわけではなく、扶養判決の執行の問題だけが取り上げられていた[2]。

　すなわち、1925年には、児童保護国際協会（Association Internationale pour la Protection de l'Enfance）という団体が扶養判決執行条約案の作成に取り組んでいたが、間もなく国際連盟がこの問題を取り上げ、1929年には、当時まだ国際連盟の補助機関であった私法統一国際協会（ユニドロワ）に対し検討を命じた[3]。ユニドロワは、1938年に扶養判決執行条約案を完成させたが、第2次世界大戦によって作業が中断し、その間にユニドロワは独立の国際機関となった。戦

---

1)　*United Nations Treaty Series*, 1957, p. 32. この条約の翻訳としては、川上太郎『国際私法条約集』（1966年・神戸大学経済経営研究所）75頁もある。

2)　前史については、主に A. Bülow/K.-H. Böckstiegel (Mecke), *Der internationale Rechtsverkehr in Zivil- und Handelssachen* (Loseblatt), E 5, 794-1 ff.; Denkschrift zum Übereinkommen über die Geltendmachung von Unterhaltsansprüchen im Ausland, *BT-Drucks.* 425/58, S. 37 によった。

3)　ユニドロワ設立の経緯については、奥田安弘「私法分野における組織的国際協力」国際法学会編『日本と国際法の100年・第8巻 国際機構と国際協力』(2001年・三省堂) 265頁以下参照。

後再び、ユニドロワは、国際連合の経済社会理事会から作業の継続を要請され、1949 年には、改めて扶養判決執行条約の新しい草案を完成させた。

しかし、この草案は、経済社会理事会の承認を得ることができなかった。経済社会理事会は、1952 年に別途、専門家委員会を設置して、2 つの新しい草案を作成した。1 つは、ユニドロワ草案にもとづいて、再び扶養判決の承認執行条約を目指したものであるが、もう 1 つは、扶養料の取立てに関する条約案であった。

これらのうち、扶養判決執行条約案については、扶養権利者が自己の居住地国で訴えを提起しても、被告である扶養義務者が外国にいる場合は、そもそも裁判管轄が否定されるであろうし、仮に裁判管轄が肯定されたとしても、そのような判決は扶養義務者の居住地国で承認されないであろう、という疑問が提起された。一方、扶養料取立条約案でも、扶養権利者は自己の居住地国で訴えを提起するが、事件は扶養義務者の居住地国の裁判所に移送されて、この裁判所が判決を下すというシステムを採用していた[4]。

結局のところ、扶養判決の承認執行条約は、二国間条約のモデルとしては使えるが、多数国間条約としては困難であるとして[5]、経済社会理事会は、むしろ扶養料取立条約案の採択を目指すことにした。ただし、事件の国際的な移送は、やはり無理があるので、行政レベルでの協力関係を構築することにした。すなわち、扶養権利者の居住地国の行政機関が申立てを受け、それを扶養義務者の居住地国の行政機関に伝達するという方向で、条約案が再度練り直された。

---

[4] かようなシステムは、米国の各州間の扶養料取立手続を定めた 1950 年の統一モデル法にならったものであった。本書第 III 章 1(3) の解説参照。

[5] その後、ハーグ国際私法条約として、1958 年には、子に対する扶養判決の承認執行条約が成立し、また 1973 年には、一般的な扶養判決の承認執行条約が成立しているので、国連経済社会理事会の予測は外れたと思われるかもしれない。しかし、これらの承認執行条約は、ヨーロッパ諸国を中心として、10 数か国ないし 20 か国足らずが締約国となっているにすぎない。これに対して、国連条約の締約国は、50 か国以上であり、その地理的範囲は全世界に及んでいる。

そして、1956年にニューヨークで外交会議が開催され[6]、「外国における扶養料の取立てに関する条約」が採択されたのである[7]。この条約は、翌1957年に発効し[8]、現在では、50か国以上が締約国となっている[9]。

　この条約の解釈上の問題点については、奥田安弘『国籍法と国際親子法』（2004年・有斐閣）第7章「外国における扶養料の取立て」を参照して頂きたい。現在は、ハーグ国際私法会議において、実質上、この国連条約を改正するための作業が進められているが[10]、完全に新しい条約に移行するには、かなりの時間がかかると予想されるので、ここに訳文を掲載する意義は十分にあると思われる。なお、翻訳は、英語およびフランス語の正文によった。

外国における扶養料の取立てに関する1956年6月20日の国連条約

前文
　締約国は、外国に所在する者による扶養を必要とする者の状況から生じる人道上の問題の解決が急がれること、ならびに外国における扶養料の取立てが法律上および実際上深刻な問題を生じていることを考慮し、かつこれらの問題を解決する手段の提供および困難の克服を決断して、次のとおり合意した。

---

6) 外交会議には、わが国を含め32か国が参加したが、わが国は、署名さえもしなかった。なお、さらに9か国および24の国際機関がオブザーバーを派遣した。
7) 外交会議において、15か国が署名し、さらに署名のために開放された期限（1956年末）までに、11か国が署名した。
8) 正確にいえば、イスラエルおよびグアテマラの批准およびモロッコの加入によって、1957年5月25日に発効した。
9) 2003年12月12日現在の締約国一覧については、<http://www.gesetze.ch/sr/0.274.15/0.274.15_000.htm>参照。
10) その進捗状況については、<http://www.hcch.net/index_en.php?act=progress.listing&cat=3>参照。

第1条（条約の目的）
① この条約は、ある者（以下では権利者という。）がある締約国の領域内に所在し、他の者（以下では義務者という。）が他の締約国の管轄に服するときに、前者が後者に対し有すると主張する扶養請求権の取立てを容易にすることを目的とする。この目的は、以下において伝達機関および受任機関と称する機関の利用によって実現される。
② この条約において規定された救済手段は、国内法および国際法に規定されたその他の救済手段を排除するものではなく、これらを補足するものである。

第2条（機関の指定）
① 各締約国は、批准書または加入書の寄託に際し、自国の領域内において伝達機関として活動する一または複数の行政機関もしくは司法機関を指定しなければならない。
② 各締約国は、批准書または加入書の寄託に際し、自国の領域内において受任機関として活動する公的または私的機関を指定しなければならない。
③ 各締約国は、前二項による指定およびその変更を遅滞なく国連事務総長に通知しなければならない。
④ 伝達機関および受任機関は、他の締約国の伝達機関および受任機関と直接に連絡を取ることができる。

第3条（伝達機関への申立て）
① 権利者が締約国の領域内に所在し（以下では権利者の国という。）、義務者が他の締約国の管轄に服するとき（以下では義務者の国という。）、権利者は、義務者から扶養料を取り立てるために、自己が所在する国の伝達機関に申立てをすることができる。
② 各締約国は、受任機関の国の法により扶養請求権の証明方法として通常必要とされる証拠、証拠の提出方法、その他かかる法律により定められた要件を事務総長に通知しなければならない。
③ 申立てには、すべての関係文書を添付し、とくに必要なときは、受任機関

に対し、権利者の代理人として行為するか、または他の者を代理人として指名する権限を付与する書面を添付しなければならない。さらに権利者の写真、および可能であるときは、義務者の写真を添付しなければならない。

④　伝達機関は、受任機関の国の法律上の要件を満たすために、すべての合理的な手段を取らなければならない。かかる法律上の要件以外に、申立書には、次の事項を記載しなければならない。

　(a)　権利者の姓名、住所、生年月日、国籍および職業、ならびに法定代理人がいるときは、その名前および住所

　(b)　義務者の姓名、ならびに権利者が知る限りで、義務者の最近5年間の住所、生年月日、国籍および職業

　(c)　請求権の根拠、請求の内容、ならびに権利者および義務者の財政状態および家族構成などに関するその他すべての情報の詳細

第4条（文書の送付）

①　伝達機関は、申立てが無謀であると判断した場合を除き、義務者の国の受任機関に文書を送付しなければならない。

②　かかる文書を送付するに先立ち、伝達機関は、権利者の国の法により、文書が方式要件を満たしていることを確認しなければならない。

③　伝達機関は、受任機関に対し、請求権に根拠があるか否かに関する意見を伝え、かつ訴訟救助および費用免除を権利者に与えるよう勧告することができる。

第5条（判決およびその他の裁判文書の送付）

①　伝達機関は、権利者の要請があったときは、いずれかの締約国の管轄裁判所において権利者が取得した、扶養を命じる確定的もしくは暫定的な判決またはその他の裁判文書、ならびに必要かつ可能であるときは、かかる裁判の手続に関する記録を前条により送付しなければならない。

②　前項の判決および裁判文書は、第3条の文書の代わりに、またはそれらに添付して送付することができる。

③　次条に規定された手続は、義務者の国の法にしたがって、第1項により送

付された判決の執行もしくは登録、またはかかる判決にもとづく新たな訴訟のいずれであるのかを問わない。

第6条（受任機関の任務）
① 受任機関は、権利者から付与された権限の範囲内において、権利者の代理人として、扶養料の取立てに必要なすべての措置を取らなければならない。かかる措置としては、とくに和解をすること、必要があれば、扶養請求訴訟を提起し遂行すること、あらゆる判決、命令、その他の裁判文書を執行することが含まれる。
② 受任機関は、伝達機関に対し常に経過を報告しなければならない。受任機関が活動できないときは、伝達機関にその理由を伝え、文書を返却しなければならない。
③ この条約のいかなる規定にかかわらず、訴訟およびすべての関連問題に適用されるべき法は、国際私法を含む義務者の国の法である。

第7条（司法共助）
双方の締約国の法が司法共助を認めているときは、次の規定を適用する。
(a) 扶養請求訴訟が係属している裁判所は、司法共助が実施されるべき地の締約国の管轄裁判所、または当該締約国が指定したその他の機関に対し、文書もしくはその他の証拠を収集するために、司法共助の実施を要請することができる。
(b) かかる要請を受けた機関は、当事者本人が立ち会い、または代理人を立ち会わせるために、当該の伝達機関および受任機関ならびに義務者に対し、司法共助が実施される日時および場所を通知しなければならない。
(c) 司法共助は、遅滞なく実施しなければならない。司法共助の要請を受けた機関は、その時から4か月以内にこれを実施しなかったときは、司法共助を要請した機関に対し、不履行または遅延の理由を通知しなければならない。
(d) 司法共助の実施は、いかなる名目であれ、手数料または費用を徴収してはならない。

(e) 司法共助の実施は、次のいずれかの場合に限り、拒絶することができる。
    (1) 司法共助の要請文書が真正なものであることが証明されないとき。
    (2) 司法共助が実施されるべき地の締約国が自国の主権または安全を害されると判断したとき。

第8条（判決の変更）

　この条約の規定は、扶養判決の変更に関する申立てにも適用される。

第9条（費用および負担の免除）

① この条約による訴訟については、権利者は、訴訟が係属する国の居住者または国民と平等の取扱いならびに同等の手数料および費用の免除の利益を享受する。

② 権利者は、外国人であること、または非居住者であることを理由として、担保、支払または供託を要求されない。

③ 伝達機関および受任機関は、この条約によるサービスの提供について、いかなる手数料も徴収してはならない。

第10条（扶養料の送金）

　法律により外国への送金を制限している締約国は、扶養料またはこの条約による訴訟費用の償還のための送金について、最大の考慮を払わなければならない。

第11条（連邦国家条項）

　連邦国家または不統一国家については、次の規定を適用する。
  (a) 連邦の立法府が立法権を有する事項に関する条約の規定については、連邦政府の義務は、連邦国家でない締約国の義務と同一とする。
  (b) この条約の規定の実施が、連邦を構成する州、県またはカントンの立法行為を必要とするが、連邦憲法上、これらの州、県またはカントンが立法権を行使する義務を負わないときは、連邦政府は、できるだけ速やかに、これらの州、県またはカントンの管轄当局に条約の規定を知らせ、その実施を勧告しなければならない。

⒞ 連邦国家である締約国は、事務総長を通じて送付された他の締約国の要請にもとづき、条約の特定の規定について、連邦および連邦の構成体がどのような立法および実務を行っているのか、また立法またはその他の行為によって、かかる規定がどの程度実施されているのかを通知しなければならない。

第12条（地域的適用範囲）

この条約の規定は、締約国が批准または加入の際に別段の旨の宣言をしない限り、かかる締約国が外交関係について責任を負う非自治領、信託統治領またはその他の領域にも、同一の条件で適用しなければならない。別段の旨の宣言をした締約国は、その後いつでも、事務総長への通知によって、これらの領域の全部または一部に条約の適用を及ぼすことができる。

第13条（署名、批准および加入）

① この条約は、すべての国連構成国、国際司法裁判所規程の当事国または専門機関の構成国である国連非構成国、および経済社会理事会により条約の当事国になるために招聘されたその他の国連非構成国に対し、1956年12月31日まで、署名のため開放される。

② この条約は批准を要する。批准書は、事務総長に寄託しなければならない。

③ 本条第1項の諸国は、いつでもこの条約に加入することができる。加入書は、事務総長に寄託しなければならない。

第14条（効力発生）

① この条約は、前条によりなされた第3の批准書または加入書の寄託の日から30日後に効力を生じる。

② 第3の批准書または加入書の寄託の後に批准または加入した国については、かかる批准書または加入書の寄託の日から30日後に条約が効力を生じる。

第15条（廃棄）

① 締約国は、事務総長への通知によって、この条約を廃棄することができる。

かかる廃棄は、第12条にいう領域の一部または全部にも及ぼすことができる。

② 廃棄は、事務総長が廃棄の通知を受領した日から1年後に効力を生じる。ただし、廃棄が効力を生じた時に係属中であった事件には、その効力を及ぼさない。

第16条（紛争解決）

この条約の解釈または適用について、締約国間に紛争が生じ、かかる紛争が他の手段によって解決できなかったときは、国際司法裁判所に付託される。国際司法裁判所への付託は、特別な合意の通知または紛争当事国の一方の申立てによって行う。

第17条（留保）

① ある国が批准または加入の際に、この条約のいずれかの規定について、留保を行ったときは、事務総長は、この条約の締約国および第13条にいうその他の国に留保文を送付しなければならない。かかる留保を拒否する締約国は、留保文の送付の日から90日以内に、留保を承認しない旨を事務総長に通知することができる。この場合、留保を拒否した国と留保を行った国との間では、条約の効力は生じない。後に条約に加入した国は、加入の時に、かかる通知を行うことができる。

② 締約国は、いつでも留保を撤回することができる。この撤回は、事務総長に通知しなければならない。

第18条（相互の保証）

締約国は、自国が条約に拘束されている範囲内においてのみ、他の締約国に対し、この条約の適用を求めることができる。

第19条（事務総長による通知）

① 事務総長は、すべての国連構成国および第13条にいう非構成国に対し、次の事項を通知しなければならない。

 (a) 第2条第3項の通知
 (b) 第3条第2項により受領した情報

(c) 第12条による宣言および通知
   (d) 第13条による署名、批准および加入
   (e) 第14条第1項による条約の効力発生日
   (f) 第15条第1項による廃棄
   (g) 第17条による留保および通知
② さらに事務総長は、次条によりなされた改正の要請およびこれに対する回答をすべての締約国に通知しなければならない。

第20条（改正）
① 締約国は、いつでも事務総長への通知によって、この条約の改正を求めることができる。
② 事務総長は、各締約国に対し、提案された改正を審議するための会議を招集することが望ましいか否かを、4か月以内に回答することを要請して、前項の通知を送付しなければならない。締約国の過半数が賛成したときは、事務総長は、会議を招集しなければならない。

第21条（言語および条約の寄託）
　この条約の中国語、英語、フランス語、ロシア語、スペイン語の条文は、いずれも正文とし、その原文は、事務総長に寄託され、事務総長は、第13条にいうすべての国にその認証謄本を送付しなければならない。

(2) 国連条約に関するドイツの承認法および通達

　以下に訳出するのは、1956年の外国における扶養料の取立てに関する国連条約をドイツ国内において実施するための承認法および通達である。これらの法律および通達と条約との関係については、奥田・前掲書を参照して頂きたい。ただし、同書は、1965年の通達を前提としているが、その後、1983年の通達が発出されていることが分かったので、以下では、後者の通達を翻訳した。

1956年6月20日の外国における扶養料の取立てに関する条約についての1959年2月26日の法律[11]

第1条
　ドイツ連邦共和国が1956年6月20日にニューヨークで署名した外国における扶養料の取立てに関する条約の批准を承認する。条約は、後日公布する。

第2条
① 条約第2条第1項にいう伝達機関の任務は、州政府の指定した機関が行う。
② 条約第2条第2項にいう受任機関の任務は、連邦行政庁が自己の職務として行う。
　〔1971年3月4日の法律により第2項改正〕

第3条
① 権利者は、他の締約国の領域内における扶養料取立ての申立てについては、自己が常居所を有する地を管轄する区裁判所に行うことができる。権利者が後見に服しているときは、後見を管轄する区裁判所に申立てをしなければならない。
② 前項にいう申立ての受付に伴う区裁判所の行為については、手数料は徴収しない。

第4条
　この法律は、ベルリン州がその適用を確認する限りで、同州にも適用する。

第5条
① この法律は、第3条を除き、公布の日から施行する。第3条は、外国における扶養料の取立てに関する条約の効力発生と同時に施行する。

---

11) Gesetz zu dem Übereinkommen vom 20. Juni 1956 über die Geltendmachung von Unterhaltsansprüchen im Ausland, vom 26. Februar 1959, *BGBl.* 1959 II, S. 149.

② 条約がその第14条第2項によりドイツ連邦共和国について効力を生じる日は、連邦法律官報に告示する。

外国における扶養料の取立てに関する
1983年6月13日の通達[12]

　外国における扶養料の取立てに関する1956年6月20日の国連条約（連邦法律官報1959年第2巻149頁）は、ドイツ連邦共和国について、1959年8月19日に効力を生じている（1959年11月20日の告示、連邦法律官報第2巻1377頁参照）。他の締約国の一覧は、附則第1号に掲げた[13]。

A．条約の目的
　この条約は、外国における扶養料の取立てを容易にすることを目的とする。扶養権利者は、他の締約国の管轄に服する義務者から扶養料を取り立てるための申立てを、居住国の「伝達機関」に対し行うことができる。伝達機関は、他国によって指定された「受任機関」に申立てを送付する。そして、受任機関は、権利者の代理人として、扶養料の取立てのために必要なすべての措置を取る（たとえば、義務者に支払を働きかけるか、債務名義を取得して執行するか、またはすでに存在する債務名義にもとづいて強制執行を行う。）。
　他の締約国の伝達機関および受任機関の一覧は、附則第2号に掲載する[14]。

---

12) Bekanntmachung über die Geltendmachung von Unterhaltsansprüchen im Ausland, RV d. JM vom 13. Juni 1983 (9311-II B. 3). 原文については、<http://www.justiz.nrw.de/RB/justizverwaltungsv/jvv/index.html> 参照。

13) この附則は省略した。より新しい締約国一覧（2003年12月12日現在）については、<http://www.gesetze.ch/sr/0.274.15/0.274.15_000.htm> 参照。

14) 附則第2号は、ウェブサイトに転載されていない。伝達機関および受任機関の概要については、奥田・前掲書243頁以下参照。

B．外国への申立ての準備

条約第2条第1項にいう伝達機関とは、州司法行政局とする。

条約により受任機関が果たすべき任務、および1959年2月26日の法律（連邦法律官報第2巻149頁）第3条第1項により区裁判所が果たすべき任務は、司法行政事務として行う。ただし、司法補助官法第29条による司法補助官の管轄を妨げない。

I．申立ての受付

1．申立ては、権利者が常居所を有する地を管轄する区裁判所、または権利者が後見に服しているときは、後見を管轄する区裁判所において行わなければならない。

申立ては、必要なときは調書として受け付けられる。各裁判所では、1箇所のみ窓口を設ける。

2．申立書は、権利者本人または法定代理人によって作成され、署名されなければならない。申立書は、州司法行政局ではなく、扶養料を取り立てる国の受任機関を名宛人とする。申立書は、訴状として作成するものではない。申立ての内容は、一般に、条約第6条第1項により、受任機関が「扶養料の（要求額の）取立てに必要なすべての措置（必要に応じて訴訟の提起を含む。）」を取るものとして、記載しなければならない。

事実関係は、明確・簡潔・簡明にして、漏れなく記載しなければならない。長い文や翻訳しにくい用語は避けるべきである。略語は、たとえドイツの法律の略称であっても、使用してはならない。申立書および添付書類には、相手国から自国の官庁、非政府機関または自国民に対する侮辱と受けとめられるおそれのある表現や用語を記載してはならない。添付書類の名称のみの引用は、できる限り避けるべきである。申立書には、添付書類の数および種類を記載しなければならない。添付書類は、紛失や混同が生じないように綴じなければならない。

公的文書は、原則として認証謄本を添付する。原本は、申立書の処理に客観的に必要である場合にのみ送付する。この場合、原本のコピーを保管して

おかなければならない。手書きの手紙の場合は、認証を受けたコピーの添付が望ましい。

外国向けの申立書は、とくに様式に注意しなければならない。修正や削除は認められない。

3．申立書には、必ず次の事項を記載しなければならない（条約第3条第4項）。

　a)　権利者に関する事項

　　姓名、住所、生年月日、出生地、国籍および職業、ならびに法定代理人がいるときは、その名前および住所

　b)　義務者に関する事項

　　姓名、ならびに可能な限りで、義務者の最近5年間の住所、生年月日、出生地、国籍および職業

　c)　請求権に関する事項

　　請求権の根拠、請求権の種類および請求額、その他の重要事項、たとえば権利者および義務者の財政状態ならびに家族構成、証拠の種類、以前になされた扶養給付の範囲および法的根拠

　d)　希望する取立方法に関する事項

　　義務者に対し、まず任意の支払のみを求めるのか、訴訟を提起して訴訟救助を求めるのか、またはすでに存在する債務名義にもとづいて扶養給付を求めるのかに関する希望（条約第5条第3項）

4．次の事項を記載することが望ましい。

　a)　請求を受けた者より先順位またはこれと同一順位で扶養義務を負う者がいるときは、その者の財政状態および家族構成

　b)　扶養料の送付先（銀行口座など）

5．申立書には、次の書類を添付しなければならない（条約第3条第3項）。

　a)　扶養料の取立てにとって重要な文書。とくに次の文書を含む。

　　aa)　嫡出子の場合

　　　出生証明書、父母の婚姻証明書、該当の場合には、父母の離婚、婚姻

の無効確認または取消しに関する判決の謄本に確定証明書を付けたもの、子の法定代理人であることを示す証明書

 bb）　非嫡出子の場合

  出生証明書、該当の場合には、認知の証明書、または父子関係を推測させるその他の文書、子の法定代理人であることを示す証明書

 cc）　夫婦または元夫婦の場合

  婚姻証明書、該当の場合には、離婚、婚姻の無効確認または取消しに関する判決の謄本に確定証明書を付けたもの

 dd）　すべての権利者に共通のもの

  すでに取得した債務名義、裁判外の和解、その他債務の存在を証明するもの（ドイツの債務名義の正本）

b）　受任機関に「権利者の代理人として行為する権限、とりわけ、要求された扶養料を取り立て、かつ支払を受領する権限、またはその他の者を代理人として指名する権限」を付与する旨の書面。一般に出回っている訴訟代理権付与の書式を使うことは、認められない。

c）　権利者、子の場合は、その母、および手元にある限りで、義務者の写真各1通。写真は、硬い紙に貼り、その下に、誰の写真であるのかを記載しなければならない。

d）　訴訟救助を申請するときは、申立人の人的および経済的状況に関する申述書および必要に応じてそれを証明する文書（民事訴訟法第117条第2項）

 申立てを受け付けた区裁判所が保管する文書の謄本は、少年保護所またはその他の機関ではなく、当該区裁判所の認証を受けなければならない。

 その他にどのような書類が必要であるのかは、個々のケースの状況ならびに扶養請求の要件および証明に関する受任機関の法令にかかっている。この場合、条約第3条第2項および第19条第1項により国連事務総長から送られてきた各国政府の通知は、各裁判所にも転送されるのであるから、留意しなければならない。

6．申立人は、別段の指示がない限り、申立書および添付書類に他の締約国の言語による訳文を添付しなければならない。翻訳は、審査機関がドイツ語の書類を審査した後に行うことが望ましい。

　申立書およびその訳文は各3通、添付書類およびその訳文は各1通を州司法行政局に提出しなければならない。

II．裁判官による申立書の審査

　区裁判所の所長または司法行政事務の分担において指名された裁判官は、申立書が正しい方式で作成されているか否か、完全であるか否か、意図された取立てが他の締約国において適用されるべき法により、成功の見込みが十分にあると思われるか否かを審査する。かかる裁判官は、申立書の補正を援助する。

　裁判官は、申立書を審査機関（民事司法共助規則第9条）に送付する。これは、無謀であり、説得にもかかわらず維持された申立書が提出された場合も、同様とする。なぜなら、他の締約国の受任機関への申立書の送付を却下するのは、伝達機関である州司法行政局の専権事項であるからである（条約第4条第1項）。

　申立書の審査は、統一的処理のため、1名の裁判官のみで行う。

III．審査機関

　申立書は、この条約および他の関連条約の規定に違反していないか否かについて、審査機関の審査を受ける。審査機関は、とくに訳文の添付に注意しなければならない。審査機関は、必要に応じて、加筆訂正を援助する。申立書および添付書類は、審査の後、直ちに州司法行政局に提出しなければならない。

IV．申立ての事務処理

1．申立ては、適切な期間内に処理しなければならない。
2．区裁判所における登録事務は、文書規則第8条による。申立ては、普通登録簿（区裁判所への申請）第2aに登録する。第7には、審査機関に書類が

提出された日を記載する。第8には、申立書のイニシャルとしてUAと記載する。

3. 申立書の受付および処理には、手数料を徴収しないものとする（条約第9条第3項、1959年2月26日の法律第3条第2項）。

C. 外国からの申立ての処理

外国からの申立ての受任機関は、連邦行政庁である（1971年3月4日の法律第1条、連邦法律官報第2巻105頁により改正された1959年2月26日の法律第2条、連邦法律官報第2巻149頁）。州の規則により指定された機関は、連邦行政庁に対し職務共助を行う。裁判所は、通常の管轄規則に定められた範囲内でのみ、外国からの申立ての処理に従事する（たとえば、非嫡出子の扶養請求権の公証については、公証法第62条による。）。

D. 裁判手続に関する特別規定

I. 司法共助の要請

条約第7条a号による司法共助の要請については、外交経路および領事経路は考慮しない。民事司法共助規則の諸規定により応諾義務がある場合だけが考慮される。

条約による扶養料の取立てに関連する司法共助要請の処理については、条約第7条d号により、手数料および費用の償還を請求することはできない。

II. 費用および負担の免除

条約第9条第1項および第2項により、権利者は、訴訟が係属する国の居住者または国民と平等の取扱いならびに同等の手数料および費用の支払免除の利益を享受する。これは、とくに訴訟費用援助の付与に当てはまる。権利者は、さらに外国人であること、または非居住者であることを理由に、訴訟費用またはその他の目的の担保（保証人など）として、特別な支払または供託の義務を負わない。

E. 最終規定

この通達は、1983年8月1日から施行する。

1972年7月27日の通達（9311-II B. 3）により最終改正された1965年1月6日の外国における扶養料の取立てに関する通達（9311-II B. 3）は廃止する。

さらに次の通達も、1983年8月1日をもって廃止する。

1966年7月18日、1970年4月17日、1972年7月27日、1975年12月1日、1976年8月14日、1976年12月16日、1978年12月28日、1980年8月13日（9311-II B. 3）。

(3) 1986年のドイツ外国扶養請求権法

以下に訳出するのは、1986年12月19日に制定されたドイツの「外国扶養請求権法（Auslandsunterhaltsgesetz, AUG）」である[15]。この法律は、ドイツが米国やカナダなどの諸国との間で扶養料の取立てに関する協力関係を築くことを目的としている。すなわち、米国やカナダなどは、1956年の外国における扶養料の取立てに関する国連条約の締約国になっていないが、もともと国連条約が扶養判決の承認執行ではなく取立方式を採用したのは、米国の制度にならったものであった。すなわち、Uniform Reciprocal Enforcement of Support Act (URESA) と称する1950年の統一モデル法は、米国の各州間の扶養料取立手続を定めており、それにならったのが上記の国連条約の草案であった[16]。

---

15) *BGBl.* 1986 I, S. 2563. 正式の名称は、「外国との関係における扶養料の取立てに関する1986年12月19日の法律（Gesetz zur Geltendmachung von Unterhaltsansprüchen im Verkehr mit ausländischen Staaten vom 19. 12. 1986）」である。この法律は、その後2度にわたり改正されている。すなわち、8条3項の追加および10条3項後段の削除である。改正後の条文については、<http://www.datenbanken.justiz.nrw.de/ir_htm/frame_aug_19121986.htm> 参照。

16) Ch. Böhmer, Das Auslandsunterhaltsgesetz (AUG) vom 19. 12. 1986, *IPRax* 1987, S. 139. ちなみに、この統一モデル法は、次の州によって採択された。アラバマ、アラスカ、コネチカット、デラウェア、コロンビア地区、フロリダ、ジョージア、グアム、ハワイ、インディアナ、アイオワ、メリーランド、マサチューセッツ、

その後、この統一モデル法は1968年に改正され、外国国家も、この米国独自の扶養料取立システムに参加できるようになった[17]。それによれば、外国国家は、この改正統一モデル法と実質的に同様の立法 (substantially similar reciprocal law) を制定し、米国の各州との間で「相互の保証を満たしていることの宣言」をすれば、扶養料の取立てについて協力しあう態勢ができあがる[18]。すなわち、条約を締結することなく、国連条約と同様の目的が達成されるのである。類似の方式は、米国以外に、カナダ、南アフリカ、インド、シンガポール、ガーナ、マルタ、ジブラルタルなどでも採用されている[19]。

ミシガン、ミネソタ、ミシシッピー、ミズーリ、ニュージャージ、ニューヨーク、オレゴン、プエルトリコ、ロードアイランド、サウスカロライナ、サウスダコタ、テネシー、テキサス、ユタ、バージンアイランド、ワシントン。A. Bach, Zehn Jahre Auslandsunterhaltsgesetz, *FamRZ* 1996, S. 1250, Note 4.

[17] Revised Uniform Reciprocal Enforcement of Support Act (RURESA) である。この改正統一モデル法は、次の州によって採択された。アリゾナ、アーカンサス、カリフォルニア、コロラド、フロリダ、ジョージア、ハワイ、アイダホ、イリノイ、アイオワ、カンサス、ケンタッキー、ルイジアナ、メイン、ミシガン、ミネソタ、モンタナ、ネブラスカ、ネバダ、ニューハンプシャー、ニュージャージ、ニューメキシコ、ノースカロライナ、ノースダコタ、オハイオ、オクラホマ、オレゴン、ペンシルバニア、ロードアイランド、サウスカロライナ、サウスダコタ、テキサス、バーモント、バージニア、ウェストバージニア、ウィスコンシン、ワイオミング。Bach, a. a. O., S. 1251, Note 9.

[18] Bach, a. a. O., S. 1251. なお、バッハによれば、1993年には、さらに Uniform Interstate Family Support Act (UIFSA) が制定されており、次の州によって採択されている。アラスカ、アリゾナ、アーカンサス、コロラド、デラウェア、コロンビア地区、アイダホ、イリノイ、インディアナ、カンサス、ルイジアナ、メイン、マサチューセッツ、ミネソタ、モンタナ、ネブラスカ、ニューメキシコ、ノースカロライナ、ノースダコタ、オクラホマ、オレゴン、ペンシルバニア、サウスカロライナ、サウスダコタ、テキサス、ユタ、バージニア、ワシントン、ウィスコンシン、ワイオミング。

[19] Bach, a. a. O., S. 1251 さらに、ドイツと同様に、国連条約および米国独自の取立システムの両方に参加している国としては、オーストラリア、ニュージーランド、イギリス、フランス、スウェーデン、ノルウェー、ポーランド、ハンガリー、

ドイツは、1959年に国連条約を批准したが、1986年には、この米国独自のシステムにも参加するため、米国の改正統一モデル法と同様の立法として、外国扶養請求権法を制定したのである。その解釈上の問題点については、奥田・前掲書を参照して頂きたい。

外国との関係における扶養料の取立てに関する1986年12月19日の法律（外国扶養請求権法）

第1章　総則

第1条
① 法律によって生じた扶養請求権は、一方の当事者がこの法律の施行領域内において、また他方の当事者が相互の保証のある国において、常居所を有するときは、この法律に規定された手続により取り立てることができる。
② この法律に対応する法律が施行されている国について、連邦法務大臣が相互の保証を認定し、連邦法律官報にその旨を告示したときは、かかる国との間でこの法律にいう相互の保証があるものとする。
③ この法律にいう国とは、連邦国家の州および県を含む。

第2条
① 扶養料の裁判上および裁判外の取立ては、受任機関および伝達機関である中央当局を通じて行われる。中央当局は、外国において指定された機関、およびこの法律の施行領域内において管轄を有する当局と直接に連絡を取る。
② 中央当局としての任務は、連邦裁判所内の連邦検事総長が行う。

第2章　外国への申立て

メキシコなどがある。G. F. DeHart, Comity, Conventions, and the Constitution: State and Federal Initiatives in International Support Enforcement, *Family Law Quarterly*, 1994, pp. 94 *et seq.*

第3条

① 扶養権利者からの申立ての受付および審査については、かかる権利者が常居所を有する地を管轄する区裁判所が司法行政当局として管轄を有する。

② 申立書には、扶養料の取立てのために重要と思われるすべての事項を記載しなければならない。かかる事項には、とくに次のものが含まれる。

　1　権利者の姓名、住所、生年月日、国籍および職業、ならびに法定代理人がいるときは、その名前および住所

　2　義務者の姓名、ならびに権利者が知る限りで、義務者の最近5年間の住所、生年月日、国籍および職業

　3　請求権の根拠、請求権の種類および請求額ならびに権利者および（可能な限りで）義務者の財政状態および家族構成に関する詳細

　手元にある身分関係書類およびその他の参考資料は、添付しなければならない。裁判所は、職権により、すべての必要な証拠を調査することができる。

③ 申立書には、申立人本人、法定代理人、または委任状を添付したうえで弁護士が署名し、かつ記載内容が真実であることは、申立人本人または法定代理人が宣誓をして、保証しなければならない。申立書および添付書類には、宣誓をした翻訳者が認証し、申立ての相手国の言語に翻訳したものを添付しなければならない。申立書の方式および内容に関する相手国からの特別な要請は、ドイツ法の強行規定に反しない限り考慮しなければならない。

第4条

① 区裁判所の所長または司法行政事務の分担において指名された裁判官は、取立てがドイツの国内法により成功の見通しが十分にあるか否かを審査する。

② 前項の裁判官は、成功の見通しがあると判断したときは、その旨の証明書を発行し、これを申立ての相手国の言語に翻訳させ、証明書、申立書、添付書類および翻訳をそれぞれ3通の認証謄本とともに直接に中央当局に送付する。成功の見通しがないと判断したときは、申立てを却下する。却下の決定

は、理由を付し、かつ異議申立ての権利を明示して、申立人に送達しなければならない。かかる決定は、裁判所構成法施行法第23条により取り消すことができる。

第5条
① 中央当局は、申立てがこれから行われる外国手続の形式的要件を満たしているか否かを審査する。これらの要件が満たされているときは、中央当局は、外国の指定機関に対し、外国扶養請求権法の翻訳とともに、申立てを送付する。この場合、第4条第2項中段および後段を準用する。
② 中央当局は、申立てが適切に処理されたか否かを追跡調査する。

第6条
　扶養請求権について、すでに内国の判決またはその他の裁判上の債務名義があるときは、扶養権利者は、第3条による申立て以外に、外国における判決の登録の申立てをすることができる。この場合、第3条ないし第5条を準用するが、内国の裁判にもとづく債務名義が提出されたときは、その合法性の審査は行わない。

第3章　外国からの申立て
第1節　申立書の内容および中央当局の任務

第7条
① 外国からの申立書には、扶養料の取立てのために重要と思われるすべての事項を記載しなければならない。この場合、第3条第2項を準用する。
② 申立書には、申立人本人、法定代理人、または委任状を添付したうえで弁護士が署名し、かつ申立てを受け付けて審査をした外国裁判所の意見を添付しなければならない。裁判所の意見は、権利者の住所地において必要と思われる扶養金額も示さなければならない。申立書および添付書類は、各2通送付しなければならない。
③ 手元にある身分関係書類およびその他の参考資料、ならびに可能であるときは、義務者の写真を添付し、さらにその他の証拠方法を正確に記載しなけ

ればならない。申立書および添付書類には、ドイツ語の訳文を添付しなければならない。ただし、中央当局は、特定の国または個別のケースについては、この要件にかかわらず、自ら翻訳をすることもできる。

第8条

① 中央当局は、権利者に代わって扶養料を取り立てるために、適当と思われるすべての措置を取る。この場合、中央当局は、権利者の利益および意思を尊重しなければならない。

② 中央当局は、権利者の名で自らまたは復代理人を使って、裁判外もしくは裁判上の行為をする権限を有する代理人とみなされる。かかる権限としては、とくに和解または認諾を受け入れること、必要があれば、扶養請求訴訟を提起し遂行すること、扶養料の支払命令を執行することが含まれる。

③ 中央当局は、債務者の居所を明らかにするため必要であるときは、道路交通法第33条第1項前段第2号により、連邦自動車庁において、必要な保有者情報を調べることができる。

〔2005年1月26日の国際家族法に関する法律第2条第5項により第3項追加〕

第2節　裁判手続に関する特別規定

第9条

　権利者の意図する扶養料の取立てが十分に成功の見通しがあり、かつ無謀でないと思われるときは、たとえ扶養権利者からの明示の申請がなくても、外国からの申立てにもとづく訴訟について、州または連邦の会計への支払を要しない程度の訴訟費用援助がこの法律により認められる。この法律による訴訟費用援助が認められたときは、これが民事訴訟法第124条第1号により取り消されない限り、同法第122条第1項に掲げられた費用の支払は、無条件に免除される。

第10条

① 第1条により相互の保証があるとされた国の扶養判決については、民事訴訟法第722条第1項および第723条第1項により執行判決が下される。ただ

し、同法第 328 条第 1 項第 1 号ないし第 4 号により外国判決が承認されないときは、執行判決を下すことができない。

② 外国判決の執行が認容される場合といえども、裁判所は、執行判決の一方当事者の申立てにより、外国判決で定められた扶養料の支払金額および支払期間を変更することができる。外国判決が既判力を有するときは、民事訴訟法第 323 条によってのみ変更が認められる。

③ 執行判決を求める訴えについては、債務者が普通裁判籍を有する地の区裁判所、またはかかる裁判所が内国にないときは、債務者の財産が所在する地を管轄する区裁判所の専属管轄とする。

〔1997 年 12 月 16 日の親子法改正法第 14 条第 2 項により第 3 項後段削除〕

第 11 条

外国判決が債務者の審尋をしないで下されたか、暫定的であるか、または取立裁判所の確認を条件とするときは、これを第 7 条にいう申立てとみなす。この場合、第 8 条および第 9 条を準用する。

第 4 章 費用

第 12 条

法務当局による申立ての受付および処理などの裁判外の手続については、手数料の徴収および費用の償還請求を行わないものとする。

第 5 章 司法補助官法の改正

第 13 条

1969 年 11 月 5 日の司法補助官法（連邦法律官報第 1 巻 2065 頁）第 29 条は、1986 年 12 月 18 日の法律（連邦法律官報第 1 巻 2501 頁）第 4 条により最終改正がなされていたが、次のとおり改正する。

「第 29 条（渉外事件事務）

法律上区裁判所の事務局に委託された外国からの送達の実施、および 1956 年 6 月 20 日の外国における扶養料の取立てに関する条約および 1959 年 2 月

26 日の法律（連邦法律官報第 2 巻 149 頁）または 1986 年 12 月 19 日の外国扶養請求権法（連邦法律官報第 1 巻 2563 頁）により扶養料を取り立てるための申立ての受付は、司法補助官の職務とする。」

第 6 章　最終規定

第 14 条

　この法律は、第 3 譲渡法第 13 条第 1 項によりベルリン州にも適用する。

第 15 条

　この法律は、1987 年 1 月 1 日から施行する。

2 フィリピンの家族法

奥 田 安 弘
高 畑   幸

(1) **1987年のフィリピン家族法**

　以下は、1987年7月6日の行政命令第209号によって制定された「フィリピン家族法 (Family Code of the Philippines)」の抄訳である。翻訳の対象としたのは、第1章「婚姻」、第2章「法的別居」、第6章「実親子関係」、第7章「養子縁組」、第8章「扶養」、第9章「親権」であり、翻訳の対象から除いたのは、第3章「夫婦間の権利義務」、第4章「夫婦間の財産関係」、第5章「家族」、第10章「親権解除および成年」、第11章「家族法における略式訴訟」、第12章「最終規定」である。本法の原文では、各条文に見出しおよび項番号が付いていないが、読者の便宜を考え、奥田が適当と考える見出しを付け、項番号を振った。

　訳文は、第9章を除き、J・N・ノリエド（奥田安弘＝高畑幸訳）『フィリピン家族法』(2002年・明石書店) に掲載したものについて、奥田が全面的に見直すとともに、制定後の改正をフォローした (39条・176条)[1]。また、第9章につ

---

1) 正確にいえば、制定直後の1987年7月17日には、行政命令第227号によって26条・36条・39条が改正されている。この改正後の条文ならびに39条の再度の改正に関する共和国法8533号および209条の改正に関する共和国法9255号については、<http://www.gov.ph/faqs/familycode.asp>; <http://www.chanrobles.com/executiveorderno209.htm>; <http://www.gov.ph/laws/ra8533.doc>; <http://www.chanrobles.com/republicactno8533.htm>; <http://www.gov.ph/laws/ra92

いては、髙畑が下訳を作成し、奥田が見直しを行った。なお、各条文の解釈については、同書に譲り、ここでは、若干の訳注を付けるに留めた。

フィリピン家族法

　フィリピン大統領である私、コラソン・C・アキノは、憲法が付与した権限にもとづき、次のとおりフィリピン家族法を定め公布する。

第1章　婚姻
第1節　婚姻の要件
第1条〔定義〕
　婚姻とは、男女が夫婦生活および家族生活を始めるために、法律にしたがって永遠の結びつきを約する特別な契約である。これは家族の基盤をなすものであり、不可侵の社会制度である。その性質、効力および要件は、当事者の約定ではなく、法律によって定める。ただし、当事者は、夫婦財産契約により、この法律の定める範囲内において、婚姻期間中の財産関係を定めることができる。

第2条〔実質的要件〕
　婚姻は、次の実質的要件を欠くときは、無効とする。
　(1)　婚姻当事者が異性同士であり、かつ婚姻能力を有すること。
　(2)　婚姻挙行官の面前において自由意思による合意があったこと。

第3条〔形式的要件〕
　婚姻の形式的要件は、次のとおりである。

　55.doc>; <http://www.chanrobles.com/republicactno9255.html> 参照。ただし、これらのウェブサイトに疑問がある場合は、ノリエド・前掲書の原著（Jose N. Nolledo, *The Family Code of the Philippines Annotated,* 2000 Revised Edition）に掲載された条文によった。

⑴　婚姻挙行官が権限を有すること。
⑵　本章第2節に規定された場合を除き、有効な婚姻許可証があること。
⑶　婚姻当事者が婚姻挙行官のところに出頭し、成年の証人2名以上の面前において、互いを夫とし妻とすることを自ら宣言することにより、婚姻を挙行すること。

第4条〔違法婚姻の効力〕

①　婚姻は、実質的要件または形式的要件のいずれかを欠くときは、第35条第2号に規定された場合を除き、当初から無効である。

②　婚姻は、実質的要件のいずれかに瑕疵があるときは、第45条の規定により取り消すことができる。

③　婚姻は、形式的要件に瑕疵があっても、有効とするが、かかる瑕疵をもたらした一方または双方の当事者は、民事、刑事および行政上の責任を負うものとする。

第5条〔婚姻年齢〕

第37条および第38条に規定された障害のない18歳以上の男女は、婚姻することができる。

第6条〔婚姻の挙行〕

①　婚姻の挙行については、とくに定められた方式または宗教的な儀式は要求されない。ただし、婚姻当事者は、婚姻挙行官のところに自ら出頭し、2名以上の成年の証人の面前において、互いを夫とし妻とすることを宣言しなければならない。この宣言は婚姻証書に記載され、この証書は、婚姻当事者および証人によって署名され、かつ婚姻挙行官によって認証されなければならない。

②　死亡しそうな当事者が婚姻証書に署名できない死亡直前婚姻の場合は、証人の1人がこの当事者の名前を書くことで足りるものとする。ただし、この事実は、婚姻挙行官によって認証されなければならない。

第7条〔婚姻挙行官〕

次の者は、婚姻を挙行する権限を有する。

(1) 現職の裁判官。ただし、裁判所の管轄地内において挙行する場合に限る。
(2) 教会もしくは宗派の司祭、ラビ、イマームまたは聖職者。ただし、その者が自己の教会または宗派から適法に権限を与えられ、身分登録官総長のもとで登録され、自己の教会または宗派から書面によって与えられた権限の範囲内において行動し、かつ少なくとも婚姻当事者の一方が婚姻挙行官の教会または宗派に所属している場合に限る。
(3) 船長または機長。ただし、第31条に規定された場合に限る。
(4) 軍の指揮官。ただし、従軍司祭が軍事行動中に不在となり、権限を軍の指揮官に委ね、かつ第32条に規定された場合に限る。
(5) 総領事、領事または副領事。ただし、第10条に規定された場合に限る。

第8条〔婚姻挙行地〕

　婚姻は、それぞれ裁判官室または公開の法廷、教会、チャペルまたは寺院、総領事、領事または副領事の執務室において、公開のうえ挙行されなければならず、その他の場所での挙行は許されない。ただし、婚姻がこの法律の第29条により死亡直前もしくは遠隔地において行われる場合、または当事者の双方が書面によって婚姻挙行官に対し、自宅もしくは宣誓により指定した場所における婚姻の挙行を求めた場合は、この限りでない。

第9条〔婚姻許可証の発行地〕

　婚姻許可証は、いずれかの婚姻当事者が常居所を有する市町村の地方身分登録官によって発行されなければならない。ただし、本章第2節により許可証を要しない婚姻の場合は、この限りでない。

第10条〔領事婚〕

　外国にあるフィリピン国民間の婚姻は、フィリピン共和国の総領事、領事または副領事が挙行することができる。婚姻許可証の発行ならびに婚姻の挙行に関する地方身分登録官および婚姻挙行官の職務は、かかる領事職によって行われる。

第11条〔婚姻許可証の申請〕

① 婚姻許可証を必要とするときは、婚姻当事者は、それぞれが管轄の地方身分登録官に対し、宣誓をしたうえで許可証の申請を行わなければならない。この申請には、次の事項をすべて記載しなければならない。
　⑴　婚姻当事者のフルネーム
　⑵　出生地
　⑶　年齢および生年月日
　⑷　婚姻歴
　⑸　以前に婚姻したことがあるときは、前婚の解消または取消しの方法、年月日および場所
　⑹　現在の居住地および国籍
　⑺　婚姻当事者間の親族関係の有無および親等
　⑻　父のフルネーム、居住地および国籍
　⑼　母のフルネーム、居住地および国籍
　⑽　婚姻当事者が父母をともに有しないで、かつ21歳未満であるときは、後見人または保護責任のある者のフルネーム、居住地および国籍
② 申請者、その父母または後見人は、婚姻許可証の取得に際して、いかなる形態においても、居住証明書の提示を求められないものとする。

第12条〔出生証明書等〕

① 地方身分登録官は、前条の申請を受け付けたときは、婚姻当事者の出生証明書の原本、もしくはこれがないときは洗礼証明書、またはこれらの文書の原本を保管している者によって適法に認証された謄本の提示を求めなければならない。本条によって要求されたこれらの証明書または文書の認証謄本は、宣誓を必要とせず、かつ印紙税を免除されるものとする。証明書を発行した者の署名および肩書は、その権限の十分な証拠とする。

② 婚姻当事者のいずれかが原本の滅失により出生証明書もしくは洗礼証明書またはこれらの認証謄本を提示することができないか、またはかかる出生証明書もしくは洗礼証明書について、婚姻許可証の申請日よりも15日以上前に原本を保管する者に対し請求したにもかかわらず、まだこれを受け取って

いないことが、当事者またはその他の者の宣誓供述書によって証明されたときは、これに代えて、現在の居住証明書、または当該地方身分登録官もしくは宣誓をさせる権限のあるその他の公務員のもとで宣誓のうえ作成された文書を提出することができる。この文書には、婚姻当事者および知れたる親のフルネーム、居住地および国籍、ならびに婚姻当事者の出生地および生年月日が記載され、成年に達した2名の証人の宣誓文を記載しなければならない。証人としては、婚姻当事者に最も近い親族が望ましいが、これがいないときは、その州または市町村内において名声のある者を証人としなければならない。

③ 婚姻当事者の親が自ら当該地方身分登録官のところに出頭し、申請書に記載されたとおり、婚姻当事者が成年であると宣誓したとき、または地方身分登録官が自ら出頭した申請者を単に見ただけで、その一方または双方が成年に達していることを確信したときは、出生証明書または洗礼証明書の提示を求めないものとする。

第13条〔前婚解消の証明書〕

いずれかの婚姻当事者が以前に婚姻したことがあるときは、申請者は、前条第1項により要求された出生証明書または洗礼証明書に代えて、亡くなった配偶者の死亡証明書、離婚判決、または前婚の取消しもしくは無効確認の判決の提出を求められるものとする。死亡証明書を取得できないときは、当事者は、その事情および現在の身分登録の状況ならびに亡くなった配偶者の名前および死亡年月日に関する宣誓供述書を作成しなければならない。

第14条〔親の同意等〕

婚姻当事者の一方または双方は、前婚によって親権解除がなされておらず[2]、

---

2)「前婚によって親権解除がなされていない」という要件については、若干の解説が必要であろう。家族法制定当時は、成年年齢は21歳とされており、当然のことながら、成年年齢に達しなければ、親権は解除されなかった。その後、1989年の共和国法第6809号により改正された家族法は、成年年齢を18歳に引き下げたが（234条）、婚姻については、21歳に達するまで、親の同意が必要であると

かつ18歳以上21歳未満であるときは、前条までの要件に加えて、父、母、存命の親もしくは後見人、または当該当事者の保護に法的責任を負う者の順に、その者の婚姻に対する同意書を地方身分登録官に提出しなければならない。かかる同意の意思表示は、これらの利害関係人が自ら管轄の地方身分登録官のところに出頭し書面で行うか、または2名の証人の面前において作成され、かつ法律上宣誓をさせる権限を有する公務員によって認証された宣誓供述書の方式で行われなければならない。出頭による同意の意思表示は、双方の婚姻許可申請書に記録されなければならず、それに代えて作成された宣誓供述書は、これらの申請書に添付されなければならない。

第15条〔親の助言等〕

　21歳以上25歳未満の婚姻当事者は、婚姻に対する助言を父母または後見人に求めなければならない。かかる助言が得られないとき、または助言が婚姻に否定的であるときは、婚姻許可証は、その申請の公告開始から3か月を経過した後でなければ、発行してはならない。助言を求めた旨の婚姻当事者双方の宣誓供述書は、書面による助言があれば、それと一緒に、婚姻許可証申請書に添付しなければならない。父母または後見人が助言を拒否したときは、その旨を宣誓供述書に記載しなければならない。

第16条〔カウンセリング〕

① 親の同意または助言が必要であるときは、当該婚姻当事者は、前条までの要件に加えて、この法律の第7条により婚姻を挙行する権限を有する司祭、イマームもしくは聖職者、または所轄の政府機関から適法に認可を受けた婚姻カウンセラーが発行し、かつ婚姻当事者が婚姻のカウンセリングを受けた旨が記載された証明書を添付しなければならない。かかる婚姻カウンセリン

している（236条2項）。したがって、18歳に達した者は、たとえば契約の締結などの財産法上の行為については、すでに親権が解除されているが、婚姻については、まだ親の親権に服していると言える。ただし、前婚について親の同意があった場合は、後婚について重ねて同意は必要ないであろう。その意味では、前婚の挙行によって、初めて完全に親権解除がなされたと言える。

グの証明書を添付しないときは、婚姻許可証は、その申請の公告開始から 3 か月を経過した後でなければ、発行してはならない。婚姻許可証が禁止期間内に発行されたときは、それを発行した公務員は行政上の処罰を受けるが、婚姻の有効性は損なわないものとする。

② 婚姻当事者の一方のみが親の同意または助言を必要とする場合であっても、他方の当事者も、前項に規定されたカウンセリングを受けなければならない。

第 17 条〔公告〕

地方身分登録官は、婚姻許可申請書に記載された申請者のフルネーム、居住地およびその他の情報を記載した公告を作成しなければならない。公告は、建物内の目立つ場所に位置し、かつ公衆の目に触れる地方身分登録官事務所の外の掲示板において、引き続き 10 日間、掲示しなければならない。この公告は、婚姻に障害があることを知っているすべての者に対し、それを地方身分登録官に知らせることを求めるものでなければならない。婚姻許可証は、公告期間の経過後に発行されるものとする。

第 18 条〔婚姻許可証の発行〕

地方身分登録官は、障害があることを知り、またはその疑いがあると判断したときは、婚姻許可申請書にその詳細および所見を書き留めるが、公告期間が経過した後は、許可証を発行しなければならない。ただし、管轄裁判所が身分登録官または利害関係人の申立てにより発行の差止めを命じた場合は、この限りでない。申立てには、手数料を課すことなく、かつ命令には、担保を要しないものとする。

第 19 条〔手数料〕

地方身分登録官は、婚姻許可証の発行に際し、法令により定められた手数料の支払を求めるものとする。この許可証の発行については、手数料または税金など、いかなる名目であっても、法定の手数料以外に金銭を徴収してはならない。生活困窮者、すなわち、明確な収入源がない者、または生活費が足りない者について、その事実が宣誓供述書または地方身分登録官の面前における宣誓

によって証明されたときは、手数料を免除して許可証を発行する。

第20条〔有効期間〕

　許可証は、発行の日から120日間、フィリピンのいかなる地方においても有効であるが、婚姻当事者がこれを使用しなかったときは、この期間が経過した時に、自動的に取り消されたものとみなす。期間満了日は、発行されたすべての許可証の表紙にボールド体でスタンプしなければならない。

第21条〔婚姻要件具備証明書〕

⑴　婚姻当事者の一方または双方が外国人であるときは、婚姻許可証を取得するためには、本国の外交官または領事によって発行された婚姻要件具備証明書を提出しなければならない。

⑵　無国籍者または他国からの難民は、婚姻要件具備証明書に代えて、婚姻要件の具備を示す事実を述べた宣誓供述書を提出しなければならない。

第22条〔婚姻証書の記載事項〕

　当事者が互いを夫とし妻とする旨を宣言する婚姻証書には、さらに次の事項も記載しなければならない。

⑴　各婚姻当事者のフルネーム、性別および年齢

⑵　その国籍、宗教および常居所

⑶　婚姻を挙行した年月日および正確な時間

⑷　適法に婚姻許可証が発行されたこと。ただし、本章第2節に規定された婚姻を除く。

⑸　婚姻当事者の一方または双方が必要とされる親の同意を得たこと。

⑹　婚姻当事者の一方または双方が必要とされる親の助言の要件を満たしたこと。

⑺　当事者が夫婦財産契約を締結したときは、その旨。この場合、夫婦財産契約の謄本を添付しなければならない。

第23条〔婚姻証書の送付〕

　前条にいう婚姻証書の原本を婚姻当事者のいずれかに渡し[3)]、かつ証書の2通目および3通目の謄本を婚姻から15日以内に婚姻挙行地の地方身分登録官

に送付することは、婚姻挙行官の職務とする。地方身分登録官は、婚姻証書の謄本を送付した婚姻挙行官に対し、受領証を発行しなければならない。婚姻挙行官は、婚姻証書の4通目の謄本[4]、婚姻許可証の原本、および第8条に規定された場所以外での婚姻挙行に関する婚姻当事者の宣誓供述書があるときは、その宣誓供述書を自ら保管しなければならない。

第24条〔身分登録官の職務〕

　地方身分登録官は、本章によって必要とされる文書を作成し、すべての利害関係人に宣誓をさせることを職務とする。いずれの場合も、手数料を徴収してはならない。婚姻許可証の申請に関連して保管された文書および宣誓供述書は、印紙税を免除する。

第25条〔婚姻登録簿の管理〕

　地方身分登録官は、自己が保管する婚姻許可申請書を厳密に受付順で登録簿に登録しなければならない。身分登録官は、この登録簿に申請者の名前、婚姻許可証の発行年月日およびその他の必要な情報を記録しなければならない。

第26条〔外国での婚姻・離婚〕

① 　フィリピン国外において挙行されたすべての婚姻は、挙行地国の法律に従っており、その国において有効であるときは、わが国においても有効とする。ただし、第35条第1号および第4号ないし第6号ならびに第36条ないし第38条により禁止された婚姻を除く。

② 　フィリピン国民と外国人間の婚姻が有効に挙行され、その後、外国人配偶者が外国において有効に離婚判決を得て[5]、再婚できるようになったときは、

---

3) 　前掲注1)のウェブサイトでは、「第6条にいう」となっているが、ノリエド・前掲書の原著に掲載された条文によれば、"referred to in Article 22"となっており、この方が適切であるので、「前条にいう」と訳した。

4) 　前掲注1)のウェブサイトでは、この後に再び「婚姻証書の謄本」という文言が入っているが、ノリエド・前掲書の原著に掲載された条文では、かような文言は入っておらず、この方が適切であるので、これによった。

5) 　原文は、"a divorce is thereafter validly obtained abroad"であるから、直訳すれ

フィリピン人配偶者も、フィリピン法により再婚できるものとする。

〔1987年7月17日の行政命令第227号により本条改正〕

第2節　許可証の要件を免除された婚姻

第27条〔死亡直前婚姻〕

　婚姻当事者の一方または双方が死亡しそうであるときは、婚姻許可証がなくても、婚姻を挙行することができる。この婚姻は、たとえ病気の当事者がその後生存していても、有効性を失わないものとする。

第28条〔遠隔地婚姻〕

　いずれかの当事者の居住地が地方身分登録官のところに自ら出頭するための交通手段のない場所であるときは、婚姻許可証がなくても、婚姻を挙行することができる。

第29条〔宣誓供述書〕

　前二条に該当する場合には、婚姻挙行官は、地方身分登録官または法律上宣誓をさせる権限を有するその他の者のところで作成した宣誓供述書において、死亡直前婚姻が行われたこと、またはバリオもしくはバランガイを特定して、いずれかの当事者の居住地が地方身分登録官のところに自ら出頭するための交通手段のない場所であること、ならびに婚姻挙行官が婚姻当事者の年齢、親族関係および婚姻障害の不存在を確認するために必要な措置を取ったことを記載しなければならない。

第30条〔身分登録官への送付〕

　婚姻挙行官は、婚姻から30日以内に前条で求められた宣誓供述書を作成し、

ば、「外国人配偶者が外国において有効に離婚を得て」となるが、この規定は、本国法主義を定めた民法15条により、離婚を得たのがフィリピン人配偶者である場合には、再婚資格を認めないのであるから、双方の合意による協議離婚などは念頭に置いていないと解される。そこで、「離婚判決」と訳すことにした。ノリエド・前掲書32頁以下・98頁、奥田安弘「渉外戸籍入門(31)」外国人登録545号4頁以下参照。

その原本を婚姻証書の謄本とともに作成地の市町村の地方身分登録官に送付しなければならない。

第31条〔船内・機内の死亡直前婚姻〕

船長または航空機の操縦士は、船舶が海上にある間、または航空機が飛行中である間だけでなく、寄港地に停泊中または駐機中である間も、旅客または乗務員間の死亡直前婚姻を挙行することができる。

第32条〔軍事行動中の死亡直前婚姻〕

将校である軍の指揮官は、軍事行動の区域内にいる者について、それらの者が軍の構成員であるか、文民であるかを問わず、死亡直前婚姻を挙行することができる。

第33条〔少数民族間の婚姻〕

イスラム教徒間の婚姻または少数民族間の婚姻は、その慣習、儀式または慣行にしたがって挙行されるときは、婚姻許可証がなくても、有効に行うことができる。

第34条〔内縁者間の婚姻〕

5年以上内縁関係にあり、相手と婚姻するのに法的障害のない男女間の婚姻については、許可証を必要としない。婚姻当事者は、法律上宣誓をさせる権限を有する者のところで作成した宣誓供述書に、これらの事実を記載しなければならない。婚姻挙行官も、宣誓のうえ、婚姻当事者の資格を確認し、婚姻障害を見出さなかったことを記載しなければならない。

第3節　婚姻の無効および取消し

第35条〔婚姻の無効〕

次の場合には、婚姻は当初から無効とする。

(1) たとえ父母または後見人の同意を得ていたとしても、当事者が18歳未満であったとき。

(2) 法律上の権限のない者によって婚姻が挙行されたとき。ただし、当事者の一方または双方が婚姻挙行官に法律上の権限があると善意で信じて婚姻

が挙行された場合は、この限りでない。
 (3) 婚姻許可証を受けないで婚姻が挙行されたとき。ただし、前節が適用される場合は、この限りでない。
 (4) 第41条の場合を除き、重婚であるとき。
 (5) 当事者の一方が相手を人違いして婚姻したとき。
 (6) 第53条により無効とされる再婚であったとき。

第36条〔精神的不能〕
 婚姻挙行の時に、婚姻の本質的な義務を履行することが精神的に不能である者が行った婚姻は、婚姻挙行の後にこの不能が明らかになった場合といえども、無効とする。

〔1987年7月17日の行政命令第227号により本条改正〕

第37条〔近親婚〕
 当事者間に次の関係があるときは、それが嫡出関係または非嫡出関係のいずれであるかを問わず、婚姻は近親婚であり、当初から無効とする。
 (1) 親等を問わず、尊属と卑属の関係
 (2) 父母を同じくするか、または父母の一方のみを同じくするかを問わず、兄弟姉妹の関係

第38条〔公序違反〕
 次の婚姻は、公序違反として、当初から無効とする。
 (1) 嫡出関係または非嫡出関係のいずれであるかを問わず、4親等以内の傍系血族間の婚姻
 (2) 継親と継子の婚姻
 (3) 義理の親子間の婚姻
 (4) 養親子間の婚姻
 (5) 養親の死後にその配偶者と養子との間でなされた婚姻
 (6) 養子の死後にその配偶者と養親との間でなされた婚姻
 (7) 養親の嫡出子と養子の婚姻
 (8) 養親を同じくする養子間の婚姻

(9) 一方が他方と婚姻するために、その他方の配偶者または自己の配偶者を殺害した場合における当該当事者間の婚姻

第39条〔出訴期間〕

婚姻の絶対的無効確認の訴えまたは抗弁は、出訴期間の制限を受けないものとする[6]。

〔1987年7月17日の行政命令第227号および1998年2月23日の共和国法第8533号により本条改正〕

第40条〔無効確認判決〕

再婚に際して、前婚の絶対的無効を援用するためには、かかる前婚の無効を確認した確定判決を要する。

第41条〔配偶者の不在〕

① 前婚の継続中になされた婚姻は無効とする。ただし、後婚の挙行前に、引き続き4年間、前婚の配偶者が不在となっており、かつ残された配偶者が不在配偶者の死亡を確信するにあたり、相当の理由がある場合は、この限りでない。民法第391条に規定された状況のもとで死亡のおそれがあり[7]、行方不明となったときは、2年間の不在で足りるものとする。

② 残された配偶者は、前項により後婚を行うときは、不在者の推定死亡の宣

---

6) 1998年の改正前は、この規定に続けて、「ただし、この法律の施行前に挙行された婚姻が第36条に該当するときは、かかる訴えまたは抗弁は、この法律の施行後10年以内に提起しなければならない」とされていたが、改正により削除された。したがって、36条（精神的不能）による場合を含め、一切の婚姻無効確認の訴えや抗弁は出訴期間の制限を受けないことになった。

7) 民法第391条
次の者は、相続人間の遺産分割を含め、あらゆる意味において死亡したものと推定する。
(1) 海上航行中に滅失した船舶に乗船していたか、または消息を絶った航空機に搭乗していた者で、その時から4年間消息が不明であるもの
(2) 戦争に参加した軍隊にいた者で、4年間行方が分からないもの
(3) その他の状況において死亡の危険にさらされていた者で、4年間生死が知れないもの

告に関する略式訴訟をこの法律の規定により提起しなければならない。ただし、不在配偶者の所在が判明した場合の効力を妨げない。

第42条〔配偶者の所在判明〕

① 前条にいう後婚は、不在配偶者の所在が判明した旨の宣誓供述書の登録によって、自動的に終了する。ただし、前婚を取り消すか、または当初より無効であったことを確認する判決がある場合は、この限りでない。

② 不在配偶者の所在が判明した旨の事実および状況に関する宣誓供述書は、利害関係人の申出により、後婚の当事者の居住地の身分登録所において登録し、後婚の配偶者に適切な通知をしなければならない。ただし、不在配偶者の所在の判明に争いがあるときは、これを裁判によって確定することを妨げない。

第43条〔後婚終了の効力〕

前条にいう後婚の終了は、次の効力を生じる。

(1) 終了以前に懐胎した後婚の子は嫡出子とみなし、その監護および扶養に争いがあるときは、裁判所の手続によって決定する[8]。

(2) 完全財産共有体または収益共有体は、それぞれ解消し、清算しなければならない。ただし、一方の配偶者が悪意で後婚を行ったときは、かかる共有財産から生じた純益の取り分は、後婚の夫婦の子がいれば、その子のために、またかかる子がいなければ、前婚の有責配偶者の子のために、またかかる子もいなければ、有責事由のない配偶者のために、これを没取する。

(3) 婚姻贈与は有効性を失わない[9]。ただし、受贈者が悪意で婚姻したとき

---

8) 前掲注1)のウェブサイトでは、「その監護および扶養に争いがあるときは、裁判所の手続によって決定する」という文言が欠落している。

9) 家族法82条によれば、婚姻贈与とは、「婚姻の挙行前に、婚姻を理由として、将来の夫婦の一方または双方のためになされるもの」をいう。その成立要件および効力については、民法の贈与に関する規定のほかに、家族法84条から87条までの規定が適用される（家族法83条）。

は、当該受贈者に対しなされた贈与は、法律上当然に取り消されたものとする。

(4) 有責事由のない配偶者は、悪意で行動した他の配偶者を保険の受取人として指定したことについて、たとえかかる指定が取消不能と約定されていても、これを取り消すことができる。

(5) 悪意で後婚を行った配偶者は、有遺言相続および無遺言相続において、有責事由のない配偶者の相続人となる資格を失う。

第44条〔後婚の無効〕

後婚の配偶者が双方とも悪意で行動していたときは、この婚姻は当初より無効であり、一方が他方のために行った婚姻贈与および遺言処分は、すべて法律上当然に取り消される。

第45条〔婚姻の取消し〕

婚姻の時に次の各号のいずれかの事由がある婚姻は、取り消すことができる。

(1) 取消しの対象となる婚姻の当事者が18歳以上であるが、21歳未満であり、父母、後見人またはその他の親権代行者の順で、そのいずれかの同意を得ずに婚姻を挙行したこと。ただし、この当事者がすでに21歳に達しており、自己の意思で相手と同居し、夫婦として暮らしていた場合は、この限りでない。

(2) いずれかの当事者が正常な判断能力を有しないこと。ただし、この当事者がすでに正常に戻っており、自己の意思で相手と夫婦として同居していた場合は、この限りでない。

(3) いずれかの当事者の同意が詐欺によって得られたものであったこと。ただし、この当事者が詐欺の事実を完全に知った後も、自己の意思で相手と夫婦として同居していた場合は、この限りでない。

(4) いずれかの当事者の同意が暴力、強迫または不適切な影響力の行使によって得られたものであったこと。ただし、この行為が終わった後も、この当事者が自己の意思で相手と夫婦として同居していた場合は、この限りで

ない。
(5) いずれかの当事者が肉体的に相手と同衾することができず、かかる不能が継続しており、回復の見込みがないこと。
(6) いずれかの当事者が伝染性の性病にかかっており、それが重症であり、回復の見込みがないこと。

第46条〔詐欺〕
① 次の各号のいずれかの事由があるときは、前条第3号にいう詐欺があったものとする。
(1) 一方の当事者が以前に反道徳的行為により有罪の確定判決を受けた事実を開示しなかったこと。
(2) 妻が婚姻の時に夫以外の男を父とする子をすでに懐胎していた事実を隠していたこと。
(3) 婚姻の時に、程度のいかんを問わず、伝染性の性病にかかっていた事実を隠していたこと。
(4) 婚姻の時に、麻薬中毒、アルコール中毒または同性愛者であった事実を隠していたこと。
② 性格、健康、地位、財産または貞操に関するその他の虚偽は、婚姻取消訴訟の原因としての詐欺とはならない。

第47条〔原告適格・出訴期間〕
婚姻取消しの訴えは、次の者によって、次の期間内に提起しなければならない。
(1) 第45条第1号に規定された原因について、親または後見人の同意を得なかった当事者によるときは、21歳に達した後5年以内とし、親、後見人または未成年者に対し法的責任を負うその他の者によるときは、この婚姻当事者が21歳に達するまでとする。
(2) 第45条第2号に規定された原因について、相手の心神喪失を知らなかった正常な配偶者、または親族、後見人もしくは心神喪失者に対し法的責任を負うその他の者によるときは、いずれかの婚姻当事者の死亡までとし、

心神喪失の配偶者自身によるときは、一時的に正常となった時、または正常な判断能力を回復した後とする。
(3) 第45条第3号に規定された原因については、詐欺が判明した時から5年以内に、被害者が提起する。
(4) 第45条第4号に規定された原因については、暴力、強迫または不適切な影響力の行使が終わった時から5年以内に、被害者が提起する。
(5) 第45条第5号および第6号に規定された原因については、婚姻の時から5年以内に、被害者が提起する。

第48条〔馴合の防止等〕
① 婚姻の取消しまたは無効確認の訴訟では、裁判所は、国側の代理人として選任された検察官に対し、当事者間の馴合を防止するための措置を取ること、および証拠の偽造または隠滅が起こらないよう注意することを命じなければならない。
② 前項にいう訴訟では、事実を争わないこと、または判決の事前承認にもとづいて、判決を下してはならない。

第49条〔訴訟係属中の措置〕
訴訟が係属している間、配偶者間の書面による合意に別段の定めがない限り、裁判所は、配偶者の扶養ならびに夫婦間の子の監護および扶養を定めなければならない。裁判所は、第9章の規定にしたがって、これらの子の精神的および財産的利益、ならびにいずれの親と一緒に住むことを希望しているのかという意思を最大限に尊重しなければならない。裁判所は、さらに他方の親の適切な面接交渉権を定めなければならない。

第50条〔無効・取消判決の効力〕
① 第43条第2号ないし第5号および第44条に規定された効力は、第40条および第45条による確定判決によって当初から無効であることが確認されたか、または取り消された婚姻にも準用する。
② これらの訴訟に関する確定判決は、配偶者の財産の清算、分割および分配、夫婦間の子の監護および扶養、ならびに推定遺留分の引渡しを定めなければ

ならない。ただし、それ以前の裁判手続において、これらの事項が決定されていた場合は、この限りでない。

③ 清算手続の通知は、配偶者双方および完全財産共有体または収益共有体のすべての債権者に対し行わなければならない。

④ 夫婦の住居およびその敷地の分割は、第102条および第129条の規定により決定されなければならない。

第51条〔推定遺留分の引渡し〕

① 前条の分割において、夫婦間のすべての子の推定遺留分の代価は、地方裁判所の判決の確定日付けで算定され、現金、土地家屋または安全な有価証券で引き渡さなければならない。ただし、裁判で確認された双方の合意により、当事者がかかる事項をすでに定めていた場合は、この限りでない。

② 子、その後見人またはその土地家屋の受託者は、判決の執行を求めることができる。

③ 本条に規定された推定遺留分の引渡しは、一方または双方の親の死亡に伴う子の相続権を全く妨げないものとする。ただし、すでに婚姻の取消しまたは無効確認の裁判にもとづき受け取った土地家屋の代価は、遺留分の前渡しとみなされる。

第52条〔判決等の登録〕

婚姻の取消しまたは無効確認の判決、配偶者の土地家屋の分割および分配、ならびに子の推定遺留分の引渡しは、管轄の身分登録所および土地家屋の登録所において登録しなければならない。かかる登録がないときは、これを第三者に対抗することはできない。

第53条〔再婚〕

前婚の配偶者は、前条の要件を満たした後に再婚することができる。これに違反したときは、後婚は無効とする。

第54条〔無効婚子〕

婚姻の取消しもしくは第36条による婚姻無効確認の判決が確定する前に懐胎または出生した子は、嫡出子とみなす。前条の要件を満たした後婚により懐

胎または出生した子も、同様に嫡出子とする。

第 2 章　法的別居

第 55 条〔法的別居の原因〕

① 法的別居は、次のいずれかの場合に申し立てることができる。
　(1)　申立人、夫婦間の子または申立人の子に対する常習的な身体的暴力もしくは重大な虐待行為があるとき。
　(2)　申立人に対し宗教的もしくは政治的な加入団体を変更させようとする身体的暴力または精神的圧力があるとき。
　(3)　申立人、夫婦間の子もしくは申立人の子に対し売春行為を強制するか、勧誘するか、またはこれを共謀したとき。
　(4)　刑が免除された場合を含め、相手方について 6 年以上の懲役刑を命じる判決が確定したとき。
　(5)　相手方が麻薬中毒またはアルコール中毒であるとき。
　(6)　相手方が同性愛者であるとき。
　(7)　フィリピンの国内または国外のいずれであるかを問わず、相手方が重婚をしたとき。
　(8)　不貞行為または性的異常があるとき。
　(9)　相手方が申立人を殺害しようとしたとき。
　(10)　相手方が正当な理由なく 1 年以上申立人を遺棄したとき。

② 本条において、「子」とは、実子または養子をいう。

第 56 条〔申立ての却下〕

法的別居の申立ては、次のいずれかの場合には、却下しなければならない。
　(1)　被害者が法的別居の原因として主張した行為を黙認していたとき。
　(2)　被害者が法的別居の原因として主張した行為に同意していたとき。
　(3)　法的別居の原因となる行為について、当事者双方の共謀があるとき。
　(4)　当事者双方が法的別居の原因をもたらしているとき。
　(5)　法的別居の判決を得るために、当事者双方の馴合があるとき。

(6) 出訴期間を経過したとき。

第 57 条〔出訴期間〕

　法的別居を求める裁判は、その原因が発生した時から 5 年以内に申し立てなければならない。

第 58 条〔審理の開始〕

　法的別居を求める裁判は、その申立てから 6 か月が経過するまでは、いかなる場合であっても、審理を開始してはならない。

第 59 条〔修復措置〕

　裁判所は、夫婦の婚姻関係を修復するための措置を講じ、それにもかかわらず、婚姻関係の修復がほとんど不可能であると十分に確信したのでない限り、法的別居の判決を下してはならない。

第 60 条〔馴合等の防止〕

① 法的別居の判決は、当事者が事実を争わないか、または判決の事前承認があったことを理由としてはならない。

② いかなる場合であっても、裁判所は、検察官に対し、当事者間の馴合を防ぐための措置を取り、かつ証拠の偽造または隠滅がなされないよう注意を払うことを命じなければならない。

第 61 条〔別居の開始〕

① 夫婦は、法的別居の申立てをした時から、互いに別居する権利を有する。

② 裁判所は、夫婦間の書面による合意がない限り、夫婦の一方または第三者に対し、完全財産共有体または収益共有体の財産の管理を命じるものとする。裁判所によって任命された管理人は、裁判所規則により、後見人と同一の権限を有し、義務を負う。

第 62 条〔訴訟係属中の措置〕

　法的別居の裁判が係属している間は、第 49 条の規定は、夫婦間の扶養ならびに夫婦間の子の監護および扶養に適用されるものとする。

第 63 条〔判決の効力〕

　法的別居の判決は、次の効力を有する。

(1)　夫婦は互いに別居する権利を有するが、婚姻関係は消滅しない。
(2)　完全財産共有体または収益共有体は、解消され清算されるが、有責配偶者は、完全財産共有体または収益共有体による純益の取り分を取得する権利を有しない。その取り分は、第43条第2号の規定により没取される。
(3)　この法律の第213条の規定により、未成年の子の監護権は、無責配偶者に付与される。
(4)　有責配偶者は、無責配偶者の無遺言相続から廃除される。また無責配偶者の遺言のうち、有責配偶者に有利な部分は、法律上当然に取り消される。

第64条〔贈与等の取消し〕

①　法的別居判決が確定した後、無責配偶者は、自己が有責配偶者のためにした贈与を取り消し、また保険証券において有責配偶者を受取人として指定したことについて、たとえこの指定が取消不能と定められていても、取り消すことができる。贈与の取消しは、不動産所在地の登記簿に登記しなければならない。不動産登記簿における取消しの登記の前に善意で登記された譲渡、先取特権および抵当権には、対抗することができない。保険受取人の指定の取消しまたは変更は、被保険者に対するその旨の書面による通知によって、効力を生じる。

②　本条による贈与取消しの訴えは、法的別居判決が確定した後、5年以内に提起しなければならない。

第65条〔和解〕

夫婦が和解をするときは、双方が適法に署名した宣誓にもとづくその旨の共同の意思表示を、法的別居に関する訴訟を受理した裁判所に届け出なければならない。

第66条〔和解の効力〕

①　前条による和解は、次の効力を有する。
(1)　法的別居訴訟は、たとえ係属中であり、どのような段階にあったとしても、終結しなければならない。

(2) 法的別居の確定判決は取り消されるが、すでに完了した財産の分割および有責配偶者の取り分の没収は維持されなければならない。ただし、夫婦が従前の夫婦財産共同体を復活させることを合意する場合は、この限りでない。
② 前項の内容を記載した裁判所の命令は、管轄の登記所において登記しなければならない。

第67条〔財産共同体の復活〕
① 前条にいう従前の夫婦財産共同体を復活させるための合意は、宣誓のもとに行われ、次の事項を定めなければならない。
　(1) 復活した財産共同体に新たに組み入れられるべき財産
　(2) 各配偶者の特有財産として維持されるべき財産
　(3) 各配偶者の知れたる債権者全員の名前、住所および債権額
② 夫婦財産共同体を復活させるための合意、およびその承認を求める申立ては、法的別居に関する訴訟を受理した裁判所に行い、これらの合意および申立書の写しは、そこに記載された債権者に送付しなければならない。裁判所は、必要な審尋を行った後、その命令において、債権者の利益を守るための措置を取らなければならず、この命令は、管轄の不動産登記所において登記しなければならない。
③ 不動産登記所における命令の登記は、合意および申立書に記載されなかったか、または通知を受けなかった債権者に対抗することができない。ただし、債務者である配偶者が債権者の請求権を満足させるに足りる特有財産を有している場合は、この限りでない。

第3章～第5章（略）

第6章　実親子関係
第1節　嫡出子
第163条〔親子関係の種類〕

親子関係には、実親子関係および養子親子関係がある。実親子関係には、嫡出親子関係および非嫡出親子関係がある。

第 164 条〔嫡出子〕

① 父母の婚姻中に懐胎または出生した子は、嫡出子である。

② 夫の精子もしくはドナーの精子または両方の精子をもって妻への人工授精を行った結果として懐胎した子も、同様に夫婦の嫡出子である。ただし、夫婦の双方が子の出生前に作成し署名した書面によって、かかる人工授精に同意していた場合に限る。この書面は、子の出生証明書とともに身分登録所において登録しなければならない。

第 165 条〔非嫡出子〕

有効な父母の婚姻がなく懐胎し、かつそのまま出生した子は、この法律に別段の定めがない限り、非嫡出子とする。

第 166 条〔嫡出否認〕

子が嫡出子であることは、次のいずれかの理由によってのみ、否認することができる。

(1) 子の出生前 300 日のうち最初の 120 日間に、次のいずれかの事情により、夫が妻と性交することが物理的に不可能であったこと。

　(a) 夫の身体上の理由により妻との性交ができなかったこと。

　(b) 夫婦が別居していたために、性交ができなかったこと。

　(c) 夫が重病であるため、全く性交ができなかったこと。

(2) 第 164 条第 2 項に規定された場合を除き、生物学またはその他の科学的根拠によって、子が夫の子ではありえないことが証明されること。

(3) 子が人工授精によって懐胎した場合において、父母のいずれかの書面による同意が錯誤、詐欺、暴力、強迫または不当な影響力の行使によって得られたこと。

第 167 条〔母の言動〕

母が子の嫡出性を否定するか、または姦通をしたという判決を受けた場合といえども、子は嫡出子とみなされる。

第168条〔前婚から300日以内の再婚〕[10]

婚姻が終了し、この前婚の終了から300日以内に母が再婚したときは、反証がない限り、以下の規定が適用される。

(1) 前婚の終了から300日以内にして、後婚の挙行から180日以内に生まれた子は、前婚の期間中に懐胎したものとみなす。

(2) 前婚の終了から300日以内といえども、後婚の挙行から180日を経過した後に生まれた子は、後婚の期間中に懐胎したものとみなす。

第169条〔前婚から300日後の出生〕

前婚の終了から300日を経過した後に生まれた子が嫡出子または非嫡出子のいずれであるのかは、かかる嫡出性ないし非嫡出性を主張する者が証明しなければならない。

第170条〔出訴期間〕

① 子の嫡出否認の訴えは、夫または場合によりその相続人のいずれかが子の出生地もしくは出生登録地の市町村に住んでいるときは、出生の事実を知った時、または身分登録所における登録の時から、1年以内に提起しなければならない。

② 夫または彼がいなければ彼の相続人のすべてが、前項にいう出生地または出生登録地に住んでいないときは、前項の期間は、彼らがフィリピン在住であれば2年以内とし、外国在住であれば3年以内とする。子の出生が夫またはその相続人に隠されていたか、または知られていなかったときは、この期

---

10) 改正刑法351条によれば、「妻が夫の死亡の日から301日以内に再婚したとき、または夫の死亡の時に妊娠していた場合において、出産前に再婚したときは、6か月以下の懲役および500ペソ未満の罰金に処する。婚姻の取消しまたは無効確認の判決を受けた妻も、その判決から301日以内または出産前に再婚したときは、同じ刑に処する」とされている。したがって、前婚の解消から301日以内の再婚は、改正刑法351条に違反するが、家族法上は有効と解されている。Veloso, Gerardo Ty, *Questions and Answers on Women's Rights in Philippine Law in and out of Marriage and Family,* 1994, p. 2.

間は、出生の事実または出生登録の事実が判明した時もしくは知られた時のいずれか早い方から起算する。

第 171 条

夫の相続人は、次のいずれかの場合に限り、前条の期間内に親子関係を否認することができる。

(1) 夫が訴えを提起すべき期間の経過前に死亡したとき。

(2) 夫が訴えを提起した後、それを取り下げないで死亡したとき。

(3) 子が夫の死亡後に生まれたとき。

第 2 節 親子関係の証明

第 172 条〔証明方法〕

① 嫡出親子関係は、次のいずれかの方法によって証明される。

(1) 身分登録簿に記載された出生記録または確定判決

(2) 親が公文書または自筆の私文書において嫡出親子関係を認め、署名をしたこと。

② 前項に規定された証拠がないときは、嫡出親子関係は、次のいずれかの方法によって証明される。

(1) 公然かつ継続的な嫡出子の身分の占有

(2) 裁判所規則および特別法によって認められたその他の方法

第 173 条〔出訴期間等〕

① 嫡出親子関係の確認訴訟は、子の存命中は、子が自ら提起することができるが、子が未成年の間または心神喪失の状態で死亡したときは、相続人に承継される。後者の場合において、相続人は、5 年以内に限り訴えを提起することができる。

② 子が自ら開始した訴訟は、一方または双方の当事者が死亡した場合であっても、継続しなければならない[11]。

---

11) 前掲注 1) のウェブサイトでは、2 項が欠落している。

第174条〔嫡出子の権利〕

嫡出子は、次の権利を有する。

(1) 姓に関する民法の規定にしたがって、父母の姓を称すること。
(2) 扶養に関するこの法律の規定にしたがって、父母、その他の直系尊属および場合により兄弟姉妹による扶養を受けること。
(3) 民法によって付与された遺留分およびその他の相続権を取得すること。

第3節 非嫡出子

第175条〔非嫡出親子関係の証明等〕

① 非嫡出子は、嫡出子と同じ方法および同じ証拠によって、その親子関係を証明することができる。

② 非嫡出親子関係の確認訴訟は、第173条に規定されたのと同じ期間内に提起しなければならない。ただし、訴訟が第172条第2項を根拠とするときは、親とされる者の存命中に限り、これを提起することができる。

第176条〔非嫡出子の権利〕

非嫡出子は、母の姓を称して、母の親権に服し、この法律にしたがって扶養を受ける権利を有する。ただし、身分登録簿に記載された出生記録によって、父が親子関係を認めたことが明らかであるとき、または公的文書もしくは自筆の私文書において、父が自ら親子関係を認めたときは、非嫡出子は、父の姓を称することができる。この場合において、父は、自己の生涯において親子関係が存在しないことを証明するため、通常裁判所に訴えを提起する権利を有する[12]。各非嫡出子の遺留分は、嫡出子の遺留分の2分の1とする。

〔2004年2月24日の共和国法第9255号により本条改正〕

第4節 準正子

---

12) 改正前は、非嫡出子は母の姓を称することができるだけであったが、改正によって、父の姓を称することができる場合、および父の否認訴訟が追加された。

第177条〔準正子となりうる者〕

　父母の婚姻前に懐胎して生まれた子で、懐胎の時に父母が法的障害のため互いに婚姻できなかったわけではないものだけが、準正により嫡出子となることができる。

第178条〔準正の要件〕

　準正は、子の出生後に父母が有効に婚姻することによって成立する。婚姻の取消しは、準正の成立を妨げない。

第179条〔準正子の権利〕

　準正子は、嫡出子と同じ権利を有する。

第180条〔遡及効〕

　準正は、子の出生の時にさかのぼって、その効力を生じる。

第181条〔死後準正〕

　父母の婚姻前に死亡した子の準正の利益は、子の卑属が享受する。

第182条〔準正の否認〕

　準正の否認の訴えは、準正により権利を害される者だけが、その訴えの原因が生じた日から5年以内に限り提起することができる。

第7章　養子縁組[13]

第183条〔当事者の資格要件〕

① 　成年に達し、かつ完全な行為能力を有する者は、家計に応じて自己の嫡出子ないし非嫡出子を扶養および養育することができるときは、養親となることができる。

② 　未成年者だけが養子となることができる。ただし、本章において成年者を養子とすることが許される場合は、この限りでない。

---

　13)　本章の規定は、事実上、1998年の国内養子縁組法に吸収されたが、同法は、家族法の関連規定を廃止する旨の規定を置いていないので、完全に本章に取って代わるものであるのか否かについては、慎重な検討を要する。本書第Ⅲ章2(2)の解説参照。

③　養親は、養子より16歳以上年長でなければならない。ただし、養子が養親の実子または養親の配偶者の嫡出子である場合は、この限りでない。

第184条〔養親の欠格事由〕

①　次の者は、養親となることができない。
　(1)　後見関係の終了に伴い提出された最終決算書が承認される前に、被後見人を養子にしようとする後見人
　(2)　反道徳的行為による犯罪の有罪判決を受けたことがある者
　(3)　外国人。ただし、次の者を除く。
　　(a)　血族を養子にしようとする元フィリピン国民
　　(b)　フィリピン人配偶者の嫡出子を養子にしようとする者
　　(c)　フィリピン国民と婚姻しており、配偶者と共同で、配偶者の血族を養子にしようとする者

②　前項の例外に該当しない外国人は、法律に規定された渉外養子縁組に関する規則にしたがって、フィリピン国籍の子を養子にすることができる。

第185条〔夫婦共同縁組〕

次のいずれかの場合を除き、夫婦は共同で養親とならなければならない。
　(1)　一方の配偶者が自己の非嫡出子を養子にしようとするとき。
　(2)　一方の配偶者が他方の配偶者の嫡出子を養子にしようとするとき。

第186条〔共同親権〕

夫婦が共同で養親となるとき、または一方の配偶者が他方の配偶者の嫡出子を養子にするときは、夫婦は、この法律にしたがって共同で親権を行使しなければならない。

第187条〔養子の欠格事由〕

次の者は、養子となることができない。
　(1)　成年に達した者。ただし、その者が養親もしくはその配偶者の実子である場合、または養子縁組に先立ち、その者が未成年の間一貫して養親から自分の子とみなされ、かつそのような扱いを受けていた場合は、この限りでない。

(2) フィリピン共和国と外交関係のない国の国民
 (3) すでに養子となった者。ただし、その養子縁組が取り消されたか、または離縁がなされた場合は、この限りでない。

第188条〔同意要件〕

養子縁組をするには、次の者の書面による同意を得なければならない。
 (1) 養子となる者で10歳以上のもの
 (2) 養子となる者の実親、法定後見人または所轄の政府機関
 (3) 養親となる者の10歳以上の嫡出子および養子
 (4) 養親となる者の10歳以上の非嫡出子で、養親となる者およびその配偶者と同居しているもの
 (5) 養親となる者または養子となる者の配偶者

第189条〔縁組の効力〕

養子縁組は、次の効力を有する。
 (1) 身分法上、養子は養親の嫡出子とみなされ、養子が養親の姓を称する権利を含め、養親と養子の間には、親子関係にもとづく双方的な権利義務関係が生じる。
 (2) 養子に対する実親の親権は終了し、養親に親権が与えられる。ただし、養子が養親の配偶者の実子であるときは、養子に対する親権は、夫婦が共同で行使する。
 (3) 養子は、実親およびその他の血族の法定相続人としての地位を失わない。

第190条〔養子の財産の法定相続〕

養子の財産の法定相続は、次の規則に従う。
 (1) 養子の嫡出関係および非嫡出関係の子および直系卑属ならびに配偶者は、法定相続の通常の規則にしたがって、養子の財産を相続する。
 (2) 養子の嫡出関係もしくは非嫡出関係の実親または嫡出関係の直系尊属が養親と競合するときは、実親または直系尊属が財産の2分の1を相続し、養親が残りの2分の1を相続する。

(3) 養子の配偶者または非嫡出子が養親と競合するときは、養子の配偶者または非嫡出子が財産の2分の1を相続し、養親が残りの2分の1を相続する。
(4) 養親が養子の非嫡出子および配偶者の双方と競合するときは、非嫡出子、配偶者および養親は、各人が財産の3分の1を相続する。
(5) 養親のみが生存しているときは、養親が全財産を相続する。
(6) 養子の傍系血族のみが生存しているときは、法定相続の通常の規則による。

第191条〔養子による離縁の申立て〕

離縁の裁判は、養子が未成年者であるとき、またはその他の理由により行為無能力者であるときは、養子の利益を守るために裁判所によって選任された者または所轄の政府機関が、親権の喪失または停止と同一の原因にもとづいて、申し立てることができる。養子が18歳以上であるときは、直系尊属を相続人から廃除する場合と同一の原因にもとづいて、自ら離縁の申立てをすることができる。

第192条〔養親による離縁の申立て〕

養親は、次のいずれかの場合、裁判所に離縁の申立てをすることができる。
(1) 直系卑属を相続人から廃除する原因となる行為が養子によってなされたとき。
(2) 養子が未成年の間に養親の家を1年以上離れていたか、またはその他の行為によって養子縁組を明らかに拒絶したとき。

第193条〔離縁の効力〕

① 離縁の裁判の時に養子がまだ成年に達していないときは、裁判所は、同一の手続において、実親の親権を回復させなければならない。ただし、実親が親権を剥奪されているか、または行為無能力者であるときは、裁判所は、未成年者の身上および財産に関する後見人を選任しなければならない。養子に身体的または精神的な障害があるときは、裁判所は、同一の手続において、養子の身上もしくは財産または双方に関する後見人を選任しなければならな

い。
② 離縁の裁判があったときは、親子関係にもとづく養親と養子の間の双方的な権利義務関係は、すべて終了する。また養子は、養親の姓を称する権利を失い、縁組前の姓に復する。
③ 裁判所は、以上に対応するため、管轄登録所における登録の訂正を命じなければならない。

第8章　扶養

第 194 条〔扶養の範囲〕

　扶養は、家計に応じて、食事、住居、衣類、医療、教育および交通に必要不可欠なすべてのものを含む。

　前項にいう扶養権利者の教育とは、その者が成年に達した後といえども、何らかの職業につくための学校教育または訓練を含む。交通とは、通学または通勤の往復費用を含む。

第 195 条〔扶養義務者〕

　次条以下の規定にしたがって、次の者は、前条に定められた範囲の全体について、互いに扶養する義務を負う。

(1) 配偶者
(2) 嫡出関係の直系尊属および直系卑属
(3) 父母および嫡出子ならびに後者の嫡出子および非嫡出子
(4) 父母および非嫡出子ならびに後者の嫡出子および非嫡出子
(5) 父母を同じくするか、父母の一方のみを同じくするかを問わず、嫡出関係の兄弟姉妹

第 196 条〔非嫡出子間の扶養〕

　非嫡出関係にある兄弟姉妹も、父母を同じくするか、父母の一方のみを同じくするかを問わず、第 194 条に定められた範囲の全体について、互いに扶養する義務を負う。ただし、成年に達した兄弟姉妹が扶養を必要とするようになった原因が、その者の過失による場合は、この限りでない。

第197条〔扶養に充てる財産〕

　嫡出関係の直系尊属、嫡出関係または非嫡出関係の直系卑属、嫡出関係または非嫡出関係の兄弟姉妹に対する扶養については、扶養義務者の特有財産のみを充てるものとする。ただし、扶養義務者が特有財産を有しないときは、完全財産共有体または収益共有体が資力を有する限りで、扶養料を立て替えるものとする。この扶養料の立て替え分は、完全財産共有体または収益共有体の清算の際に、扶養義務者の持ち分から控除する。

第198条〔訴訟期間中の扶養〕

　法的別居訴訟、婚姻取消訴訟または婚姻無効確認訴訟が係属している間は、配偶者およびその子は、完全財産共有体または収益共有体の財産によって扶養されなければならない。申立てを認容する判決が確定した時から、配偶者間の扶養義務は終了する。ただし、法的別居の場合には、裁判所は、期間を定めて、有責配偶者が無責配偶者を扶養することを命じることができる。

第199条〔扶養義務の順位〕

　2人以上の者が扶養義務を負うときは、次に定めた順序で責任を負うものとする。

　(1)　配偶者
　(2)　最も近い親等の卑属
　(3)　最も近い親等の尊属
　(4)　兄弟姉妹

第200条〔扶養の権利義務の競合〕

①　2人以上の者が扶養義務を負うときは、各人の資力に応じて、支払を分担しなければならない。

②　前項の規定にかかわらず、緊急の必要性および特別な事情があるときは、裁判所は、そのうちの1人に対してのみ、暫定的な扶養給付を命じることができる。この場合は、その他の扶養義務者に対し、分担金の償還を請求することを妨げない。

③　2人以上の扶養権利者が同時に1人の義務者に対し扶養を請求し、この者

が双方の請求に応じるための十分な資力を有しないときは、前条に定められた順序による。ただし、競合する権利者が配偶者および親権に服する子であるときは、子が優先する。

第201条〔扶養の金額〕

第195条および第196条の場合における扶養の金額は、義務者の資力および権利者の必要性に応じて定めるものとする。

第202条〔金額の変更〕

前条の場合における扶養の金額は、権利者の必要性および義務者の資力の増減があったときは、それに応じて増減しなければならない。

第203条〔履行の期限〕

① 扶養義務は、扶養権利者が扶養を必要とする時から、その履行を請求することができる。ただし、裁判上または裁判外の請求があるまでは支払を要しない。

② 訴訟期間中の扶養は、裁判所規則にしたがって請求することができる。

③ 支払は、各月の5日までにしなければならず、権利者が死亡したときは、相続人は、権利者が前払として受け取ったものを返還する義務を負わない。

第204条〔履行の方法〕

扶養義務者は、義務の履行方法として、一定の扶養料を支払うこと、または扶養権利者を家に受け入れて養うことのいずれかを選択することができる。ただし、後者の方法は、道徳的または法律的な障害があるときは、選択することができない。

第205条〔差押え等の禁止〕

本章の扶養請求権および扶養料として受け取った金銭または財産については、差押えまたは強制執行を禁止する。

第206条〔第三者による扶養〕

扶養義務者が知らない間に、他人が扶養を給付したときは、その他人は、償還を受ける意思のないことが明らかでない限り、扶養義務者に対し償還請求権を有する。

第 207 条〔緊急時の扶養〕
　扶養権利者に緊急の必要性があるにもかかわらず、扶養義務者が不当に扶養を拒否し、または扶養をしないときは、第三者が扶養を給付することができる。この場合、その第三者は、扶養義務者に対し償還請求権を有する。本条は、とりわけ成年に達しない子に緊急の必要性があるにもかかわらず、その父母が不当に扶養を拒否し、または扶養をしない場合に適用する。

第 208 条〔任意扶養〕
① 契約または遺言による扶養の場合、法定扶養のために必要な限度を超えた金額については、差押えまたは強制執行が認められる。
② 契約による扶養は、当事者の予想を明らかに超えた状況の変化により変更を必要とするときは、調整を行わなければならない。

第 9 章　親権
第 1 節　総則

第 209 条〔親権の目的〕
　親権および親責任は、親権解除がなされていない子の人身および財産に対する当然の権利義務にしたがって、市民としての意識および能力を身につけるよう育て上げ、ならびに精神的および身体的に健全な発展を遂げるよう育成することにある。

第 210 条〔放棄・譲渡の禁止〕
　親権および親責任は、法律によって認められた場合を除き、放棄または譲渡することはできない。

第 211 条〔父母の共同親権〕
① 父母は、双方から生まれた子の人身について共同で親権を行使する。双方の意見が一致しないときは、父の決定が優先する。ただし、裁判所が別段の旨を命じる場合は、この限りでない。
② 子は、常に父母に対し尊敬および敬愛の念を持ち、親権に服している間は、父母の意見に従わなければならない。

第212条〔一方の親の不在・死亡〕

一方の親が不在であるとき、または死亡したときは、残った親が親権を行使する。残った親が再婚した場合といえども、子に対する親権は妨げられない。ただし、裁判所が第三者を子の人身または財産に対する後見人として選任した場合は、この限りでない。

第213条〔父母の別居〕

① 父母が別居したときは、裁判所の指定した親が親権を行使する。裁判所は、関連性のあるすべての事情を考慮し、とくに7歳以上の子の選択は、選ばれた親が不適格である場合を除き、尊重しなければならない。

② 7歳以下の子は、母から引き離してはならない。ただし、裁判所が別段の旨を命じざるを得ない理由があると判断した場合は、この限りでない[14]。

第214条〔祖父母の代行親権〕

父母が死亡、不在または不適格であるときは、生存する祖父母が代行親権を行使する。複数の祖父母が生存するときは、裁判所が前条の規定と同様の事情を考慮して指定した者が親権を行使する。

第215条〔刑事裁判における証言の免除〕

刑事裁判では、いかなる卑属も父母および祖父母に不利な証言を強制されない。ただし、かかる証言が卑属に対する犯罪または父母もしくは祖父母による他の父母もしくは祖父母に対する犯罪において不可欠である場合は、この限りでない。

第2節　代行親権および特別親権

第216条〔代行親権者〕

① 父母または裁判所の選任した後見人がいないときは、次の者が以下に掲げる順序で子に対し代行親権を行使する。

　(1) 第214条に定めたとおり生存する祖父母

---

14) 前掲注1)のウェブサイトでは、2項が欠落している。

⑵　21歳以上の長兄または長姉。ただし、不適格者または行為無能力者である場合は、この限りでない。

⑶　実際に子を監護する21歳以上の者。ただし、不適格者または行為無能力者である場合は、この限りでない。

②　裁判所が子の財産に対する後見人を選任する必要があるときも、前項の順序による。

第217条〔親権の委譲〕

　子が棄児であるか、親権を放棄されたか、監護を受けられないか、虐待を受けているか、またはその他の同様の状況にあるときは、略式裁判手続により、親権は児童院、孤児院、または所轄の政府機関から適法に認可を受けた同様の機関の長に委ねられる。

第218条〔特別親権者〕

①　学校、その管理者および教員、または子の養育に従事する個人、団体もしくは機関は、未成年の子がその監督、指導または監護のもとにある間は、特別の親権を有し、親責任を負う。

②　かかる親権および親責任は、学校、団体または機関の敷地内であるか否かを問わず、正当な権限のもとでなされる活動のすべてに及ぶ。

第219条〔責任の分配〕

①　前条により親権および親責任を付与された者は、親権解除がなされていない未成年者の作為または不作為によって生じた損害について、1次的かつ連帯して責任を負う。父母、裁判所によって選任された後見人、または当該未成年者に対し代行親権を行使する者は、2次的に責任を負う。

②　前項に掲げられた者が、当該状況において必要とされる相当の注意を尽くしていたことが証明されるときは、それぞれの責任を免れるものとする。

③　本条または前条の適用を受けないその他のすべての事案は、民法の準不法行為に関する規定による。

第3節　子の人身に対する親権の効力

274　第Ⅲ章　家　族　法

第 220 条〔親権者の権利義務〕

　父母および親権行使者は、その保護のもとにある親権解除のなされていない子について、次の権利を有し、義務を負う。

(1) 子と同居し、子を扶養し、正しい教えおよび良き見本によって教育指導し、家計に応じて育て上げること。

(2) 子に対し愛情、助言および理解を与えること。

(3) 子を道徳的および精神的に導き、誠実さ、融和、自己規律、自信、勤勉および節約を身につけさせ、市民生活への関心を促し、市民としての義務を教えること。

(4) 常に子の身体的および精神的健康を増進し、保護し、維持し、管理すること[15]。

(5) 子に対し良質かつ包括的な教材を与え、子の活動、余暇および人間関係を監督し、悪い仲間から守り、子の健康、学習および道徳にとって有害な習慣をつけないようにすること。

(6) 子の利害に関わるすべての事項について子を代理すること。

(7) 子に敬意および服従を求めること。

(8) 状況に応じて必要となるしつけを子に行うこと。

(9) 法が父母および後見人に課したその他の義務を果たすこと。

第 221 条〔親権者の責任〕

　父母およびその他の親権行使者は、親権解除のなされていない子が自己と同居し、かつ法律上定められた適切な保護措置にしたがってその親権のもとにある間に、子の作為または不作為によって生じた人損および物損について、民事責任を負う。

第 222 条〔後見人の選任〕

　裁判所は、子の最善の利益にとって必要であるときは、子の財産後見人または訴訟後見人を選任することができる。

---

　15)　前掲注 1) のウェブサイトでは、4 号が欠落している。

第 223 条〔懲戒処分命令の申立て〕
① 父母、または父母が双方ともいないとき、もしくは行為無能力者であるときは、親権を行使する個人、団体もしくは機関は、子の居住地を管轄する裁判所に対し、子に対する懲戒処分を行う命令を申し立てることができる。子は、自己が選んだか、または裁判所が選任した弁護士の援助を受けることができる。また、申立人および子の双方が参加する略式の審理がなされなければならない。
② 前項の規定にかかわらず、裁判所は、かかる審理において、申立てに理由があるか、または状況からそのように判断される場合といえども、申立人に責任があると認定するときは、親権の剝奪もしくは停止を命じるか、または正当かつ適切と思われるその他の措置を取ることができる。

第 224 条〔子の収容〕
① 前条の懲戒処分として、児童の養護に従事する団体もしくは機関、または所轄の政府機関から適法に認可を受けた児童院における 30 日以下の収容を命じることができる。
② 親権を行使する親は、子の収容期間中は子の養育に関わってはならないか、扶養料は支払わなければならない。裁判所は、申立てまたは職権により、正当かつ適切であるときは、子の収容を終了させることができる。

第 4 節　子の財産に対する親権の効力

第 225 条〔父母による法定後見〕
① 父母は、裁判所による選任を要することなく、双方の間に生まれ、かつ親権解除のなされていない子の財産に対し共同で法定後見人となる。父母の意見が一致しないときは、反対の旨の裁判所の命令がない限り、父の決定が優先する。
② 子の財産の市場価格または年収が 5 万ペソを超えるときは、決定を下す親は、通常の後見人について定められた義務の履行を担保するために、財産の市場価格または年収の 10 パーセント以下の範囲内で、裁判所が定める金額

の保証金を提供しなければならない。

③ 保証金の承認を求める証拠を添えた申立ては、子の居住地を管轄する裁判所に対し行うものとし、子が外国に居住するときは、財産の全部または一部が所在する地を管轄する裁判所に対し行うものとする。

④ 申立ては、略式の特別手続として登録され、本条第2項にいう義務の履行に関するすべての事実および争点を審理し判断しなければならない。

⑤ 通常の後見の規定は、子が代行親権に服しているとき、後見人が他人であるとき、または親が再婚したときは、適用されるが、その他の場合は、補足的に適用されるに留まる。

第226条〔子の財産の使途〕

① 親権解除のなされていない子が自らの就労もしくは事業によるか、または有償もしくは無償の権利と引き換えに得た財産は、子の所有に属し、専ら子の扶養および教育に使われるものとする。ただし、当該権利自体または譲渡がこれと異なる条件を定めている場合は、この限りでない。

② 子の財産の果実および収入に対する親の権利は、まず子の扶養に向けられ、残余があるときは、家族の日常の生活費に向けられるものとする。

第227条〔父母の財産の管理〕

父母が自己の財産を親権解除のなされていない子の管理に委ねたときは、かかる財産の純益は所有者に帰属する。所有者は、他人が管理者である場合に支払うべき金額を下回らない範囲において、合理的な月給を子に支払わなければならない。ただし、所有者がすべての収益金を子に付与する場合は、この限りでない。いかなる場合であっても、子が得た収益金の全部または一部は、子の遺留分に充当されないものとする。

第5節　親権の停止または終了

第228条〔親権の終了〕

次のいずれかの場合には、親権は永久に終了する。

(1) 父母が死亡したとき。

⑵　子が死亡したとき。

⑶　子の親権解除がなされたとき。

第 229 条

後に確定判決によって回復しない限り、次のいずれかの場合にも、親権は終了する。

⑴　子が養子に出されたとき。

⑵　通常の後見人が選任されたとき。

⑶　子の親権放棄について申立てがなされ、これを認める判決が裁判所によって下されたとき。

⑷　管轄を有する裁判所が当事者から親権を剥奪する旨の判決を下し、これが確定したとき。

⑸　親権行使者の不在または行為無能力を認める判決が裁判所によって下されたとき。

第 230 条〔親権の停止〕

親またはその他の親権行使者が有罪判決を受け、刑罰として禁治産者となるときは、親権は停止される。刑期の終了、刑の免除または恩赦があったときは、親権は自動的に回復する。

第 231 条〔親権の停止・剥奪〕

①　親またはその他の親権行使者が次のいずれかの行為をしたときは、これに関する事件を受理した裁判所は、親権を停止することができる。

⑴　子を過度に残酷または無慈悲に扱ったとき。

⑵　子に対し不当な命令、助言または模範を施したとき。

⑶　子に対し物乞いを強制したとき。

⑷　子に対し猥褻な行為をするか、またはかかる行為を容認したとき。

②　前項に掲げた親権停止の理由は、親またはその他の親権行使者の過失によって生じた場合を含むものとみなす。

③　事件の重大性に鑑み、もしくは子の福祉から必要があるときは、裁判所は、有責者から親権を剥奪するか、または状況に応じて適切と思われるその他の

措置を取らなければならない。

④　裁判所は、親権の停止または剥奪の原因がなくなり、将来繰り返されることがないと判断したときは、その旨の申立てにもとづく裁判または同一の訴訟において、親権の停止または剥奪を取り消し、親権を回復させることができる。

第232条〔親権の剥奪〕

　親権行使者が子を性的に虐待するか、またはこれを容認したときは、裁判所はその者から永久に親権を剥奪しなければならない。

第233条〔代行親権者の権限〕

①　代行親権行使者は、子の人身に対し、父母と同一の権限を有する。

②　いかなる場合にも、特別親権を行使する学校の管理者、教員または子の養育従事者は、子に対し体罰を加えてはならない。

第10章～第12章 （略）

(2) 1998年のフィリピン国内養子縁組法

　以下に訳出するのは、1998年2月25日の共和国法第8552号によって制定されたフィリピンの「国内養子縁組法（Domestic Adoption Act）」である[16]。フィリピンの養子法は、家族法の分野のなかで最も動きが激しく、何度も改正が行われてきた。1950年の民法の規定は、すでに1974年の児童少年福祉法（大統領令第603号）27条ないし42条により一部改正されていたが、1987年の家族法は、それを更に改正して、児童少年福祉法27条ないし31条および39条ないし42条を廃止した（家族法254条）。しかし、同法32条ないし38条は効力を維持し、家族法の規定とともに適用されていた。

　ところが、1998年の国内養子縁組法は、児童少年福祉法および家族法の規

　16）　原文については、<http://www.gov.ph/laws/ra8552.doc>; <http://www.chanrobles.com/republicactno8552.htm> 参照。

定を吸収するとともに、大小様々な改正を行った。とはいえ、国内養子縁組法では、児童少年福祉法および家族法の関連部分を廃止する旨の明文の規定が置かれていないので、これらの法律の相互関係については、なお慎重な検討を要する。ここでは、日本法との比較を含め、最も注目すべき点のみを取り上げておく。

まず外国人の養親資格について、家族法184条は、きわめて制限的な要件を定めていたが、国内養子縁組法7条は、原則として3年以上フィリピンに在住する外国人に対し、養親となることを認めている。これに対して、養親が成年に達していること、養子との年齢差が16歳以上あることなどの要件は異ならない（家族法183条1項・3項、国内養子縁組法7条(a)）。また、養子が原則として未成年でなければならないことも、同様である（家族法187条、国内養子縁組法8条）。

つぎに養子縁組の成立方法は、児童少年福祉法に規定されており、ほぼそのまま国内養子縁組法にも引き継がれている。すなわち、養子縁組は、6か月以上の試験監護を経た後（国内養子縁組法12条）、裁判所の養子決定によって成立する点において（同法13条）、日本の民法の特別養子縁組に類似している。もっとも、フィリピン法では、性急な決断を防止するための措置（同法10条）、専門家によるケース・スタディなどに関する規定（同法11条）も置かれている。さらに、一定範囲の者の同意要件が家族法188条に規定されていたが、これもほぼそのまま国内養子縁組法9条に引き継がれている。養子本人・実親・養子ないし養親の配偶者の同意は、日本の民法からみても違和感がないであろうが、養親となる者の実子および既存の養子の同意が要件とされている点は、注意を要する[17]。

---

17) さらに家族法では、単に同意が要件とされているだけであったが、国内養子縁組法では、情報を与えられた同意（いわゆるインフォームド・コンセント）であることが要件とされている。ただし、日本人男がフィリピン人妻の連れ子を養子とするにあたり、自己の先妻との間の子の同意を得ることができなかったケースにおいて、養子縁組の成立を認めないのは国際私法上の公序（法例33条）に反

一方、養子縁組の効力については、国内養子縁組法は家族法の規定を大きく変更した。すなわち、養親と養子の間に嫡出親子関係が成立し、親権が実親から養親に移る点は同じであるが（家族法189条1号・2号、国内養子縁組法16条・17条）、家族法では、養子が実親およびその他の血族の法定相続人としての地位を失わないとされており（189条3号）、実方との親族関係が終了しなかった。これに対して、国内養子縁組法では、養子と実親との一切の法律関係は終了し、養子または実親が遺言を行った場合にのみ、遺言相続に関する規定が適用される（18条）。すなわち、日本の民法でいえば、かつては普通養子のみが認められていたが、現在では特別養子（完全養子）のみが認められている。

また離縁について、家族法は、養子の側だけでなく養親の側からの申立ても認めていたが（191条・192条）、国内養子縁組法は、養子の側からの申立てだけを認め、養親の側には、養子を相続人から廃除する申立てしか認めていない（19条）。

さらにいえば、国内養子縁組法では、渉外養子縁組を抑制し、できるだけフィリピン国民の子が海外へ渡らないようにすることが国家政策として打ち出されている。これは、とくに児童の権利条約やハーグ国際養子縁組条約などを援用した2条(b)、国内養子縁組優先の原則を宣言した2条(c)(iv)、養子縁組情報調査局の設置に関する23条などに表れている。その背景としては、1995年の渉外養子縁組法7条からも窺えるように、毎年数100人ものフィリピン人の子どもが養子縁組のために海外へ渡っているという実態がある。日本からも、フィリピンほどではないにしても、かなりの数の子どもが養子として海外へ渡っているようであるが[18]、日本法では、フィリピン法のような対応はなされていない。その意味において、我々がフィリピンの養子法から学ぶべきことは多い。

　　　するとした家裁の審判例がある。水戸家土浦支審平11・2・15家月51巻7号93頁。
　18)　奥田安弘『国籍法と国際親子法』（2004年・有斐閣）19頁以下参照。

なお、訳文は、ノリエド・前掲書に掲載したものについて、奥田が全面的に見直すとともに、同書に掲載しなかった条文についても、奥田が新たに訳文を書き下ろした。

共和国法第 8552 号
フィリピン国籍の子の国内養子縁組についての規則およひ政策の制定ならびにその他の目的に関する法律

第 1 章　通則

第 1 条（略称）

この法律は「1998 年の国内養子縁組法」と称する。

第 2 条（政策の宣言）

(a) すべての子が親の養育および監護を受け続けることを確保し、その人格の完全かつ調和ある発展に向けて、愛情、養育、理解および安全を与えることが、わが国の政策であることを、ここに宣言する。かかる努力が不十分であると判明し、かつ子の親族内において適切に措置されるか、または養子となることが不可能である場合に限り、他人との養子縁組が考慮されなければならない。

(b) 子の養育、監護および養子縁組に関するすべての事項において、児童の権利に関する国連条約、とくに国内的および国際的な里親ならびに養子縁組について児童の保護および福祉に関係する社会的および法律的原則に関する国連宣言、国際養子縁組についての子の保護および協力に関するハーグ条約に規定された原則にしたがって、子の利益を最大限に尊重しなければならない。この目的を達成するために、わが国は、監護を受けられないか、捨てられたか、または親権を放棄されたすべての子について、里親制度または養子縁組により、代替的な保護および援助を与えなければならない。

(c) 次の各事項も、わが国の政策とする。

(i) 実親が子に対する親権の放棄を性急に決めてしまうのを防ぐこと。
(ii) 子が不要に実親から引き離されるのを防ぐこと。
(iii) 養親が養子に対する親権および監護権の行使を妨げられるのを防ぐこと。自発的な意思によるか否かを問わず、親権の終了は、行政機関または裁判所の決定によらなければならない。この場合、子は「法的に養子縁組可能な子」としての地位を取得し、その監護権は、社会福祉事業省または子の永続的措置を取る権限を与えられ、適法に認可された児童措置機関または児童養育機関に委譲されるものとする。
(iv) 養子縁組の良好な環境を整えるために広く情報を知らせ、啓蒙活動をすること。
(v) 養子縁組の実態調査を行い、国内の養子縁組の申立てを処理し、養親探し、縁組後の啓蒙およびカウンセリングなどの養子縁組に関連したサービスを提供するために十分な人員を政府および民間機関に確保すること。
(vi) 子の出身地国におけるアイデンティティおよび文化を保持するために国内養子縁組を促進し、これが不可能である場合に限り、最後の手段として渉外養子縁組が考慮されるようにすること。

第3条（用語の定義）

この法律において、以下の用語は、次のとおり定義する。

(a) 「子」とは、18歳未満の者をいう。
(b) 「法的に養子縁組可能な子」とは、実親、後見人、または離縁により養親の親権のもとになく、自発的な意思の有無を問わず、本省または認可を受けた児童措置機関または児童養育機関に託された子をいう。
(c) 「自発的に託された子」とは、親が意図的に親権を本省に委譲した子をいう。
(d) 「非自発的に託された子」とは、親権放棄、本質的、継続的もしくは反復的な養育放棄、虐待、または親責任の負担能力の欠如を理由として、親が知れているか否かを問わず、永続的に裁判によって親権を剥奪された子

(e) 「親権を放棄された子」とは、親の適切な養育または後見を受けていないか、または親から引き続き6か月以上の間放置され、裁判によってその旨の認定を受けた子をいう。
(f) 「監督を受けた試験監護」とは、社会福祉士が養親および養子の双方の適応状況および感情的に親子関係を安定させようとしているか否かを観察する期間をいう。
(g) 「本省」とは、社会福祉事業省をいう。
(h) 「児童措置機関」とは、養子縁組の申立ての受付、養親候補者の選定および養子縁組の報告書の作成などの包括的な児童福祉サービスの提供について、本省から適法に認可された機関をいう。
(i) 「児童養育機関」とは、親権を放棄されたか、捨てられたか、養育を受けていないか、または自発的に託された子に対する24時間の居住養育サービスの提供について、本省から適法に認可された機関をいう。
(j) 「出生の偽装」とは、子が実の母以外の者から生まれたと出生記録に記載して身分登録を偽り、子の真実のアイデンティティおよび地位を失わせる行為をいう。

第2章 養子縁組前サービス

第4条（カウンセリング・サービス）

本省は、次の者に対し、免許を取得した社会福祉士のサービスを提供する。
(a) 実親。親に対するカウンセリングは、子の出生の前後に行わなければならない。養子縁組の確約は、子の出生前に行ってはならない。実親が養子縁組のために子を放棄する決定を再考するため、その決定が取消不能となるまでに、6か月の猶予期間を設けなければならない。実親が養子縁組のために子を放棄した後も、カウンセリングおよびリハビリテーションのサービスを提供しなければならない。本省は、性急な決断がなされないこと、ならびに子の将来のためのあらゆる選択肢および各選択肢の意味が知らさ

れることを確保するために必要な措置を取らなければならない。
  (b) 養親候補者。養親候補者が起こりうる養子縁組の諸問題を解決し、きちんと子育てができるようにするため、とりわけカウンセリング会、養子縁組の討論会およびセミナーを開催しなければならない。
  (c) 養子候補者。養子候補者が養子縁組の本質および効果を理解し、年齢および成熟度に応じて養子縁組に対する自己の意見を述べることができるようにするため、カウンセリング会を開催しなければならない。

第5条（行方不明の親探し）
　本省または子を監護する児童措置機関もしくは児童養育機関は、その職務として、行方不明の実親を探すためにあらゆる努力を尽くさなければならない。かかる努力が報いられなかったときは、子は、棄児として登録された後、親権放棄を認定する法的手続に服する。

第6条（支援サービス）
　本省は、とりわけ前条までに掲げたサービスを含む養子縁組前のプログラムを開発しなければならない。

第3章　養子縁組の資格

第7条（養親となることができる者）
① 次の者は、養親となることができる。
  (a) フィリピン国民で、成年に達し、完全な行為能力を有し、素行が善良で、反道徳的行為による犯罪の有罪判決を受けたことがなく、情緒的および精神的に子を養育する能力を有し、養子より16歳以上年長で、家計に応じて子を扶養および養育することができる者。養子が養親またはその配偶者の実子であるときは、養親と養子の16歳以上の年齢差という要件を免除することができる。
  (b) 前号に定められたフィリピン国民の場合と同じ資格を備えた外国人。ただし、その本国とフィリピン共和国との間に外交関係があること、その者が養子縁組を申し立てるまでに、引き続き3年以上フィリピンに居住して

おり、かつ養子決定が下されるまで、居住し続けていること、その者が本国において養親となる資格を有する旨が、大使館、領事館またはその他の権限を有する政府機関によって証明されたこと、およびその本国政府が養子としての入国を当該養子に許可することを要件とする。次の場合には、居住要件および本国における養親資格証明要件を免除することができる。
  (i) 4親等以内の親族（血族または姻族）を養子にしようとする元フィリピン国民。
  (ii) フィリピン人配偶者の嫡出子を養子にしようとする者。
  (iii) フィリピン国民と婚姻しており、この配偶者と共同で、配偶者の4親等以内の親族（血族または姻族）を養子にしようとする者。
 (c) 後見関係の終了および最終決算書の承認後に被後見人を養子にしようとする後見人。
② 夫婦は、次の場合を除き、共同で養親とならなければならない。
  (i) 一方の配偶者が他方の配偶者の嫡出子を養子にしようとするとき。
  (ii) 一方の配偶者が自己の非嫡出子を養子にしようとするとき。ただし、他方の配偶者がそれに対する同意を表明した場合に限る。
  (iii) 夫婦が法的に別居しているとき。
③ 夫婦が共同で養親となるとき、または一方の配偶者が他方の配偶者の非嫡出子を養子にするときは、夫婦は共同で親権を行使しなければならない。

第8条（養子となることができる者）
次の者は、養子となることができる。
 (a) 行政処分または裁判により養子となることができると認定された18歳未満の者
 (b) 一方の配偶者の嫡出子で他方の配偶者の養子となろうとする者
 (c) 養親となることができる者との養子縁組により、嫡出子の身分を取得する非嫡出子
 (d) 養子縁組に先立ち、その者が未成年の時から一貫して養親によって自己の子とみなされ、かつそのような扱いを受けていた成年者

(e) すでに離縁をした子
(f) 実親または養親が死亡した子。ただし、親の死亡から 6 か月以内は、養子縁組の手続を開始してはならない。

第 9 条（養子縁組に対する同意権者）

養子縁組をするには、次の者が同意権ないし同意拒否権について適切なカウンセリングを受け、かつ情報を与えられた後、書面により同意することを要する。

(a) 養子となる者で 10 歳以上のもの
(b) 子の知れたる実親、法定後見人、または子の監護権を有する所轄の政府機関
(c) 養親となる者および養子となる者に 10 歳以上の嫡出子または養子がいるときは、これらの嫡出子および養子
(d) 養親となる者の 10 歳以上の非嫡出子で、養親となる者およびその配偶者と同居しているものがいるときは、これらの非嫡出子
(e) 養親となる者または養子となる者に配偶者がいるときは、この配偶者

第 4 章 手続

第 10 条（性急な決断の防止）

すべての養子縁組手続では、裁判所は、実親が子を手放したがるあまりに性急な決断を下すことを防ぐため、適切なカウンセリングを受けたことの証明、ならびに家族の絆を強める努力が尽くされたこと、および子をそのまま家に置いたら子の福祉および利益に有害であることの疎明を求めなければならない。

第 11 条（ケース・スタディ）

① 養子縁組の申立ては、本省の免許を受けた社会福祉士、地方自治体の社会福祉事務所または児童養育措置機関が養子、実親および養親のケース・スタディを実施し、その報告書および勧告をかかる申立ての係属する裁判所に提出した後でなければ、審理をしてはならない。
② 当該社会福祉士は、養子のケース・スタディを開始する前に、身分登録簿

により養子の身元および登録名を確認しなければならない。養子の出生が身分登録簿に登録されていないときは、養子の登録を確保することは、当該社会福祉士の責務とする。
③　養子のケース・スタディは、養子が法的に養子縁組可能であること、およびこれを証明する書類が有効であり、かつ認証されたことを確認するものでなければならない。また養親のケース・スタディは、養親の真の意図するところ、および養子縁組が子の最善の利益になることを確認するものでなければならない。
④　本省は、かかるケース・スタディの結果を受けて、申立てが却下されるべきであると判断したときは、養子の利益のために裁判に参加しなければならない。ケース・スタディならびに養子および養子縁組に関するその他の関連文書および記録は、本省によって保管されなければならない。

第12条（監督を受けた試験監護）

①　養子縁組の申立ては、養親が裁判所の監督を受けて、6か月以上の試験監護を行い、当事者が互いに精神的および情緒的に適合し、かつ親子の絆を築くと確認できるまでは、最終的な決定をしてはならない。試験監護の期間中は、養親に暫定的な親権が与えられる。
②　裁判所は、養子の最善の利益に合致すると判断したときは、職権または当事者の申立てにより、理由を明らかにして、試験監護の期間を短縮することができる。ただし、養親が外国人であるときは、第7条(b)(i)ないし(iii)に掲げられた場合を除き、6か月の試験監護を完了しなければならない。
③　子が7歳未満であり、かつ本省の養子準備措置命令によって養親となる者に措置されたときは、この者は、養子が措置された日から、実親が有する権利をすべて享有する。

第13条（養子決定）

　審理開始命令が公告され、申立てに何ら異議が提起されず、かつケース・スタディ、養親の適性、試験監護の報告書、および提出された証拠を審査した結果、申立人が養親となる資格を有すること、および養子縁組が養子の最善の利

288　第III章　家　族　法

益になることを確信したときは、裁判所は養子決定をしなければならない。この決定は、申立てが受理された日をもって効力を生じる。本条は、養子の利益を保護するため、申立人が養子決定の前に死亡した場合にも適用される。決定には、子が名乗るべき名前が記載されなければならない。

第14条（身分登録所の記録）

　身分登録所は、養子が養親の姓をもって登録されたことにより、養親の子となったことを証明するため、裁判所規則にしたがって、修正された出生証明書を発行しなければならない。元の出生証明書は、修正された出生証明書が代わりに発行された旨を記載したうえで、「抹消」のスタンプを押し、身分登録所の記録の中に封印しなければならない。養子に対し発行される新しい出生証明書には、修正して発行した旨を記載してはならない。

第15条（手続および記録の非公開）

① 　養子裁判のすべての審理は秘密とし、非公開とする。裁判所、本省または養子手続に関わったその他の機関に保管された養子事件に関するすべての記録、帳簿および文書は、絶対に秘密としなければなければならない。

② 　裁判所は、養子縁組に関連するか、またはそれから生じる目的のために、第三者への情報の開示が必要であり、かつ養子の最善の利益になると判断したときは、使用目的を制限して、必要な情報の開示を許可することができる。

第5章　養子縁組の効力

第16条（親権）

　実親が養親の配偶者である場合を除き、実親と養子との間のすべての法律関係は終了し、養親に付与される。

第17条（嫡出親子関係）

　養子は、すべての面において、養親の嫡出子とみなされ、いかなる差別も受けることなく、嫡出子としての法律上の権利をすべて享受し、義務をすべて負う。この目的のために、養子は、愛情および指導を受け、家計に応じた扶養を

第18条（相続）

　法定相続においては、養親と養子は、実の嫡出親子関係の場合と同様に、互いに相続をする権利を有する。ただし、養子および実親が遺言を行ったときは、遺言相続に関する規定を適用する。

第6章　離縁

第19条（離縁の原因）

① 　養子は、未成年者であるとき、または18歳以上であっても、行為無能力者であるときは、後見人ないし訴訟代理人としての本省の援助を受け、養親が次の行為をしたことを理由として、離縁を申し立てることができる。

　(a)　養親による身体的および言葉による虐待があり、カウンセリングを受けたにもかかわらず、それが繰り返されたこと。

　(b)　養子の生命を狙ったこと。

　(c)　性的暴力があったこと。

　(d)　親権を放棄し、親としての義務の懈怠があったこと。

② 　養子縁組は、子の最善の利益を図るものであるから、養親の側から離縁を申し立てることはできない。ただし、養親は、民法第919条に規定された原因にもとづき、養子を相続から廃除することができる。

第20条（離縁の効力）

① 　離縁の申立てが認められた場合において、養子が未成年者または行為無能力者であるときは、養子の知れたる実親の親権または本省の法定監護権を回復させる。養親と養子との間の双方的な権利義務関係は終了する。

② 　裁判所は、身分登録官に対し、養子の修正された出生証明書を抹消し、元の出生証明書を回復させることを命じなければならない。

③ 　相続権は、養子縁組前の状態を回復するが、この回復は、離縁の判決があった日から将来に向けてのみ効力を生じる。離縁の裁判前に取得された既得権は害されない。

④　本条による離縁のいかなる効力も、犯罪行為が適法に証明された場合における刑法上の処罰を妨げない。

第 7 章　違反および罰則

第 21 条（違反および罰則）
　(a)　次に掲げるいずれかの行為をした者は、裁判所の裁量により、6 年と 1 日ないし 12 年の懲役もしくは 5 万ペソ以上 20 万ペソ以下の罰金に処し、またはこれを併科する。
　　(i)　強制、不当な影響力の行使、詐欺、不適切な物質的誘惑、またはその他の類似の行為によって養子縁組に対する同意を得ること。
　　(ii)　養子縁組に関する法令に規定された手続および安全対策に従わないこと。
　　(iii)　養子となる子に対し、危険、虐待または搾取を現に受けさせるか、またはそのおそれにさらすこと。
　(b)　実親でない者の名による偽装の出生届をさせた者は、出生の偽装の罪に問われ、中期間の不定期懲役および 5 万ペソ以下の罰金に処する。
②　医師、看護師または病院の事務職員が職務上の宣誓に反して、前項に掲げた犯罪行為に関与したときは、本条に規定された罰則に処するとともに、永久にその資格を剥奪する。
③　養子縁組の申立て、裁判および手続の記録、文書および通信の秘密ならびに不可侵性に関する細則に違反した者は、裁判所の裁量により、1 年と 1 日ないし 2 年の懲役もしくは 5000 ペソ以上 1 万ペソ以下の罰金に処し、またはこれを併科する。
④　本条に掲げられた行為のいずれかについて未遂の正犯者は、既遂の場合より 2 段階低い刑に処する。本条により犯罪となる行為が、組織犯罪として行われたとき、または複数の子を対象とするときは、児童売買の罪として、終身刑に処する。
⑤　本条により犯罪となる行為は、本条に定義された違法行為のいずれかを実

行するにあたり、共謀または共同行為が3人以上の集団によってなされたときは、組織犯罪とみなす。本条により規定された刑罰は、同一の行為について、他の法律、命令、行政規則および布告により科された刑罰があれば、これと重複して科すものとする。
⑥ 犯罪者が外国人であるときは、判決文の送達後直ちに強制送還し、永久に入国を禁止する。
⑦ この法律のいずれかの規定に違反する罪を犯したか、または私人と共謀した公務員は、本条に規定された刑罰に付加して、現行の公務員法、規則および細則にしたがって処罰されるものとする。行政的または警察的な職務を行う公務員が起訴されたときは、裁判の終結まで、自動的に停職処分とする。

第22条（偽装された出生の訂正）
　この法律の施行前に子の出生を偽装した者は、かかる行為について処罰しないものとする。ただし、出生の偽装が子の最善の利益のためになされ、その者を常に自己の子として考え、取り扱ってきたこと、出生登録の訂正の申立ておよび養子縁組の申立てがこの法律の施行から5年以内になされ、その後完了したこと、ならびにこの法律の第4章に規定された手続および本省によって定められたその他の要件に従うことを条件とする。

第8章　最終規定

第23条（養子縁組情報調査局）
　次の各号の任務を負った養子縁組情報調査局を本省に設ける。
  (a) 法的に養子縁組が可能な子および養親候補者の有無、数および増減を調べ、両者のマッチングを容易にすること。
  (b) 国内養子縁組に関する全国的な情報伝達および啓蒙活動を維持すること。
  (c) 養子縁組手続の記録を保存すること。
  (d) 児童養育機関、児童措置機関および里親ホームが活動を続けることができるように情報を提供すること。

(e) 渉外養子縁組委員会およびその他の関連機関との協力により政策研究を行うこと。

本局は、公共部門および民間部門出身の養子縁組専門家を配置する。

第24条（実施規則および細則）

本省は、児童福祉協議会、身分登録官総長官房、法務省、検事総長官房ならびに児童措置機関および児童養育機関を代表する2名の私人と共同で、この法律の施行後6か月以内に、この法律の規定を実施するために必要な指針を作成しなければならない。

第25条（充当金）

この法律の規定を実施するために必要となる費用は、その制定の翌年以降の一般充当法において定めるものとする。

第26条（改廃条項）

この法律の規定に反する法律、大統領の勅令または布告、行政命令、指示書、行政規則および細則は、この法律の規定によって廃止または改正されたものとする。

第27条（分割条項）

この法律のいずれかの規定が無効または違憲の判決を受けた場合といえども、これによって影響を受けないその他の規定は、有効であり、存続するものとする。

第28条（施行期日）

この法律は、一般紙または官報における完全な公布から15日後に施行する。

1998年2月25日承認

(3) 1995年のフィリピン渉外養子縁組法

以下に訳出するのは、1995年6月7日の共和国法第8043号により制定されたフィリピンの「渉外養子縁組法（Inter-Country Adoption Act）」である[19]。この法律は、1987年の家族法第7章および1998年の国内養子縁組法と異なり、外

国人が外国における養子縁組のためにフィリピン国籍の子どもを外国へ連れ出す許可制度を定めている。その背景は、次のとおりである。

　すなわち、家族法は、外国人が養親となることを原則として禁止していたが（184条）、同時に、夫婦が養親となる場合は、共同縁組を要件としていた（185条）。そこで、渉外養子縁組法制定以前の最高裁判決によれば、フィリピン人女が米国人男と婚姻し、米国に帰化した後に、自己の血族を養子とする申立ては認められないとされていた。たしかに、妻は自己の血族を養子にしようとする元フィリピン国民であり、例外的に養親となることができるが（184条3号但書）、夫は生来の外国人であり、養親となることができず、しかも夫婦共同縁組が要件とされるからであった[20]。

　そこで、外国人が養親となることを禁止する家族法の原則は、フィリピン国内ではそのまま維持するが、外国における養子縁組の成立を可能とするために、子どもの出国を許可する要件を定めたのが渉外養子縁組法である。1998年の国内養子縁組法は、実質上家族法を改正し、さらに3年以上フィリピンに在住する外国人に対し、フィリピン国内で養親となることを認めているが、この要件を満たさない外国人が養親となる場合は、依然として渉外養子縁組法によることになる。

　ところで、渉外養子縁組法は、渉外養子縁組委員会の審査を経て、その許可を得ることを要件とするが、この許可は、当然のことながら、養子縁組を成立させるものではなく、子どもの出国に関するものにすぎない。この点は、渉外養子縁組の定義に関する3条(a)、および養子縁組が成立しなかった子のフィリピンへの帰還に関する14条3項などからも分かる。したがって、最初から外国に居住する子どもについては、同法にもとづく許可は必要ないはずである。しかるに、わが国の家裁の実務では、すでに日本に居住するフィリピン国籍の

19）　原文については、<http://www.gov.ph/laws/ra8043.doc>；<http://www.chanrobles.com/republicactno8043.htm> 参照。

20）　ノリエド・前掲書289頁以下の2件の最高裁判決参照。

子についても、わざわざ本国の渉外養子縁組委員会の許可を取らせたうえで、養子縁組の許可審判を下している例が見られる[21]。これは、全く無用の手続であるだけでなく、養親となる日本人に過重な負担を強いるものである（同法13条参照）。また、仮にこの許可が養子縁組の成立に関するものであり、法例20条1項後段にいう保護要件に該当するとしても、わが国の家裁の許可審判によって代行が可能であると考えるべきであるから[22]、いずれにせよフィリピンの公的機関自体の許可を得る必要はない[23]。したがって、上記の家裁の実務は、大いに疑問である[24]。

なお、訳文は、ノリエド・前掲書に掲載したものについて、奥田が全面的に見直しを行った。

共和国法第8043号
フィリピン国籍の子の渉外養子縁組に適用される規則の制定およびその他の目的に関する法律

---

[21] 司法研修所編『渉外養子縁組に関する研究―審判例の分析を中心に』（1999年・法曹会）49頁以下参照。

[22] 現に、タイの養子縁組委員会の許可およびネパール政府の許可は、いずれもわが国の家裁の許可審判によって代行可能と解されている。司法研修所・前掲書94頁・124頁参照。

[23] さらに、フィリピン家族法188条2号および国内養子縁組法9条(b)では、所轄の政府機関の同意が要件とされているが、これは、実の父母が双方とも知れず、かつ法定後見人もいない子どもに関する規定である。ノリエド・前掲書310頁参照。同書によれば、ここでいう所轄の政府機関とは、社会福祉事業省を指しているが、仮にその同意が必要であるとしても、わが国の家裁の許可審判によって代行できると解するべきである。

[24] 奥田安弘＝柳川昭二『外国人の法律相談チェックマニュアル〔第2版〕』（2005年・明石書店）129頁も参照。仮にフィリピン側の許可を得ないことによって、日本で成立した養子縁組がフィリピンにおいて承認されないとしても、すでに日本に居住し、今後も居住し続ける養子にとって、重大な不利益が生じるとは思えない。スイス国際私法（本書第I章1）77条2項も参照。

第1章　通則

第1条（略称）

　この法律は「1995年の渉外養子縁組法」と称する。

第2条（政策の宣言）

　監護を受けられず、親権を放棄されたすべての子に家庭を与え、それによって愛情および養育ならびに成長および発展の機会を与えることが、わが国の政策であることを、ここに宣言する。この目的を達成するために、まずフィリピン国内において、子を養親家庭に置く努力がなされなければならない。しかし、わが国は、フィリピン国籍の子が有資格者であるフィリピン国民または外国人の養子となることができない場合に、現在はかかる子を養子とすることが法律上許されていない外国人に対し、渉外養子縁組を許可することが考えうることを承認し、渉外養子縁組が子の最善の利益に役立つことが証明され、子の基本的人権を保護するものであるときに、これが許可されることを確保する措置を取ることにした。

第3条（用語の定義）

　この法律において、

(a)　渉外養子縁組とは、フィリピン国外で申立てがなされ、監督を受けた試験監護がなされ、かつ養子決定がなされる場合における、外国人または外国に永住するフィリピン国民とフィリピン国籍の子の養子縁組の社会的・法的プロセスをいう。

(b)　子とは、15歳未満の者をいう。ただし、それ以前に親権解除がなされた者を除く。

(c)　本省とは、フィリピン共和国の社会福祉事業省をいう。

(d)　大臣とは、社会福祉事業大臣をいう。

(e)　認可された機関とは、広く社会福祉事業を行い、かつ本省によって適法に認可された養親の国の国家福祉機関または免許を受けた養子斡旋機関をいう。

(f)　親権から解放された子とは、自発的な意思の有無を問わず、児童少年福

祉法により本省に託された子をいう。
 (g) マッチングとは、養子と縁組申立人が相互に満足のいく親子関係を築き上げるように、裁判所が両者を組み合わせることをいう。
 (h) 委員会とは、渉外養子縁組委員会をいう。

第2章　渉外養子縁組委員会

第4条（渉外養子縁組委員会）
　この法律によって渉外養子縁組委員会（以下では「委員会」という。）を設立し、渉外養子縁組に関する事項について、中央官庁としての活動をさせるものとする。委員会は、本省、様々な児童養育措置機関、養子斡旋機関、および児童養育措置の活動に従事する非政府機関と協議および協力をしながら、この法律の規定を実施するための政策決定機関として活動する。具体的には、次の活動を行う。
 (a) 子にとって有害な虐待、搾取、人身売買またはその他の養子縁組関連行為から、フィリピン国籍の子を守ること。
 (b) 子および養親に関する秘密の情報を収集、整理および保管すること。
 (c) 認可された機関を通じて、養子縁組の完了を監視、追跡および支援すること。
 (d) 養子縁組に伴う不適切な金銭の受取またはその他の利得を防ぎ、この法律に違反する不適切な行為を止めさせること。
 (e) 法的手続後の養子縁組の完成など[25]、養子縁組サービスの発展を促進すること。
 (f) 児童養育措置機関を認可し、フィリピン国籍の子の措置について、これ

---

25) 原文では、post-legal adoption となっており、その内容は定かではないが、裁判所の決定により養子縁組が法律上成立した後、実態としても親子の関係を成立させるためのプロセスを意味すると考えられる。それは、本法3条(b)が「渉外養子縁組」を定義するにあたり、「社会的・法的プロセス」と述べていることからも窺われる。そこで、「法的手続後の養子縁組の完成」と訳した。

らの機関と協力すること。
　(g) フィリピン国籍の子を自国に移す外国の養子斡旋機関に対し認可を与えること。
　(h) 児童養育措置機関または養子斡旋機関について、この法律の規定に対する違反があったと認定したときは、認可を取り消し、この機関を委員会の認可リストからブラック・リストに移すこと。

第5条（委員会の構成）
　委員会は、職務上委員長となる本省の大臣、および大統領から6年の（更新のない）任期をもって任命された6名のその他の委員からなる。任命される委員は、精神医学者または心理学者1名、地方裁判所判事以上の地位を有する法律家2名、登録済みの社会福祉士1名、児童養育措置の活動に従事する非政府機関の代表2名とする。委員は、出席した委員会毎に、1500ペソの日当を受け取るものとする。ただし、委員会が月に4回を超えたときは、その超過分については、日当を支払わない。

第6条（委員会の権限および職務）
　委員会は、次の権限を有し、職務を行う。
　(a) 児童の養育、措置および養子縁組に関係する様々な機関と協議し、その意見を踏まえて、この法律の規定の実施にとって合理的に必要と思われる規則および細則を定めること。
　(b) 委員会が直接に監督する渉外養子縁組措置委員会の招集に関するガイドラインを作成すること。
　(c) 養親となる者および養子となる者のマッチングの実施に関するガイドラインを作成すること。
　(d) 養子縁組の申立てに際して徴収される手数料の妥当な基準を定めること。
　(e) 渉外養子縁組の申立書の様式および内容を定めること。
　(f) 子の最善の利益にとって有害な虐待、搾取、人身売買およびその他の養子縁組関連行為から、フィリピン国籍の子を守るための政策、計画および

事業を立案し、改訂すること。
(g) 養子縁組に伴う不適切な金銭の受取を防ぎ、この法律に違反する不適切な行為を止めさせるためのシステムおよび手続を定めること。
(h) 法的手続後の養子縁組の完成など、養子縁組サービスの発展を促進すること。
(i) フィリピン国籍の子を自国に移す活動を行う能力があることを証明し、かつかかる活動を一貫して非営利的に行っている外国の民間養子斡旋機関に対し認可を与えること。かかる外国の民間機関は、渉外養子縁組活動を行うための認可を自国の政府からも適法に取得していることを要する。ただし、委員会によって認可される外国の民間養子斡旋機関の総数は、年間に100団体を超えないものとする。
(j) 子、実親および養親の記録の秘密を常に保持するために適切な措置を取ること。
(k) 外国政府、国際機関および一般に承認された国際的非政府機関との間で、この法律の実施および目的にかなった渉外養子縁組に関する協定の締結または改正の準備作業を行い、しかる後、外務省に勧告を行うこと。
(l) この法律の実施、とくに養子縁組のプロセスおよび子の国外移動に関与する外国の個人、機関およびその他の団体との調整について、他の関係機関および裁判所を援助すること。
(m) 大統領によって命じられた渉外養子縁組に関するその他の職務を行うこと。

第3章　手続

第7条（最後の手段としての渉外養子縁組）
　委員会は、家族法による国内養子縁組の可能性がすべて追求されたこと、および渉外養子縁組が子の最善の利益になることを確保しなければならない。この目的を達成するために、委員会は、子が渉外養子縁組に付される前にフィリピン国内に留め置かれる措置が取られることを確保するためのガイドラインを

作成しなければならない。ただし、渉外養子縁組の許可件数は、最初の5年間は、年間600件を超えてはならない。

第8条（養子となることができる者）

　親権から解放された子のみが、渉外養子縁組の対象となりうる。かかる子の措置を検討するために、次の書類が委員会に提出されなければならない。

 (a) 子の調査報告書
 (b) 出生証明書または棄児証明書
 (c) 任意引渡証書、親権放棄命令書または父母の死亡証明書
 (d) 健康診断書または病歴証明書
 (e) 必要に応じて精神鑑定書
 (f) 子の最近の写真

第9条（養親となることができる者）

　外国人または外国に永住するフィリピン国民は、次の要件を満たすときは、フィリピン国籍の子の渉外養子縁組を申し立てることができる。

 (a) 申立ての時に、27歳以上であり、かつ養子となる子より16歳以上年長であること。ただし、養子となる子が養親となる者またはその配偶者の実子である場合は、この限りでない。
 (b) 婚姻している場合は、夫婦が共同で養子縁組を申し立てること。
 (c) その本国法により行為能力を有し、かつ親権にもとづくすべての権利義務を負担する能力を有し、かつ本国の認可されたカウンセラーから適切なカウンセリングを受けたこと。
 (d) 反道徳的行為による有罪判決を受けたことがないこと。
 (e) 本国法により養親となることができること。
 (f) 養子となる子を含め、すべての子に対し、適切な養育および扶養を与え、かつ必要な道徳的価値および模範を示すことができること。
 (g) フィリピン法、児童の権利に関する国連条約などに規定された児童の基本的人権を尊重し、この法律の規定の実施のために制定された規則および細則を遵守することに同意すること。

(h) 申立人の本国とフィリピンとの間に外交関係があり、その本国政府によって認可された養子縁組機関が存在し、その本国法上、養子縁組が認められること。
(i) この法律およびその他のフィリピン法に規定された資格をすべて有しており、いかなる欠格事由もないこと。

第10条（申立ての窓口）
① フィリピン国籍の子を養子とする申立ては、養親となる者の国の仲介機関（政府機関であるか、それとも認可された非政府機関であるかを問わない。）を通じて、子に対する管轄を有するフィリピンの地方裁判所または委員会のいずれかに行うものとし、その申立ては、委員会によって制定された実施規則および細則に定められた要件を満たさなければならない。
② 申立書には、次の書類、および認証を受けたその英語訳を添付しなければならない。
(a) 申立人の出生証明書
(b) 婚姻しているときは婚姻証書、および離婚しているときは離婚判決
(c) 10歳以上の実子または養子の宣誓にもとづく同意書
(d) 適法に免許を受けた医師および精神科医による健康診断書および精神鑑定書
(e) 所得税申告書または申立人の財政状態を証明するその他の書類
(f) 申立人の無犯罪証明書
(g) 地域の教会ないし聖職者、申立人の雇用主、および申立人の5年以上の知り合いである近隣住民による人物証明書
(h) 申立人および近親者の葉書サイズの最近の写真
③ 裁判手続による養子縁組の場合は、裁判所規則を適用する。

第11条（マッチング）
いかなる子も、国内で養子縁組できないことが十分に証明されない限り、外国の養親家庭とのマッチングをしてはならない。委員会の議事録の謄本を添付した許可証は、養子となる子の記録の一部とする。認可された渉外養子縁組幹

旋機関に対し、委員会が措置許可を与えることができる状態となり、かつ子の渡航書類がすべて整ったときは、養親の双方または一方は、自ら子を迎えに、フィリピンに来なければならない。

第12条（養子縁組前の措置の費用）

申立人は、子の措置に伴う次の費用を負担しなければならない。

(a) フィリピン国内および国外のすべての交通費を含め、子をフィリピンから申立人の居住地国に移す費用

(b) 旅券、査証、健康診断書および精神鑑定書の費用ならびにその他の関連費用

第13条（手数料）

委員会がその職務を執行する際に徴収する手数料は、渉外養子縁組の申立てを処理し、かつ委員会の活動を維持するためにのみ使用しなければならない。

第14条（試験監護の監督）

① 渉外養子縁組を申し立てた養親の国の政府機関または認可された機関は、子の試験監護養育を実施する責任を負う。かかる機関は、家族のカウンセリングおよびその他の関連サービスを提供しなければならない。試験監護は、措置の時から6か月とする。この試験監護の期間を経過した後でなければ、当該国において、養子決定をしてはならず、その決定の謄本は、子の記録に入れるため、委員会に送付しなければならない。

② 試験監護の期間中、養親は、政府機関または認可された機関の監督に服し、当該機関は、定期的に、子の適応に関する経過報告書の謄本を委員会に送付しなければならない。経過報告書は、養子決定をするか否かを判断する際に考慮しなければならない。

③ 外務省は、試験監護のために国外に連れ出されたフィリピン国籍の子を監視し、認可された渉外養子縁組斡旋機関の報告どおりであること、および養子縁組が認められなかったフィリピン国籍の子の本国への帰還を確認する制度を設けなければならない。

第15条（行政協定）

外務省は、委員会の要請があったときは、この法律に規定された安全対策の実施にあたり、外国の斡旋機関の本国政府の協力が得られるように、当該国との行政協定の準備作業を開始しなければならない。

第 4 章　罰則

第 16 条（罰則）
(a) 故意に、この法律の規定に違反する違法な養子縁組行為または関連行為を実行した者は、裁判所の裁量により、6 年と 1 日ないし 12 年の懲役もしくは 5 万ペソ以上 20 万ペソ以下の罰金に処し、またはこれを併科する。この法律において、違法な養子縁組とは、この法律の規定または確立した国家政策、その施行規則および細則、行政協定、ならびにその他の養子縁組に関する法律に違反する形態で実行されたものをいう。次の各号の行為は、違法と推定する。
　(1) 養子縁組に対する同意が強制、詐欺、不適切な物質的誘惑を原因とするか、またはそれを伴って得られたとき。
　(2) 委員会から養子縁組の認可を得ていないとき。
　(3) 養子縁組法により定められた手続および安全対策を行わなかったとき。
　(4) 養子となる子が危険、虐待および搾取を現に受け、または受けるおそれがあるとき。
(b) 養子縁組の申立て、裁判および手続の記録、書類および通信の秘密ならびに不可侵性に関する細則に違反した者は、裁判所の裁量により、1 年と 1 日ないし 2 年の懲役もしくは 5000 ペソ以上 1 万ペソ以下の罰金に処し、またはこれを併科する。
② 本条に掲げられた行為のいずれかについて未遂の正犯者は、既遂の場合よりも 2 段階低い刑に処する。
③ 本条により犯罪となる行為が、組織犯罪として行われたとき、または複数の子を対象とするときは、児童売買の罪として、終身刑に処する。

④　本条により犯罪となる行為は、本条に定義された違法行為のいずれかを実行するにあたり、共謀または共同行為が3人以上の集団によってなされたときは、組織犯罪とみなす。本条により規定された刑罰は、同一の行為について、他の法律、命令、行政規則および布告により科された刑罰があれば、これと重複して科すものとする。

第17条（公務員による犯罪）

　この法律のいずれかの規定に違反する罪を犯したか、または私人と共謀した公務員は、前条に規定された刑罰に付加して、現行の公務員法、規則および細則にしたがって処罰されるものとする。行政的または警察的な職務を行う公務員が起訴されたときは、裁判の終結まで、自動的に停職処分とする。

第5章　最終規定

第18条（実施規則および細則）

　渉外養子縁組委員会は、児童養育措置に関わる機関と適宜協議したうえで、児童福祉協議会、外務省および法務省と共同で、この法律の施行後6か月以内に、この法律の規定を実施するために必要な規則および細則を定めなければならない。

第19条（充当金）

　委員会の発足時の活動については、この法律によって、くじの収益金から500万ペソを充当し、翌年以降については、一般充当法において、同様の充当を定めるものとする。

第20条（分割条項）

　いずれかの規定またはその一部が無効もしくは違憲の判決を受けた場合といえども、法律のその他の規定もしくは影響を受けない部分は、有効であり、存続するものとする。

第21条（改廃条項）

　この法律の規定に反する法律、勅令、行政命令、行政規則および細則は、この法律により廃止または改正されたものとする。

第 22 条（施行期日）

この法律は、2つの一般紙における公布から 15 日後に施行する。

1995 年 6 月 7 日承認

3　韓国の養子縁組特例法

奥　田　安　弘
崔　　光　　日

　以下に訳出するのは、韓国の「養子縁組の促進および手続に関する特例法」（以下では単に「特例法」という）ならびにその施行令および施行規則である[1]。この法律は、1976年に制定された当初は、まさに「養子縁組特例法」と称していたが、1995年の全面改正の際に現在の名称に変更された。

　この特例法は、父母の保護を受けることができず、施設に預けられた児童、すなわち要保護児童の養子縁組について、養子縁組を促進することを目的としている。養子縁組の同意要件、届出の際の添付書類、養子の姓および本、縁組取消しの請求の訴えの制限などを定めている点では、民法第4編第4章第2節に対する特別法と言えるが[2]、むしろ注目すべきであるのは、養子縁組機関を社会福祉法人として許可制にし、その監督を強化するとともに、援助を図っていること、養子を受け入れる家庭にも様々な援助を与えていること、これに対して、渉外養子縁組については、家庭法院の許可を要件としたり、海外移住許可を要件とするなど、慎重な手続を求めていることである。その意味では、フ

---

1)　原文については、韓国法制処のサイトを参照して頂きたい。<http://www.moleg.go.kr/>.

2)　なお、2005年3月2日の民法改正により、親養子（完全養子）に関する規定が新設されたことに注意を要する（2008年1月1日から施行）。申榮鎬「2005年韓国民法改正の主要内容」戸籍時報589号2頁、高翔龍「韓国家族法の大改革」ジュリスト1294号84頁参照。

ィリピンの国内養子縁組法と渉外養子縁組法（本書第Ⅲ章2(2)(3)）を併せた機能を果たしていると言える。

この特例法の効果は顕著に表れており、韓国の保健福祉部の統計によれば、国際養子の数は、1986年に8000人以上であったが、1990年以降は3000人を下回っている[3]。フィリピンの国内養子縁組法の解説でも述べたように、わが国からも相当数の子どもが海外に渡っているのであるから、フィリピン法と同様に、韓国法からも学ぶべきことは多い。

(1) 養子縁組特例法

養子縁組の促進および手続に関する特例法
制　　定　1976年12月31日法律第2977号（養子縁組特例法）
全文改正　1995年1月5日法律第4913号（法名変更）
最終改正　2005年3月31日法律第7448号

第1章　総則

第1条（目的）

　この法律は、要保護児童の養子縁組を促進し、養子となる者の保護および福祉の増進を図るため、必要な事項を定めることを目的とする。

第2条（定義）

　この法律において使われる用語の定義は、次のとおりである。

1 「児童」とは、18歳未満の者をいう。
2 「要保護児童」とは、児童福祉法第2条第2号の規定による保護を必要とする児童をいう。
3 「入養児童」とは、この法律により養子となった児童をいう。

---

[3] 野邉陽子「韓国における国際養子縁組の現況」新しい家族40号53頁の資料1参照。

4 「扶養義務者」とは、国民基礎生活保障法第2条第5号の規定による扶養義務者をいう。

第3条（責任）

① すべての児童は、その生まれた家庭において健全に養育されなければならない。

② 国および地方自治団体は、児童が生まれた家庭において健全に養育されるよう支援し、生まれた家庭における養育が困難な児童に対しては、健全に養育されうる他の家庭を提供するために必要な措置および支援をしなければならない。

③ すべての国民は、入養児童の健全な養育に協力しなければならない。

④ 国および地方自治団体は、要保護児童の養子縁組の活性化および養子縁組後の家庭生活への円満な適応のため、次の各号の事項を実施しなければならない。

1 養子縁組政策の樹立および施行
2 養子縁組に関する実態調査および研究
3 養子縁組および事後管理手続の構築ならびに運営
4 養子縁組および家族の支援
5 養子縁組後の円満な適応のための相談および社会福祉サービスの提供
6 養子縁組に関する教育および広報
7 養子縁組の模範事例の発掘
8 保健福祉部令の定めるその他の必要事項

第3条の2（養子縁組の日）

① 健全な養子縁組文化の定着および国内養子縁組の活性化のため、5月11日を養子縁組の日とし、養子縁組の日から1週間を養子縁組週間とする。

② 国および地方自治団体は、前項の規定による養子縁組の日の趣旨に適合する行事などの事業を実施するよう努めなければならない。

第2章　養子縁組の要件

第4条（養子となる資格）

この法律により養子となる者は、要保護児童で次の各号の一に該当するものでなければならない。

1　保護者から離脱した者で、特別市長、広域市長、道知事（以下では「市・道知事」という。）または市長、郡守もしくは区庁長（自治区の区庁長に限る。以下同じ。）が扶養義務者を確認できないため、国民基礎生活保障法による保障施設（以下では「保障施設」という。）に保護を依頼されたもの

2　父母（父母が死亡その他の事由のため同意できないときは他の直系尊属）または後見人が養子縁組に同意し、保障施設または第10条の規定による養子縁組機関に保護を依頼された者

3　法院によって親権喪失の宣告を受けた者の子で、市・道知事または市長、郡守もしくは区庁長によって保障施設に保護を依頼されたもの

4　その他、扶養義務者が知れない場合において、市・道知事または市長、郡守もしくは区庁長によって保障施設に保護を依頼された者

第5条（養親となる資格等）

①　この法律により養親となる者は、次の各号の要件を具備するものでなければならない。

1　養子を扶養するのに十分な財産があること。

2　養子に対し宗教の自由を認め、社会の一員として、それに相応する養育および教育ができること。

3　家庭が円満で、精神的および身体的に養子を養育するために顕著な障害がないこと。

4　養親となる者が大韓民国の国民でないときは、その本国法により養親となる資格があること。

5　その他、養子となる者の福祉のために保健福祉部令の定める必要な要件を具備すること。

②　養親は、養子を卑しい職業、その他人権を蹂躙するおそれのある職業に従

事させてはならない。

第6条（養子縁組の同意）
① 第4条各号の一に該当する者を養子にしようとするときは、父母の同意を得なければならず、父母が死亡その他の理由により同意をすることができないときは、他の直系尊属の同意を得なければならず、父母またはその他の直系尊属が知れないときは、後見人の同意を得なければならない。ただし、第4条第2号に該当する者を養子にしようとするときは、保護を依頼した時の養子縁組の同意をもって、養子縁組の同意に代えることができる。
② 15歳以上の者を養子にしようとするときは、前項の規定による養子縁組の同意のほかに、養子となる者の同意を得なければならない。
③ 後見人は、家庭法院の許可を得ずに、第1項の規定による養子縁組の同意をすることができる。
④ 前三項の規定による養子縁組の同意は、書面によって行わなければならず、同意に必要な書類その他の必要事項は、保健福祉部令によって定める。

第3章　養子縁組の手続

第7条（養子縁組の効力発生）
① この法律による養子縁組は、戸籍法の定めるところにより届け出ることによって、その効力を生じる。
② 前項の届出は、養親となる者が養子となる者の後見人とともに、書面によって行い、次の各号の書類を添付しなければならない。
　1　養子となる者が第4条各号の一に該当するものであることを証明する書類
　2　第5条第1項の規定による養親となる者の家庭状況に関する書類
　3　前条の規定により養子縁組に同意した事実を証明する書類
③ 前項第1号および第2号の規定による書類は、大統領令の定める機関が当該書類の作成に必要な調査および確認をした後に発給し、当該書類の申請手続およびその他書類の作成などに必要な事項は、保健福祉部令によって定め

る。

第8条（養子）

① この法律により養子となる者は、養親が望むときは、養親の姓および本に従う。

② 前項の規定により養親の姓および本に従う養子は、養子縁組が取り消されたか、または離縁されたときは、元の姓および本に従う。この場合には、養子であった者は、本人が第4条各号の一に該当するものであったことを証明する書類を揃えて、戸籍法の定めるところにより届出をしなければならない。

第9条（養子縁組取消請求の訴えの制限）

　この法律により養子となって6か月が経過したときは、養子、養親、実親その他の関係者は、次の各号の一に該当する場合を除き、養子縁組取消請求の訴えを提起することができない。

  1　略取または誘引により保護者から引き離された者が養子となったとき。
  2　詐欺または強迫により養子縁組の意思表示をしたとき。

第4章　養子縁組機関

第10条（養子縁組機関）

① 養子縁組機関を営もうとする者は、社会福祉事業法による社会福祉法人として保健福祉部長官の許可を得なければならない。ただし、国内養子縁組のみを斡旋しようとする者は、市・道知事の許可を得なければならない。

② 前項の規定により許可を受けた事項のうち、大統領令の定める重要な事項を変更しようとするときは、届出をしなければならない。

③ 外国人は、養子縁組機関の長となることができない。

④ 養子縁組機関の長は、養子縁組を希望する国、またはその国の認可を受けた養子縁組機関との間において、養子縁組業務に関する協定を締結したときは、保健福祉部令の定める事項を保健福祉部長官に報告しなければならない。

⑤　養子縁組業務に関する協定に含まれるべき事項は、大統領令によって定め、養子縁組機関の施設および従事者の基準ならびに許可および変更の届出などに必要な事項は、保健福祉部令によって定める。

第 11 条〔削除〕

第 12 条（養子縁組機関の義務）

①　養子縁組機関は、養子となる者の権利または利益を保護し、大統領令の定めるところにより、父母に対し十分な養子縁組の相談を提供し、父母を知ることができないときは、まず父母などの直系尊属を探す努力を尽くさなければならない。

②　養子縁組機関の長は、養子縁組の斡旋をする際に、養親となる者について、第 5 条第 1 項各号の事実を調査しなければならない。

③　養子縁組機関の業務に従事する者または従事していた者は、その業務に関連して知った秘密を漏らしてはならない。

④　養子縁組機関の長は、養親となる者に対し、養子縁組前に児童の養育に関する教育を施し、養子縁組の成立後には、保健福祉部令の定めるところにより、入養児童およびその者に関する記録などを養親または養親となる者に引き渡し、その結果を市長、郡守または区庁長に報告しなければならない。

⑤　養子縁組機関の長は、養子縁組の成立から 6 か月以内は、養親と養子の相互の適応状況について、保険福祉部令の定める事後管理をしなければならない。ただし、外国に養子縁組に出される者の事後管理は、その国の国籍を取得するまでとする。

⑥　養子縁組機関の長は、外国に養子縁組に出された者のために、その者がその国の国籍を取得した後も、母国訪問事業など大統領令の定める事業を実施しなければならない。

第 13 条（養子縁組機関の長の後見職務）

　養子縁組機関の長は、養子縁組を斡旋するために、保障施設の長、父母、その他の直系尊属または後見人から養子となる者を引き受けたときは、その引受けの日から養子縁組が完了するまで後見人としての職務を行う。

第14条（無籍児童の就籍）

養子縁組機関の長は、養子となる児童を戸籍のない状態において引き受けたときは、就籍手続により一家を創立させることができる。

第15条（養子縁組の斡旋が困難である者等の保護）

① 養子縁組機関の長は、次の各号の一に該当する者があるときは、市・道知事または市長、郡守もしくは区庁長に報告しなければならない。

1 第4条第2号の規定により保護を依頼された者で、養子縁組の斡旋が困難なもの

2 この法律により養子縁組が取り消されたか、または離縁の宣告を受けた者で、その保護者から養子縁組機関に保護を要請されたもの

② 市・道知事または市長、郡守もしくは区庁長は、前項の規定による報告を受けた者について、児童福祉法第10条の規定による保護措置を遅滞なく取らなければならない。

第16条（国内における渉外養子縁組）

外国人が国内において第4条各号の一に該当する者を養子にしようとするときは、後見人とともに、養子となる者の本籍地または住所地を管轄する家庭法院に対し、保健福祉部令の定めるところにより、次の各号の書類を揃えて、養子縁組の認可を申請しなければならない。

1 第7条第2項各号の書類

2 養子となる者が第4条第1号、第3号または第4号に該当するものであるときは、扶養義務者を確認するための公告の事実があった旨を証明する書類

第17条（外国における渉外養子縁組）

① 外国人から養子縁組の斡旋の依頼を受けた養子縁組機関の長が、養子縁組の斡旋をするときは、前条各号の書類を揃えて、保健福祉部長官に対し、養子となる者の海外移住に関する許可（以下では「海外移住許可」という。）を申請しなければならない。

② 養子となる者が海外移住許可を受けて出国し、その国の国籍を取得したと

きは、養子縁組機関の長は、保健福祉部令の定めるところにより、遅滞なくこれを法務部長官に報告し、法務部長官は、職権により、本籍地を管轄する戸籍官署に対し、その者の大韓民国国籍を抹消するよう通知しなければならない。

③ 第1項の規定による申請を受けた保健福祉部長官は、次の各号の一に該当するときは、海外移住許可を与えないことができる。

1 養子となる者が迷児その他保健福祉部令の定めるものであるとき。

2 養子縁組機関の長が養子縁組を希望する国、またはその国の認可を受けた養子縁組機関との間において、養子縁組業務に関する協定を締結していないとき。

3 養子縁組を希望する国が大韓民国と戦争状態または敵対状態にある国であるとき。

第18条（指導、監督等）

① 保健福祉部長官、市・道知事または市長、郡守もしくは区庁長は、養子縁組機関を運営する者に対し、所管業務に関して必要な指導および監督を行い、必要なときは、その業務に関する報告または関係書類の提出を命じるか、または所属する公務員に養子縁組機関の事務所もしくは施設に立ち入らせ、検査もしくは質問をさせることができる。

② 前項の規定により検査または質問をする公務員は、その権限を表示した証明書を携帯し、これを関係者に提示しなければならない。

第19条（許可の取消し等）

① 保健福祉部長官または市・道知事は、養子縁組機関が次の各号の一に該当するときは、6か月以下の期間を定め、業務の停止を命じるか、または第10条第1項の規定による許可を取り消すことができる。

1 第10条第5項の規定による施設および従事者の基準に達していないとき。

2 第12条第1項の規定に違反して、養子となる者の権利または利益を害する行為をしたとき。

3 　正当な理由なく前条の規定による報告をしないか、虚偽の報告をするか、または調査を拒否し、妨害し、もしくは回避したとき。

4 　この法律またはこの法律による命令に違反したとき。

② 　前項の規定による行政処分の基準の詳細は、当該行政処分の理由および違反の程度などを考慮し、保健福祉部令によって定める。

第 20 条（費用の徴収および補助）

① 　第 10 条第 1 項の規定による養子縁組機関は、大統領令の定めるところにより、養親となる者から養子縁組の斡旋に実際上必要となる費用の一部を徴収することができる。

② 　国および地方自治団体は、養親となる者に対し、前項の養子縁組の斡旋に実際上必要となる費用の全部または一部を補助することができる。

第 5 章　入養児童等に対する福祉施策

第 21 条（要保護児童の発生の予防）

　国および地方自治団体は、要保護児童の発生の予防に必要な施策を講じなければならない。

第 22 条（社会福祉サービス）

　国および地方自治団体は、養子縁組機関の斡旋により児童を養子として受け入れた家庭に対し、入養児童の健全な養育に必要な相談、社会福祉施設の利用などの社会福祉サービスを提供しなければならない。

第 23 条（養育補助金等の支給）

① 　国および地方自治団体は、養子縁組機関の斡旋により養子となった障害児童などの入養児童の健全な養育のために必要なときは、大統領令の定める範囲内において、養育手当、医療費その他必要な養育補助金を支給することができる。

② 　国および地方自治団体は、養子縁組機関の運営費および国民基礎生活保障法により支給される受給品のほか、家庭委託保護費を補助することができる。

③ 第1項の規定による養育補助金の支給ならびに前項の規定による養子縁組機関の運営費および家庭委託保護費の補助に関する必要事項は、大統領令によって定める。

第6章　補則

第24条（聴聞）
　保健福祉部長官または市・道知事は、第19条第1項の規定により許可を取り消すときは、聴聞を実施しなければならない。

第25条（権限の委任）
　この法律による保健福祉部長官または市・道知事の権限は、大統領令の定めるところにより、その一部を市・道知事または市長、郡守もしくは区庁長に委任することができる。

第26条（民法との関係）
　養子縁組に関しては、この法律において特に規定された事項を除き、民法の定めるところによる。

第7章　罰則

第27条（罰則）
① 第10条第1項の規定による許可を受けずに、養子縁組の斡旋業務をした者は、3年以下の懲役または2000万ウォン以下の罰金に処する。
② 第10条第2項または第12条第3項の規定に違反した者は、1年以下の懲役または300万ウォン以下の罰金に処する。

第28条（両罰規定）
　法人の代表者、法人または個人の代理人、使用人、その他の従事者が、その法人または個人の業務に関連して、前条の違反行為をしたときは、行為者を罰するほか、その法人または個人に対しても同条の罰金刑を科す。

　　附則（略）

(2) **施行令**

養子縁組の促進および手続に関する特例法の施行令

制　　定　1977年3月18日大統領令第 8509号（養子縁組特例法施行令）

全文改正　1995年10月16日大統領令第14782号（法名変更）

最終改正　2005年9月30日大統領令第19066号

第1条（目的）

　この令は、養子縁組の促進および手続に関する特例法により委任された事項、およびその施行に必要な事項を定めることを目的とする。

第2条（調査・確認機関）

　養子縁組の促進および手続に関する特例法（以下では「法」という。）第7条第3項による「大統領令の定める機関」とは、次の各号の一に該当する機関をいう。

　1　養子となる者の資格に関する確認機関、すなわち養子となる者の居住地を管轄する市長、郡守または区庁長（自治区の区庁長をいう。以下同じ。）

　2　養親となる者の家庭状況に関する調査機関

　　カ　養親となる者の居住地を管轄する市長、郡守または区庁長

　　ナ　法第10条第1項の規定による養子縁組機関（以下では「養子縁組機関」という。）の長

　　タ　児童福祉法第8条第1項の規定により設置された児童相談所の長

第3条〔削除〕

第4条（養子縁組機関の変更届）

　法第10条第2項の規定により、養子縁組機関の長が許可を受けた事項のうち、変更届をしなければならない重要な事項とは、次の各号のとおりである。

　1　養子縁組機関の名称

　2　養子縁組機関の所在地

　3　養子縁組機関の業務の廃止または休止

第5条（養子縁組に関する協定の締結）

養子縁組機関の長は、養子縁組を希望する国などとの間において、養子縁組業務に関する協定（以下では「養子縁組協定」という。）を法第10条第4項の規定により締結するときは、この協定に次の各号の事項を規定しなければならない。

1　養親となる者の家庭調査
2　児童受入れの手続および国籍整理
3　養子と養親の間の適応状態調査、養育指導などの事後管理
4　前三号の業務の遂行に十分な数の児童福祉専門家の確保に関する事項
5　養子縁組協定の終了に関する事項

第5条の2（養子縁組の相談の提供等）

法第12条第1項の規定により、養子縁組機関は、次の各号の措置をしなければならない。

1　養子縁組を依頼された者の父母に対する次の各目の措置
　カ　養子縁組よりも父母による養育が適切であると認定されるときは、養育に関する情報の提供、社会適応サービスの提供、その他養育などに関するサービスの提供
　ナ　養子縁組させるのが適切であると認定されるときは、養子縁組手続の案内、ならびに養親となる者に関する情報などの養子縁組に関する情報の提供および相談
2　養子縁組を依頼された者が棄児または迷児であるときは、市長、郡守、区庁長、警察官署の長、その他の関係機関と連携し、当該児童の父母などの直系尊属または後見人の確認、および捜索をすること。

第6条（母国訪問事業等）

法第12条第6項による「母国訪問事業など大統領令の定める事業」とは、次の各号の事業をいう。

1　母国訪問事業
2　母国語研修事業

3　母国に関する資料の支援事業

4　保健福祉部長官が必要と認める入養児童のその他の事後管理事業

第7条〔削除〕

第8条（養子縁組の斡旋費用）

　法第20条の規定により、養子縁組機関が養親となる者から徴収できる養子縁組の斡旋費用とは、次の各号の費用を合算した金額で、保健福祉部長官が認める金額以内とする。

1　養子縁組の斡旋に必要な人件費

2　児童の養育費

3　養子縁組の斡旋の手続に必要な費用

4　養子縁組機関の運営費および広報費

第9条（養育補助金の支給）

①　法第23条第1項による「障害児童などの入養児童」とは、次の各号の児童をいう。

1　障害者福祉法第2条の規定による障害者に該当する児童

2　分娩の時における早産、体重過少もしくは分娩障害または遺伝などによる疾患を持っている児童

3　その他に生活が困難な入養家庭で、保健福祉部長官が養育支援を必要と認める家庭に入養した児童

②　法第23条第1項の規定により、障害児童などの入養児童を養育する家庭に支給される養育補助金の範囲は、次の各号のとおりである。

1　養子となった障害児童などを養育する家庭に対し、定期的に支給される手当（以下では「養育手当」という。）

2　医療費

3　その他必要な養育補助金として保健福祉部長官が定めて告示する費用

③　前項第2号の規定による医療費とは、次の各号の費用のうち、当該入養児童の診療、相談、リハビリテーションおよび治療に必要な費用をいう。

1　医療給与法第7条第1項および第12条の規定による医療給与または療

養費に対する本人の負担金
2　国民健康保険法第39条第1項および第44条の規定による療養給与または療養費に対する本人の負担金
3　社会福祉事業法、障害者福祉法、精神保健法など、他の法令により提供される診療、相談、リハビリテーションおよび治療に必要な費用のうち、本人の負担金

第10条（養育補助金の支給手続等）
①　法第23条第3項の規定により養育補助金の支給を受けようとする者は、支給申請書に保健福祉部令の定める書類を添付し、市長、郡守または区庁長に提出しなければならない。
②　前項の規定により支給の申請を受けた市長、郡守または区庁長は、必要と認めるときは、関係公務員に入養児童の障害または疾患状態などを調査させることができる。
③　前項の規定により調査をする公務員は、その権限を表示した証明書を携帯し、これを関係者に提示しなければならない。
④　養育手当は、その支給の決定がなされた月の翌月から支給し、医療費およびその他の必要な養育補助金は、その支給の決定がなされた日から3か月以内に支給する。

第11条（費用の負担）
①　法第23条第3項の規定による養育補助金は、国および地方自治団体が負担し、その負担比率は、補助金の予算および管理に関する法律の施行令第4条の規定による。
②　国および地方自治団体は、法第23条第3項の規定により、養子縁組機関の運営に必要な費用を毎年の予算の範囲内で補助することができる。

第12条（家庭委託保護）
①　国民基礎生活保障法第32条の規定による保障施設の長または養子縁組機関の長は、当該保障施設または養子縁組機関に保護を依頼された児童で、法第4条各号の一に該当する養子縁組の対象児童を、他人の家庭に委託し保護

するときは、国民基礎生活保障法第21条の規定により、市長、郡守または区庁長に対し、当該児童への給与を申請することができる。
② 前項の給与の申請を受けた市長、郡守または区庁長は、当該児童に対し給与の決定をしたときは、委託を受けた家庭に対し、国民基礎生活保障法第9条の規定により受給品を支給する。

第13条〔削除〕

附則（略）

(3) 施行規則

養子縁組の促進および手続に関する特例法の施行規則

制　　定　1977年4月8日保健社会部令第558号（養子縁組特例法施行規則）
全文改正　1996年1月6日保健福祉部令第15号（法名変更）
最終改正　2005年10月17日保健福祉部令第333号

第1条（目的）

この規則は、養子縁組の促進および手続に関する特例法および同施行令により委任された事項、ならびにその施行に必要な事項を定めることを目的とする。

第1条の2（国および地方自治団体の責務）

養子縁組の促進および手続に関する特例法（以下では「法」という。）第3条第4項第8号による「保健福祉部令の定めるその他の必要事項」とは、次の各号の事項をいう。

　1　養子縁組の相談に関する専門家の教育支援
　2　養子縁組後に児童に障害が発生した場合の相談および障害に関する情報の提供

第2条（養親となる者のその他の資格要件）

法第5条第1項第5号の規定により、養親となる者が具備しなければならない要件は、次の各号のとおりである。ただし、養子縁組の促進および手続に関する特例法の施行令（以下では「令」という。）第2条第2号各目の一に該当する者（以下では「家庭調査機関」という。）が、養親となる者の家庭環境を養子の健全な養育に特に適格であると認める場合は、この限りでない。

1　25歳以上で、養子となる者との年齢差が50歳未満であること。ただし、養親となる者が大韓民国国民でないときは、25歳以上で45歳未満でなければならない。
2　子がいないか、または子の数が入養児童を含め5名以内であること。
3　婚姻中であること。

第3条（養子縁組の同意）
①　法第6条第1項本文および同条第2項の規定による養子縁組の同意は、別紙第1号の書式による養子縁組同意書による。
②　前項の規定による同意書には、父母、直系尊属または後見人であることを証明する書類を添付しなければならない。

第4条（養子となる者の資格証明）
　法第7条第2項第1号の規定により、養子となる者であることを証明する書類は、国民基礎生活保障法第32条の規定による保障施設（以下では「保障施設」という。）の長または法第10条第1項の規定による養子縁組機関（以下では「養子縁組機関」という。）の長が、別紙第2号の書式により作成し、令第2条第1項の規定による養子となる者の資格に関する確認機関に対し、これを提出し、かつ確認を受けなければならない。

第5条（養親となる者の家庭調査）
①　養親となる者は、法第7条第2項第2号の規定による家庭状況に関する書類の発給を受けようとするときは、別紙第3号の書式による養親家庭の調査申請書を家庭調査機関に提出しなければならない。ただし、法第17条第1項の規定による渉外養子縁組においては、養子縁組を希望する国、またはその国の認可を受けた養子縁組機関（以下では「外国養子縁組機関」という。）

が、国内の養子縁組機関に養子縁組の斡旋を依頼したことをもって、養親家庭調査申請書に代える。

② 家庭調査機関は、前項の規定による申請書を受け付けたときは、担当職員に別紙第4号の書式による養親家庭調査書にもとづく家庭調査をさせたうえで、養子縁組に適格であるか否かを決定し、適格者と決定した場合は、養親家庭調査書をその申請者に発給しなければならない。ただし、前項但書の場合は、養子縁組を希望する国または外国養子縁組機関の作成した家庭調査書をもって、養親家庭調査書に代える。

③ 前項の規定による養親家庭調査は、職場、隣近所および家庭などを2回以上直接訪問し、少なくとも1回以上は、事前に知らせないで訪問調査をしなければならない。

第6条（養子となる者の引渡しおよび報告）

① 法第7条の規定による養子縁組の届出、法第16条の規定による養子縁組の認可または法第17条の規定による海外移住許可があったときは、養子となる者に給与を行っている保障施設の長または養子縁組機関の長は、養子となる者、その者に関する記録および所有物品を直ちに養親となる者に引き渡さなければならない。

② 前項の規定により養子となる者を引き渡した保障施設の長または養子縁組機関の長は、遅滞なくその所在地を管轄する市長、郡守または区庁長（自治区の区庁長をいう。以下同じ。）に対し、児童引渡しの報告をしなければならない。法第13条の規定により保障施設の長が養子縁組機関の長に養子となる者を引き渡した場合も、同様とする。

第7条（養子縁組機関の許可等）

① 法第10条第1項の規定により養子縁組機関の許可を受けようとする者は、別紙第5号の書式による養子縁組機関許可申請書（電子文書となった申請書を含む。）に次の各号の書類（電子文書を含む。）を添付し、特別市長、広域市長または道知事（以下では「市・道知事」という。）を経由して、保健福祉部長官に提出しなければならない。ただし、国内養子縁組のみを斡旋する

養子縁組機関の許可を受けようとする者は、市長、郡守または区庁長を経由して、市・道知事に提出しなければならない。

1　法人の定款および登記簿謄本
2　養子縁組機関の設立議決書
3　養子縁組機関の平面図（施設の区画毎の面積を表示しなければならない。）
4　従事する職員の名簿および資格証明書の写し（従事者毎の業務内容などに関する説明を含まなければならない。）
5　養子縁組の斡旋費用の徴収計画書
6　事業計画書および収支予算書
7　財産目録（土地および建物などに関する所有または使用の権利を証明する書類を添付しなければならない。）
8　財産の評価調書および財産の収益調書

② 電子政府具現のための行政事務等の電子化促進に関する法律第21条第1項の規定による行政情報の共同利用を通じて、前項各号の添付書類に関する情報を確認できるときは、この確認をもって添付書類に代えることができ、また養子縁組機関の許可官庁および社会福祉事業法による社会福祉法人の許可官庁が同一であるときは、前項第1号、第7号および第8号の書類は提出を要しない。

③ 第1項の規定による経由機関が養子縁組機関許可申請書を受け付けたときは、申請内容に関する検討意見を記載し、許可官庁に送付しなければならない。

④ 保健福祉部長官または市・道知事は、法第10条第1項の規定により養子縁組機関を許可したときは、遅滞なく別紙第6号の書式による養子縁組機関許可書を申請者に交付しなければならない。

第8条（養子縁組機関の変更届等）

① 法第10条第2項および令第4条の規定により、養子縁組機関の長が許可を受けた事項を変更しようとするときは、別紙第7号の書式による養子縁組

機関の変更届書に次の各号の書類を添付し、前条第1項の規定による経由機関に提出しなければならない。

1　許可書
2　変更理由書
3　事後処理計画書（業務の廃止または休止の場合に限る。）

②　保健福祉部長官または市・道知事は、法第10条第2項の規定により養子縁組機関の許可事項に関する変更届を受け付けたときは、許可書にその変更事項を記載し、交付しなければならない。

第9条（養子縁組協定締結の報告）

養子縁組機関は、法第10条第4項の規定により、養子縁組業務に関する協定を締結したときは、報告書に次の各号の書類を添付し、協定を締結した日から1か月以内に保健福祉部長官に報告しなければならない。

1　養子縁組協定書
2　外国の養子縁組機関が本国政府から認可を受けた書類の写し
3　外国の養子縁組機関の施設および従事者の現況に関する書類
4　外国の養子縁組機関の当該年度の事業計画書および前年度の事業実績書
5　入養児童の事後管理計画書
6　前四号の書類に関する公証書類

第10条（養子縁組機関の施設の基準）

法第10条第5項の規定により、養子縁組機関は、相談室および事務室を個別に設け、相談室および事務室を合計した面積は、33平米以上でなければならない。

第11条（養子縁組機関の従事者の基準）

法第10条第5項の規定による養子縁組機関の従事者の基準は、別表第1のとおりである。

第12条〔削除〕

第13条（入養児童の事後管理）

①　法第12条第5項の規定による「保健福祉部令の定める事後管理」とは、

次の各号の事業をいう。
1　養親と養子の相互適応状態に関する観察および必要なサービスの提供
2　養子縁組家庭における児童の養育に必要な情報の提供
3　養子縁組家庭が随時に相談することのできる養子縁組機関の窓口の開設および相談要員の配置

② 養子縁組機関は、前項の規定による事後管理のため、入養児童および養親となった者に関する養子縁組の関係書類で、保健福祉部長官の定めるものを永久に保存しなければならない。

第14条（養子縁組の認可の申請）

法第16条の規定により養子縁組の認可を申請しようとする者は、別紙第9号の書式による養子縁組認可申請書に次の各号の書類を添付し、家庭法院に提出しなければならない。ただし、電子政府具現のための行政事務等の電子化促進に関する法律第21条第1項の規定による行政情報の共同利用を通じて、添付書類に関する情報を確認できるときは、この確認をもって添付書類に代えることができる。

1　養子となる者の戸籍謄本
2　別紙第1号の書式による養子縁組の同意書
3　別紙第2号の書式による養子縁組の対象児童の確認書
4　別紙第4号の書式による養親家庭の調査書
5　本国法により養親となる資格を有することを証明する書類
6　別紙第10号の書式による養親となる者の養子縁組誓約書および財政保証書（本国政府の認可を受けた者が公証したものをいう。）
7　〔削除〕

第15条（海外移住許可の申請）

① 養子縁組機関の長は、法第17条第1項の規定により養子となる者の海外移住許可を申請しようとするときは、別紙第12号の書式による海外移住許可申請書（電子文書となった申請書を含む。）に前条第2号ないし第6号の書類（電子文書を含む。）を添付し、保健福祉部長官に提出しなければなら

ない。ただし、法第16条の規定により国内における渉外養子縁組の認可を受けた外国人の場合は、家庭法院の養子縁組認可決定の旨が記載された戸籍謄本のみを添付して、提出することができる。

② 電子政府具現のための行政事務等の電子化促進に関する法律第21条第1項の規定による行政情報の共同利用を通じて、前項の添付書類に関する情報を確認できるときは、この確認をもって添付書類に代えることができる。

③ 保健福祉部長官は、第1項の規定による申請を受け付け、海外移住を許可したときは、その事実を別紙第13号の書式による海外移住許可書により、申請者および外務部長官にそれぞれ通知しなければならない。

第16条（国籍取得の報告）

養子縁組機関の長は、法第17条第2項の規定により、海外へ養子縁組された者がその国の国籍を取得したときは、別紙第14号の書式による国籍取得報告書に国籍取得の事実を証明する書類を添付し、国籍取得の事実を知った日から1か月以内に法務部長官に報告しなければならない。

第17条（海外移住許可の制限）

法第17条第3項第1号の規定により、海外移住を許可されない養子となる者とは、迷児、および親権者が確認されない要保護児童として保障施設または養子縁組機関に入所した日から6か月以内の棄児をいう。

第18条（行政処分の基準）

① 法第19条第2項の規定による養子縁組機関に対する行政処分の基準は、別表第2のとおりである。

② 許可官庁は、前項の規定により行政処分をしたときは、別紙第15号の書式による行政処分記録台帳にその処分内容を記録し、保管しなければならない。

第19条（養育補助金の申請および支給）

① 令第10条の規定により、養育補助金の支給を受けようとする者は、別紙第16号の書式による養育補助金支給申請書に次の各号の書類を添付し、居住地を管轄する市長、郡守または区庁長に提出しなければならない。

1　入養児童が令第9条第1項各号の一に該当する障害児童などであることを証明する書類（養育手当の場合に限る。）
2　入養児童の診療、相談、リハビリテーションおよび治療費の領収書（医療費の場合に限る。）
3　令第9条第2項第3号の養育補助金の支給を受けるために必要な証明書類または領収書（その他の必要な養育補助金の場合に限る。）
② 　前項の規定による養育補助金の支給の申請を受け付けた市長、郡守または区庁長は、その支給の可否を決定し、申請を受け付けた日から15日以内にその内容を申請者に通知しなければならない。

　　附則（略）
　　別表（略）
　　書式（略）

編訳者紹介

奥田安弘　中央大学法科大学院　教授（国際私法）
〔主要著書〕
『外国人の法律相談チェックマニュアル〔第2版〕』（2005年・明石書店・共著）
『国籍法と国際親子法』（2004年・有斐閣）
『家族と国籍―国際化の進むなかで〔補訂版〕』（2003年・有斐閣）
『数字でみる子どもの国籍と在留資格』（2002年・明石書店）
『共同研究　中国戦後補償―歴史・法・裁判』（2000年・明石書店・共著）
『市民のための国籍法・戸籍法入門』（1997年・明石書店）
『国際取引法の理論』（1992年・有斐閣）など多数
その他の著作については
http://www2.ocn.ne.jp/~saini/abc/f03.htm

共訳者紹介（執筆順）

桑原康行　第I章2
成城大学法学部　教授（商法・国際取引法）

館田晶子　第II章1
跡見学園女子大学マネジメント学部　助教授（憲法）

伊藤知義　第II章2・3
中央大学法科大学院　教授（ロシア・中東欧民法）

佐藤守男　第II章2・3
北海道大学大学院法学研究科附属高等法政教育研究センター研究員（ロシア外交史）

岡克彦　第II章4
長崎県立大学経済学部　教授（韓国法・法思想史）

高畑幸　第III章2
広島国際学院大学現代社会学部　専任講師（都市社会学）

崔光日　第III章3
尚美学園大学総合政策学部　教授（民法）

国際私法・国籍法・家族法資料集―外国の立法と条約―
日本比較法研究所資料叢書(8)

2006年6月20日　初版第1刷発行

編訳者　奥田安弘
発行者　福田孝志
発行所　中央大学出版部
〒192-0393
東京都八王子市東中野742-1
電話042(674)2351・FAX042(674)2354
http://www.2.chuo-u.ac.jp/up/

© 2006　　　　　　　　　大森印刷，法令製本

ISBN4-8057-0407-1

日本比較法研究所資料叢書

1　堀内　節　編著　　家　事　審　判　制　度　の　研　究　　Ａ５判　6300円
　　　　　　　　　　　　　　附　家事審判法関係立法資料

2　堀内　節　編　　　明　治　前　期　身　分　法　大　全　第一巻　Ａ５判　3780円
　　　　　　　　　　　　──婚姻編Ⅰ──

3　堀内　節　編　　　明　治　前　期　身　分　法　大　全　第二巻　Ａ５判　3780円
　　　　　　　　　　　　──婚姻編Ⅱ──

4　堀内　節　編著　　続　家　事　審　判　制　度　の　研　究　　Ａ５判　9450円
　　　　　　　　　　　　　　附　家事審判法関係立法資料補遺

5　堀内　節　編　　　明　治　前　期　身　分　法　大　全　第三巻　Ａ５判　5250円
　　　　　　　　　　　　──親子編──

6　堀内　節　編　　　明　治　前　期　身　分　法　大　全　第四巻　Ａ５判　6300円
　　　　　　　　　　　　──親族総編Ⅰ──

7　桑田三郎　編著　　ドイツ・オーストリア国際私法立法資料　　　Ａ５判　7455円
　　山内惟介